2021年全国高校毕业生就业创业课题：
新时代地方高校大学生就业能力提升的路径研究

知行合一，做最好的自己：

提升大学生就业竞争力

（第二版）

主　编　苏志刚　郭惠惠

副主编　陈淑娇　黄翔翔

编　委　石智生　常　艳　李博诗

　　　　桑梦蝶　朱春艳　黄素素

厦门大学出版社　国家一级出版社
XIAMEN UNIVERSITY PRESS　全国百佳图书出版单位

图书在版编目（CIP）数据

知行合一，做最好的自己：提升大学生就业竞争力 /
苏志刚，郭惠惠主编. -- 2 版. -- 厦门：厦门大学出版
社，2023.7（2023.9 重印）
ISBN 978-7-5615-9047-8

Ⅰ．①知… Ⅱ．①苏… ②郭… Ⅲ．①大学生－职业
选择－研究 Ⅳ．①G647.38

中国版本图书馆CIP数据核字(2023)第119516号

出 版 人	郑文礼
责任编辑	眭　蔚
责任校对	白　虹
美术编辑	李嘉彬
技术编辑	许克华

出版发行　厦门大学出版社

社　　　址　厦门市软件园二期望海路 39 号
邮政编码　361008
总　　　机　0592-2181111　0592-2181406（传真）
营销中心　0592-2184458　0592-2181365
网　　　址　http://www.xmupress.com
邮　　　箱　xmup@xmupress.com
印　　　刷　厦门市竞成印刷有限公司

开本　787 mm×1 092 mm　1/16
印张　12.25
字数　248 千字
版次　2022 年 8 月第 1 版　2023 年 7 月第 2 版
印次　2023 年 9 月第 3 次印刷
定价　38.00 元

厦门大学出版社
微信二维码

厦门大学出版社
微博二维码

序

习近平总书记指出，就业是最大的民生工程、民心工程、根基工程；高校毕业生就业是就业工作的重中之重，要让他们顺利毕业、尽早就业。他勉励大学生，要保持平实之心，客观看待个人条件和社会需求，从实际出发选择职业和工作岗位，热爱劳动，脚踏实地，在实践中一步步成长起来。

近年来，随着我国高等教育普及化深入发展，高校毕业生规模不断增长，毕业生就业面临的挑战不断增多，压力日益加大。党中央、国务院高度重视毕业生就业工作，推出了一系列政策举措，拓宽市场化社会化就业创业渠道，千方百计帮助高校毕业生更加充分更高质量就业。对高校毕业生而言，只有树立正确的择业观、就业观，找到自己的职业定位和奋斗方向，做好学业与职业发展规划，投入踏踏实实的工作中，才能更好发挥个人价值、实现人生理想。

加强大学生职业生涯规划教育是做好高校毕业生就业工作的重要途径和基础。由苏志刚教授牵头，宁波工程学院、泉州信息工程学院等地方高校的教师们一起开展了"新时代地方高校大学生就业能力提升的路径研究"的课题，并编写了这本指导大学生自我认识与自我成长的书，很有意义。本书结合相关部门对大学生就业能力的要求，融合中华优秀传统文化学以致用、知行合一的理念，借鉴国内外关于就业技能提升的最新研究成果，着力构建大学生就业能力全面提升的实践路径。

本书内容融生涯规划与学业指导于一体，既包括人生理想、职业目标，也包括激发潜能、塑造自我的教育与发展理念，将实现职业目标与自我认知、自我发展、自我管理等有机统一。希望通过本书的学习，同学们能认识到提高就业能力不是一蹴而就的，而是一个潜移默化的积累过程；在求职的舞台上大放异彩不是仅学点求职技巧那么简单，而是与大学的学业规划、持续不懈的努力密不可分。

只要有志向就会有事业，只要有本事就会有舞台。当代中国青年是与新时代同向同行、共同前进的一代，生逢盛世，肩负重任。我相信，当代大学生是大有可为的，只要以正确的价值观、择业观、就业观为指导，树立科学的职业目标，提高大学阶段的学习效率，不断提升自身的综合能力和素养，就一定能为将来走上工作岗位、创造工作业绩打下坚实基础，在时代大潮中成就最好的自己。

教育部高校学生司副司长

2022 年 6 月

导　言

　　在每年的招聘会上，同学们总会遇到这样的场景：在人头攒动的招聘现场，满怀期待递交的简历却石沉大海；大学成绩单看起来光鲜亮丽，却被用人单位一句"你有相关工作经验吗？"而拒之门外；在自己专业苦读了四年，却在面试时被"你对这个行业有多少了解？"一个问题而问得哑口无言；也可能因学业成绩不理想，缺乏基本的与人交流沟通的能力而被用人单位拒绝。在就业形势日益严峻的当下，未来你是否有信心脱颖而出？这一切制胜的关键也许就是认真对待大学期间的学习。

　　滴水穿石，一滴都不可放弃；厚积薄发，一刻都不可松懈。要在求职的道路上一帆风顺，离不开大学四年间在一段段高山的攀登、在一湾湾浅滩的跋涉。"千里之行，始于足下"，也许你们只是以一两分的差距收到了来自同一所学校的录取通知书，却在四年后站在了截然不同的职场起点上：有的人在大学期间实现蜕变，有的人在大学期间无所作为。

　　中华优秀传统文化中蕴含着无穷无尽的人生智慧，可以引导同学们找到适合自己的学习方法。孔子在《论语》中直接教导我们该如何学习的篇章很多，如"人无远虑，必有近忧"说的是人应该要有远大眼光、做到周密思考的规划问题；"学如不及，犹恐失之"说的是人应该要勤奋学习、进取心强的态度问题；"学而不思则罔，思而不学则殆"说的是读书学习要与思考结合的方法问题，等等。王阳明在《传习录》中既倡导学习与立志，又倡导学以致用，崇尚实践。他所创立的"知行合一"思想影响深远，非常值得我们学习借鉴。如"志不立，如无舵之舟，无衔之马，飘荡奔逸，终亦何所底乎？"有的同学在大学期间没有设定目标，大学生活过得浑浑噩噩，结果可想而知。有的同学对自身和大学生活都没有正确的认知，或怀着"高考没有发挥好"的遗憾自怨自艾，或抱着"轻轻松松上大学"的幻想得过且过。有的同学一味盯着分数，不了解职场到底需要什么样的人才。这些表现是"知"上的不足。如"已立志为君子，自当从事于学。凡学之不勤，必其志之尚未笃也。"有的同学不能守住学生的本分，不愿好好学习。有的同学还像中学时代一样，只学课堂知识，不去图书馆、实验室等场所学习，不去更广阔的天地中实习实践。有的同学在大学期间鲜少参加各种社团活动、各类竞赛，不注重锻炼自己的沟通交流能力、团队合作能力、创新创业能力等。这些表现是"行"上的不足。传统文化中对于"行"的重要性论述颇丰，希望同学们通过这一课程，感受到这种融入我们文化血脉中的磅礴力量；希望你们始终明白："仰望星空"是对美好理想的无限向往，"脚踏实地"是对梦想成真的不懈努力。

某雇主协会的一项调查显示：86%的学生表示找工作是他们上大学的主要原因；超过90%的雇主认为"软技能"和"硬技能"一样，都是很重要的就业能力。在当今技术越来越日新月异的世界里，雇主同样看重员工的"软技能"实力。有近四分之三的雇主称难以招募到拥有他们所需要的"软技能"毕业生，80%的公司声称很难在市场上找到具备他们所中意的"软技能"人才。更有数据显示：48%，也就是近一半的新员工在18个月内工作失败，这其中只有11%是由于缺乏"硬技能"，其余89%都是缺乏"软技能"而导致的。

我们处在高精尖技术进步飞速的时代，部分传统的以"硬技能"为主的工作可能逐步会被人工智能所取代，"软技能"重要性越发明显，可见增强大学生的"软技能"实力已经成为一件十分迫切的事情。这里所说的"硬技能"主要是指专业能力，那么"软技能"是什么呢？表述各有不同，但比较集中的内容包括沟通交流能力、解决实际问题能力、团队合作能力、学习力、思考力、行动力、适应能力、创新创业能力、责任心与自我管理能力等。这些能力并非特定于某个学科、领域或行业，而是适用于大多数基于工作的专业环境；它们代表着知识、技能、能力和经验，有助于毕业生为第一份工作做好准备，而且可以为学习者在当下迅速变化的工作中持续保持高竞争力，让所有的学习者为不断变化的工作环境做好准备，填补高等学校和就业单位之间的鸿沟。在以往的教育中，往往将更多的关注点放在大学生"硬技能"的培养上；在我们的课程中，我们希望大家感受到，要在未来立于不败之地，"硬技能"和"软技能"是缺一不可的。

党的二十大报告指出，坚持为党育人、为国育才，全面提高人才自主培养质量。这为本书编写指明了方向，提供了根本遵循。在这本书里，我们将对话先贤，指导大家以"知行合一"思想为引领，从八个方面入手，帮助大家获取打开自我认知和自我成长之门的钥匙，解决如何掌握"硬技能"和"软技能"等问题，提升大学生的综合素质和就业竞争力。在书的第一部分里，我们首先将学习"什么是知行合一"，了解"知行合一"思想的由来、内涵和精髓，深刻领悟习近平总书记关于"知行合一"的有关论述，尽快适应大学生活，完成从高中生向大学生的转变，学习做一个有智慧的人；第二部分，通过规划自我，理解人生规划、职业规划、学业规划的重要意义和三者之间的关系，做一个有目标的人；第三部分，通过认识自我，回答清楚"我是谁""我从哪里来""我将来要做什么"等问题,努力克服自卑心理,把自己培养为一个有信心的人;第四部分,通过发掘自我,学会如何积累并培养自己的兴趣,把兴趣爱好转化为一种习惯、一门专长,做一个有特长的人;第五部分,通过表达自我,训练和培养沟通演讲、团队合作等能力,做一个有魅力的人;第六部分,通过修炼自我,创新学习方法,提升专业能力,培养复合能力,做一个有能力的人;第七部分,通过提升自我,培养自己的学习力、思考力和行动力,做一个有底气的人;第八部分,通过管理自我,养成自觉学习的习惯,学会自我监督与评估的方法,提升自己的综合实力,做一个最好的自己。

此外,本书还将分享一些案例,用在校学生和校友的亲身经历与体验来给同学们做大学生活及未来职业的向导,引导大家科学规划大学的黄金学习时间,让自己在大学里不留遗憾,对自己负责,对家庭负责,对国家负责,也让自己的人生更出彩。

党的二十大报告提出"促进高质量充分就业"。编写本书的目的是帮助更多同学做好职业生涯规划、大学的学业规划等,从而更快地适应大学学习生活,更好地提升自己的学业与就业能力,以便在毕业进入就业市场时更具有优势,能够实现高质量就业。关于本书阅读,有三个建议供大家参考。

一要带着问题来学习。大家在了解了本书编写的目的后,要好好思考一下在自我认知和自我成长方面有什么困惑,有哪些亟待改进的地方。习近平总书记说过:"你脑子里装着问题了,想解决问题了,想把问题解决好了,就会去学习,就会自觉去学习。"这门课程也一样,先找到你在上大学后关于学习、关于自我成长方面的问题,带着这些问题去找答案,你就会有更充足的学习动力,得到更多的收获。

二要带着思考去拓展。本书每一部分的内容并不多,但我们希望在较短的篇幅里,尽量把先进的思想和理念,有用的方法论,自己的所见、所思、所悟都毫无保留地告诉大家。这个过程既是"传道授业解惑",更是"启示启发启迪"。我们希望,每一个部分能够激发大家的兴趣,让大家结合个人的实际情况,带着新思考,去体会并阅读相关的推荐书目,认真完成带有拓展性的课后思考。

三要带着体会去实践。你看过了,听过了,也思考了,课后拓展了,并且有了自己的体会和感悟,但是不等于你就会了。"知行合一",心动不如行动,行动才是真知。比如你学习了"规划自我"的内容,就一定要马上行动起来,给自己制定学业规划、职业生涯规划和人生规划;比如你学习了"表达自我"的内容,就应该抓住每一次课堂发言、上台交流的机会,多多参加演讲、辩论等活动。

想,都是问题;做,才是答案。这个世界上,绝大部分人失败不是因为没有思考,而是因为犹豫不决,迟迟没有行动。只有先去做了之后,才能知道问题所在,才能真正解决问题。

希望大家在接下来的时间里边学习边领悟边实践。一件事，不是说表面上学会了就行，只有通过"笃行"来不断地琢磨学习，反复练习，才能把事物本身的规律内化于心，做起来才能得心应手，做到"熟能生巧，巧能生化"，使得自己进入更高的境界中。

只有这样，才能真正开启你的智慧人生，并不断提升自我，做一个最好的自己。

编写组

2023 年 4 月

目 录

第一章　知行合一，做一个有智慧的人

知之真切笃实处即是行，
行之明觉精察处即是知。

——王阳明

习近平总书记曾多次强调"知行合一"思想对现实生活、学习和工作的指导意义，他既重视战略目标，又强调干在实处，并对"知"与"行"的辩证关系进行了深刻的理论阐述和实践探索。"知行合一"短短四个字有着丰富的内涵，不仅包含了中国传统文化里的许多精华，而且蕴含着深刻的中国智慧。

当代青年大学生应以"知行合一"为遵循目标，在知识学习、能力培养和实践锻炼中努力践行"知行合一"，让自己成为一个有志向、有智慧、有能力的人。这么做，不仅能为毕业后的就业、创业或升学做好准备，更能为实现更长远的人生目标奠定基础。

第一节　大学生就业面临的新挑战

一、人才竞争加剧，就业形势严峻

当今全球经济竞争愈演愈烈，科技与人才逐渐成为发达国家和新兴经济体之间竞争的首要目标。此外，不断崛起的新兴市场、飞速变革的技术设施、优化升级的产业结构等都逐渐成为未来 20 年内可能改变世界的新型力量，这种发展的大趋势将促使人才竞争格局发生新的变化。

因此，社会对创新型、复合型人才的需求进一步加大，对大学毕业生的综合素质与能力提出了更高的要求。

党的二十大报告中指出："就业是最基本的民生。"据教育部统计，2023 届高校毕业生规模将达到 1158 万人，同比增加 82 万人，再创历史新高，"保就业"和"稳就业"的任务极其艰巨。2023 年在多重因素的叠加影响下，就业形势更趋严峻复杂。

伴随着中国经济进入高质量发展阶段，近年来各级政府为促进地方经济发展，广纳贤才，在人才引进政策上实施了众多改革举措。自 2018 年以来，以"北上广深"等为代表的一线城市，以及以成都、杭州、宁波等为代表的新一线城市，还有不计其数的二线甚至三线城市都加入了人才争夺战。创新创业人才作为科技竞争中的重中之重，逐渐成为各个城市互相竞争的重要标的。

经济的发展必然会带动产业的升级，一方面产业结构的优化升级能提供一批新型的就业岗位，产业规模的扩大可以增加就业容量，为大学生提供更多新型的就业机会，促进就业类别的多样化从而促进就业；另一方面，在技术进步促进产业结构升级转型的同时也会缩减甚至淘汰一批劳动力密集型的就业岗位，造成就业岗位的减少，再加上新冠疫情的影响，不少企业面临裁员的状况。同时，机械化、智能化的不断发展对相应就业岗位的人才提出了更高的要求，促使新时代大学生为能够适应经济发展和产业升级，不断提升自己的综合素质与能力。

麦可思《2021 年中国大学生就业报告》中有关毕业生的能力分析显示：逻辑思维、设计思维能力五年间重要度提升明显。通过具体分析本科毕业生对各项基本工作能力的重要度和满足度的评价，列出了职场新人眼中较重要的 10 项能力。

许多大学生因为一时之间无法找到合适的工作，又出于对未来发展的考虑，会选择继续深造。教育部门发布的数据显示，2021 年考研人数为 377 万，2022 年高达

457 万,2023 年持续增长到 474 万。2021 年,我国出国留学生总人数为 52.37 万,较 2020 年增长 13.9％;2022 年,出国留学生人数超过 80 万。除了通过提升学历来缓解就业压力外,考编进入体制内也备受大家青睐。有关数据表明,2021 年国考共有 157.6 万人通过资格审查,2022 年国考报名过审人数达到 212.3 万,2023 年人数高达 259.7 万,平均竞争比为 60.31∶1,其中资质过审最大竞争比超 5800∶1。根据学者调查,大学生在就业单位的选择上更倾向于社会声望好、地位高、稳定性强的政府机关或事业单位。然而由于疫情的反复来袭,国考和各地方省考只能选择不断推迟,这种情况下大学生"慢就业",选择不就业而继续考研、考公甚至二考三考的现象在各大高校中逐渐抬头。学生不愿选择在毕业季忙于四处应聘,而是处在游历、思考生活、等待机会并反复参加考试的状态,内心抗拒就业而随之"慢就业"逐渐成为当今大学生就业季的热门选择。

二、就业能力不足,学习规划缺失

某地方应用型高校学生的调查显示:

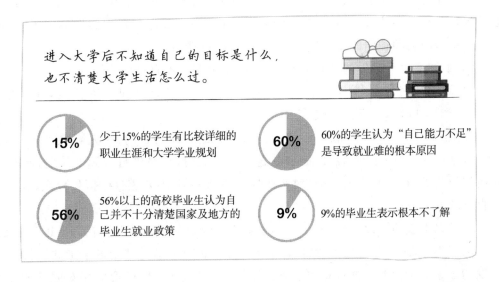

进入大学后不知道自己的目标是什么,也不清楚大学生活怎么过。

15% 少于15%的学生有比较详细的职业生涯和大学学业规划

60% 60%的学生认为"自己能力不足"是导致就业难的根本原因

56% 56%以上的高校毕业生认为自己并不十分清楚国家及地方的毕业生就业政策

9% 9%的毕业生表示根本不了解

在调查中有学生反映进入大学后学习方式的转变导致自己无法迅速适应学习。实际上,大学教学方式与中学教学方式有很大的差别。大学的学习是老师的课堂讲解加上课后作业,虽然与高中相似,但大学老师讲课的速度快,不注重知识点的讲解;课后作业的完成多以学生自觉为主,导致学生对于自己知识点的掌握情况不能及时得到反馈。有的同学虽然每天日程都安排得满满当当,但最后都是只有自己在空忙碌,没有得到真正的提升。例如,有学生认为:"上课时间短、难度大、内容多,有时候学着学着就懵了：因为难度大、内容多，有很多东西要靠自学，而自己自学的能力还不够，有时候就不知道从何下手。同时还会因为其他事情而感到焦虑，生怕在学习期间自己无法获得提升，还是原本的模样；生怕自己比不过别人，十分平凡；生怕自己碌碌无为，让父母失望。我每天都在忙碌，但眨眼间一周就过去了，到头来却觉得什么也没做出来，所以每天都会很焦虑。"进入大学后不少同学每天都感觉自己很忙，但事实上大部分都是漫无目的的"瞎忙"；很多时候选择不是自己深思熟虑之后做出的，只是照葫芦画瓢，随大流罢了。

通过对中国大学生慕课（MOOC）"知行合一，做最好的自己"这一课程的作业进行调研发现，很多学生存在以下迷茫之处：

（1）每次上课都集中不了注意力，对课程内容提不起兴趣。大学没有像高中那样严格的老师会监督学生的学习，上课也可以随身携带手机，纪律自然比不上从前。这也导致学生的学习效率大大下降，自我要求放松。

（2）就专业学习而言，不清楚自己专业所需要学习的知识以及需要掌握的相关技能，也不清楚先前所学知识与之后的学习契合度如何，对自己需要做的准备也感到迷茫。对专业发展而言，不清楚就业方向以及未来前景，曾经也想过转专业，但又因为做不出更好的选择而最终放弃。最后，对大学社团、部门举办的相关活动也没有很好地了解。自己适合什么样的部门？怎样可以加入一个部门？每次想做的事很多，可到最后总是因为种种原因而无法实践，这也是一种遗憾。

（3）不知道每天该做的事有哪些，感觉除了上课就没有其他能做的事了。

（4）缺乏社交，在大学生活了很久，但是自己的社交圈还是很小很固定，自己也疲于加入新的交际圈，每天都比较"宅"。

（5）在学习方面，缺少目标，不知道自己努力的方向与目的；在人际关系方面，以前的自己就像"井底之蛙"，所以缺少一定的交际能力，面对来自五湖四海的同学，不知应如何相处；在未来发展方面，对职业规划感到迷茫，不知道自己擅长什么，也不明白自己的发展方向。

通过以上表述可以看出，不少大学生对所学专业的就业情况存在许多迷茫之处。

从课程层面讲，学生职业生涯规划课程的开展很多学校都是流于形式。国外一些发达国家关于职业生涯规划和就业指导的课程起步较早，已形成相对完善的课程体系，而我国大多数高校的大学生职业生涯规划课程还处于探索阶段，在课程开设上暴露出一些问题：如教学形式大多是理论知识传授，缺乏专业教师上课；课程内容多以政策、技巧、信息为主，没有开展就业软实力的培养或缺少相关内容，尚未形成科学完善的教育模式，在开展的广度和深度上还需要进一步提升。

一项毕业生就业情况调查发现，毕业生的实习经历、求职努力程度也会对其自身就业能力产生影响。多数毕业生都会选择在大四下学期才着手找工作，错过了大四上学期求职的黄金期。大部分毕业生对自己专业的就业特点不清楚，不知道如何选择行业，不清楚自己专业的对口行业以及其未来前景如何，不清楚何时进入行业才是合适的时机，又或者对要进入的企业的特点不清楚，对企业的情况一无所知；相比于专业准确的就业资讯，更多是碎片化的信息，因此无法做出有支撑性的抉择。且多数毕业生因为学校毕业实习考核较为宽松，毕业实习流于形式，很多同学毕业实习只是为了在实习报告上盖上章以应付学校的毕业考核。

大学生若能尽早认识到职业生涯规划的重要性，提前做好学业与职业规划，可减少大学期间的迷茫。

在一项对毕业生开展的采访调研中，发现大学生在学校内的经历在找工作时比较被看重。大学和高中时的学习生活不同，大学里有了更多的个人发展空间，可以参加各种社团、学生会组织，可以担任学生干部或参加专业比赛、社会实践、文体活动等。实习经历也是用人单位看重的一点，如果选择的是一个好的实习单位，毕业后找工作一般也会好找一些；如果去了一个不太好的实习单位实习，毕业后找工作时，可能会因为实习单位不好而不受用人单位欢迎。大多数用人单位很看重学生的校内实习经历、学习成绩等。

三、适应能力不强，就业鸿沟现象

大学生找不到工作的同时，企业也招不到合适的毕业生。大学生的就业能力无法满足社会和用人单位需求，大学生的知识、能力、素质与用人单位的需求存在差距。一项调查显示，80％的公司认为很难找到合适的具备"软技能"的人才，更多企业开始重视自己培养员工。此外，先就业后择业的现象在高校中较普遍，新员工跳槽现象严重。据调查，许多新员工在工作短期内不胜任工作是因为缺乏"软技能"，导致出现了大学生离职率升高的现象。

新时代大学生要尽快适应社会、融入社会；缓解就业压力，就必须从大一开始明确自己的规划，通过践行"知行合一"的思想来尽快实现从一名高中生到大学生再到现代职业人的转变，如此才能不被社会巨大的变革所湮没，才能真正成为一个对社会有用的优秀大学生。

第二节 践行"知行合一"的思想

习近平总书记非常重视弘扬中国优秀传统文化，他认为在中华优秀传统文化中蕴藏着许多智慧，能帮助我们解决当代人类面临的一些难题，助我们开启智慧人生。

2014年9月，习近平总书记在纪念孔子2565周年诞辰国际学术研讨会上发表讲话："世界上一些有识之士认为，包括儒家思想在内的中华优秀传统文化中蕴藏着解决当代人类面临的难题的重要启示，比如，关于道法自然、天人合一的思想，关于天下为公、大同世界的思想，关于自强不息、厚德载物的思想，关于以民为本、安民富民乐民的思想，关于为政以德、政者正也的思想，关于苟日新日日新又日新、革故鼎新、与时俱进的思想，关于脚踏实地、实事求是的思想，关于经世致用、知行合一、躬行实践的思想……"

2015年3月，习近平总书记在参加全国两会贵州代表团讨论时指出，王阳明心学是中国传统文化的精华，也是增强中国人文化自信的切入点之一。他还曾指出，要把文化变成一种内生的源泉动力，作为我们的营养，像古代圣贤那样格物穷理、知行合一、经世致用。

"空谈误国，实干兴邦"，就是要"以知促行，以行促知，知行合一"。要在实际行动中去实现良知，"心中有良知，行为有担当"，这是对"知行合一"最好的诠释。

一、王阳明与"知行合一"

(一)王阳明其人何为

王阳明(1472—1529)是明朝时期的一位传奇人物，他原名叫王守仁，浙江余姚人，世称阳明先生。他出生于一个世代为官的书香门第，从小就受到了良好的教育，

王守仁
（1472年10月31日—1529年1月9日）
汉族，幼名云，字伯安，别号阳明
浙江余姚人

知行合一 思想为指导

为大学生职业生涯与学业规划寻找新的理论依
据，提出大学生就业能力提升遵循的思想方法

以问题为导向，破解新时代地方高校大学生就
业难的问题

为政府部门制定相关政策、地方高校开展职业
生涯与学生规划教育及大学生个人提升就业能
力提供对策

并以读圣贤书、修身齐家治国平天下为己任。王阳明27岁考中进士，正式步入仕途，
并担任一些重要职务，平定了包括宁王朱宸濠在内的许多地方叛乱。王阳明尽管屡
立战功，政治声望不断升高，但因朝廷腐败，他的仕途却日趋坎坷，曾谪迁至贵州龙
场，做一个没有品级的驿丞。在极端艰苦的环境里，他以顽强的意志、乐观的精神，坚
持学习悟道，也曾兴办书院，讲学不辍，完善和传播他的思想。他是集儒、释、道三家
之大成的一位思想家、哲学家，也是一位教育家，具有中国人最精妙神奇的智慧。他
一生的功业事迹，完美地实现了中国读书人最崇高的理想。他上马为将，下马为师，
在朝美政，在野美俗。他做到了"为天地立心，为生民立命，为往圣继绝学，为万世开
太平"。

　　王阳明在12岁时就立下"读书学圣贤"的志向，27岁考中进士，开始入朝为官。
明武宗正德年间，太监刘瑾等人弄权，在朝堂上大肆排除异己。王阳明因不愿与太监
刘瑾等同流合污，触怒刘瑾，被贬至贵州龙场，这年他35岁。

　　龙场远离京都，是一片尚未开化之地，加之气候湿热，瘴气弥漫，一般人初入此地
大都难以忍受，但王阳明在龙场安顿下来，一住就是3年。在龙场极端艰难但又单纯
无事的环境下，王阳明并未让自己彻底闲下来，更没有失去意志，经过长期的静心思
考终于找到了他的"道"，即"圣人之道，我性自足。过去从外物求天理是舍本逐末了，
由外及里的路子整个是场误会"。所以，对于一个真正的智者来说，无事则安，安即学
习、思考。日常工作繁忙，并没有富余的时间留给自己用来思考，因此在无事的日子
里，不妨给自己的思想充充电，把平时感到无聊的时间用来读书思考，毕竟，人生最终
的价值在于觉醒和思考的能力。

(二)王阳明思想的精髓

龙场悟道是王阳明心学思想构建的开端。贵州龙场处于万山丛中,居民基本都是语言不通的少数民族,王阳明在那里气候不适,水土不服,随时有生命危险;但他在极端艰苦的环境里,在近乎绝境的情境下,逐渐悟出了"心即理"的思想,"心"就是指每个人都有一种内在的同情感和内在的是非标准。也就是从那时起,王阳明逐渐创立了以"致良知"为核心的心学体系,并提出了"知行合一"的学说。

后来王阳明的讲学条件日渐好起来,当地百姓为他修建了几处房屋,于是就有了龙岗书院。王阳明在龙场讲学的盛况不久传到了省城,贵州提学副史席书聘请他作为贵阳文明书院主讲。王阳明在和席书的交谈中首次提出"知行合一"。他认为很多人只知道死读书,而忽略了活泼的实际行动,他说:"知之真切笃实处即是行,行之明觉精察处即是知。知行功夫,本不可离。"因此,阳明心学被认为是行动哲学,是一种实践主义的思想。他强调"知行合一"的"知",既是对事物的认识,更是一种良知,良知也就是本性,是一种不假外力的思索,一种内在的动力,比如恻隐之心、羞恶之心、是非之心等。

在平定宁王叛乱后,王阳明对善恶有了更深层次的思考。"知善知恶是良知,为善去恶是格物。"在王阳明看来,无论圣人还是普通人,无论是胜利者、失败者还是失望者,只要是人,心中都有良知;只要事事上"致良知",任何人都可以成为圣人;只要听从良知的命令,无论遇到任何困难都可以克服,并且不会误入歧途。在临死前他对学生说的最后一句话是:"此心光明,亦复何言",用自己的人生践行了"致良知"。纵观王阳明的一生,他只要想做什么,就能努力做成什么。很难想象,一个人在专心做学问、教育子弟的同时,还能带兵打仗,治国理政。他之所以能够获得这么大的成功,离不开"知行合一"的智慧。现如今,"知行合一"对我们的学习和工作也有很大的指导意义。

(三)王阳明思想的影响

王阳明思想对中国思想界影响深刻,龚自珍、魏源、康有为、谭嗣同、梁启超、梁漱溟等都对他的思想推崇有加。当年毛泽东就是以一篇研读心学的文章《心之力》而受到老师杨昌济器重,在湖南省立第一师范,青年毛泽东还发过"名世于今五百年,诸公碌碌皆余子"的感慨,意思是说王阳明之后无来者。

王阳明的心学思想影响远达欧洲和美洲,对东亚、东南亚的影响更为巨大。在日本,从倒幕运动到明治维新,不论是前三杰中的高杉晋作,还是后三杰中的西乡隆盛,都是阳明心学的忠实信徒。梁启超说:"日本维新之治,心学之为用也。"在日本的一次名为"你最敬畏的中国人"的群众调查中,王阳明名列榜首。一手创建了两家世界

500强公司的企业家——稻盛和夫就非常推崇王阳明，他在不顺时会读王阳明三句经典名言，常读常思常醒悟，受用无穷。他把王阳明的"致良知"融入企业管理中，认为应该"遵从发自真我和灵魂的理性和良心"。他提出："第一，为人类尽一份心，为世界尽一己之力；第二，克制自己，压制自私之心；第三，要在大起大落的人生中忍耐；第四，全心全力在工作中精进。"

二、陶行知与"知行合一"

论及教育理念中对"知行合一"的践行，不能绕开我国著名教育家陶行知先生。"博爱存心，和光映面，不惑不忧，不惧不恋"来自陶行知先生的一首诗，也是他自己一生的写照。宋庆龄称他为万世师表，梁漱溟先生最佩服的三个盖世人物中，排在第一位的就是陶行知。

陶行知

人民教育家
教育思想家

捧着一颗心来
   不带半根草去

（一）陶行知其人何为

陶行知（1891—1946），人民教育家、思想家，伟大的民主主义战士，中国人民救国会和中国民主同盟的主要领导人之一。他以"捧着一颗心来，不带半根草去"的赤子之忱，为中国教育探寻新路。他毕生致力于教育事业，不仅提出"五育并举"的教育方针，创立了完整的教育理论体系，而且进行了大量的教育实践，三十年如一日矢志不移，以"甘当骆驼"的精神努力践行平民教育，对我国教育现代化做出了开创性的贡献。他写文章的目的单纯而明确，即表达他的教育观点，因此他的文章多观点鲜明，条理清晰。

毛泽东、朱德赞誉他为"人民教育家"，徐特立称他为"伟大的思想家"，郑振铎称他为"不屈不挠的民主斗士"，梁漱溟称他为"是一往直前地奔赴真理的一个人"，美国华莱士称他"不仅仅是属于中国的，而是属于全世界的"。

(二)陶行知教育思想

关键词一："行"，行是知之始。

陶先生说："行动是老子，知识是儿子，创造是孙子。"在他的《行是知之始》里面，他以小孩子为例，说道："太阳地里晒过几回，厨房里烧饭时去过几回，夏天的生活尝过几回，才知道抽象的热。雪菩萨做过几次，霜风吹过几次，冰激凌吃过几杯，才知道抽象的冷。白糖、红糖、芝麻糖、甘蔗、甘草吃过几回，才知道抽象的甜。碰着铁，碰着铜，碰着木头，经过好几回，才知道抽象的硬。才烫了手又冰了脸，那么，冷与热更能知道明白了。"因此他认为"行是知之始，知是行之成"，强调了实践的重要性。

陶行知的名字本身就颇有趣味。1911年，他到南京金陵大学求学时，因为深受王阳明"知行合一"学说的影响，遂改名为陶知行，书写："知是行之始，行是知之成。"后来在不断的实践中，他又感悟到，杜威的理论在中国行不通，其关键是缺少思想的母亲，即行动。1934年，陶知行正式改名为陶行知，这并非简单的文字游戏，而是通过两字顺序之差体现出教育理念的变革，阐明教育绝不是纸上谈兵的道理。因而他在实际教学中，强调教学做合一，手脑并用，在劳力上劳心，理论和实践辩证统一。行动—知识(理论)—再行动，循环往复，不断前进，与时俱进，发展变化前进。求人不如求手，自食其力，自力更生，从我做起，从现在做起，从小事做起。

关键词二："实"，教育以生活为中心。

这个"实"字，讲究的是实事求是，一切从实际出发：从中国的国情实际出发，从学校的实际出发，从学生的实际出发。陶先生以实践第一的观点，倡导了"生活即教育，社会即学校，教学做合一"的生活教育理论，把杜威的"教育即生活，学校即社会，从做中学"翻了半个筋斗。他主张把校园的围墙拆去，"以青天为顶，大地为底，二十八星宿为围墙，人人都是先生，都是学生，都是同学"。这是中国近代教育史上的一大创举。

陶行知先生写了很多文章来阐述自己的观点，诸如《生活工具主义之教育》《生活即教育》《传统教育与生活教育有什么区别》《生活教育之特质》《生活教育的创立与成长》等。他认为，要承认文字书本是人生工具的一种，但绝不是教育的全部。

1924年，陶行知在南京安徽公学担任校长，他把校训定为"实"，强调实事求是是生活教育的哲学基础。平时我们会说"听见了，忘记了；看见了，记住了；做过了，理解了"，即论证了"实践第一"这一观点的客观性和重要性。在陶行知看来，生活教育重实践、重体验，一切生活都是课程，一切课程也都是生活。

关键词三："活"，活的教育。

1927年3月，陶行知先生创办晓庄试验乡村师范学校，并将"教学做合一"作为晓庄师范学校的校训，这五个字也是陶行知教育理念的核心观点之一。他亲自设计了晓庄师范校旗，校旗的中间便书写着一个"活"字。陶行知先生所认为的活的教育是活的教师以活的方法培养活的学生的过程，活的教育包括生活的教育、创造的教育、精神的教育等多个内涵。

陶行知先生一直强调要做"新教育"。他分别解释了何为"新"，何为"教育"。"新"有三点：第一个意义要"自新"，第二个意义要"常新"，第三个意义要"全新"。陶行知说："时代是在继续不断地发展……教育应是动态的、接受熏陶的。人才不是教出来的，应是酿造出来的。潜移默化的，日新其德，日勤其业。"教育的作用在于"使人天天改造，天天进步，天天往好的路上走；就是要用新的学理、新的方法，来改造学生的经验"。

他一贯主张要做"活教育"，即一切从实际出发，从生活出发，反对死教育。他提出活的教育一是要用活的人去教活的人，二是拿活的东西去教活的学生，三是要拿活的书籍去教学生。

关键词四："真"，学生的精神。

王阳明提出"致良知"，而陶行知的教育观点中一贯强调学生要"真"，这二者对学生为人品行上的要求是一致的。为什么培养人？培养什么样的人？怎样培养人？陶先生明确地指出，"千教万教教人求真，千学万学学做真人"。

他在《学生的精神》中指出："我们处在任何环境里面，必抱有坚强人格，不可自由摇动，尤其到了利害生死关头之时，必富有'富贵不能淫，贫贱不能移，威武不能屈'的气概。这才算得一个真正的大丈夫，真正的国民。"同时，他强调，我们培养出来的人，不做人上人，不做人下人，不做人外人，要做人中人。人中人的含义便是崇尚真善美，反对假丑恶，实现生活本真，做人本真，回归人性，这跟王阳明提出的"致良知"思想是一脉相承的。

(三)陶行知思想的影响

郭沫若说："两千年前孔仲尼，两千年后陶行知。"在中国从事教育工作，都绕不开陶行知，陶行知对中国现代教育有着巨大而深远的影响。

1922年，陶行知先生担任中华教育改进社主任干事，这也预示着他的教育事业正式起步，此后他与晏阳初等人组织中华平民教育促进会，共同成为中国现代平民教育的早期推动者。1926年他推动成立南京燕子矶试验乡村幼稚园，1927年他创建南京晓庄试验乡村师范学校，开始了有着显著陶行知个人烙印的教育实验。陶行知自身的教育实践经历了由城市贫民为主的平民教育向农民教育的重心转移，以及将乡村教育与乡村建设相结合的最初尝试，体现了20世纪二三十年代中国教育与改造的发展趋势。抗战爆发后，陶行知投身于爱国救亡运动，提倡"国难教育"，推动大众教育与民族解放运动相结合，创办晓庄研究所和培养难童中的天才儿童的育才学校。抗战后期与抗战胜利后，他积极推动民主教育，为之倾注全部心血。

他的教育贡献主要包括：一是开出女子教育、平民教育、科学教育、乡村教育、社会教育、国难教育、职业教育、民主教育等多种教育科目。二是亲自创办晓庄学校、山海工学团等学校，还在桂林开展过岩洞教育，实践出团体自足的教育模式。三是结合现实生活，超越旧有的教育局限，创新教育方法。四是发展出师资培育的新模式，提出"小先生"制、艺友制等教育制度。五是促进教育界与社会各阶层的互动与融合。六是借助媒体传播教育理念，筹建与创办了多种教育杂志。七是根据教学对象与教学目的而编写教材。

今日之中国，陶行知先生的教育思想与理念依旧勉励着一代代的教育工作者与莘莘学子。我们培养的人才当有高尚之品格、中国之灵魂，以智慧、创新及团队精神积极参与世界竞争。生命不息，追求不止，当代青年要有永不满足的执着追求，书写更为璀璨的人生篇章。

不论是王阳明先生的"知行合一"思想，还是陶行知先生的"知行合一"思想，都对后世产生了深远的影响，如今大学生也从中收获良多，对"知行合一"这个思想有了自己特别的理解。

以下是两位学生对"知行合一"思想的学习分享：

（1）"知行合一"的释义是认识事物的道理和实行其事，这是密不可分的一回事，也被翻译成知识和行动的统一。"知行合一"的思想在当代有着重要的影响力，可以涉及我们生活和学习的方方面面。对于专业学习来说，可以将课堂上学习的专业知识，像理论力学、工程材料之类的，在现实中运用来解决问题，这就是行的过程。"知行合一"能使我们的学习更加有效。小时候我们最初的知识并不是来自书本，而是靠自己对于周围环境的探索从而获得一定的认知，先行而后知，这也是"知行合一"的一种。

（2）我对"知行合一"的理解是：知识和行动的统一，即将内心的思想和行动有效结合起来。在学习过程中，知道自己想要什么，这个阶段应该做些什么，并付诸行动，进一步达到自己的目标，用自己的知识使自己的行为得到进一步优化与规范。比如说多读书，在一定程度上会使自己的行为受到潜移默化的影响。比如读哲学书，会使自己更具有理性思维，遇到事情不会被感性支配。读文学书，则会让自己充满文学的韵味。而在生活中，则尽量保持积极向上的态度去面对一切，在此基础上的行为则将更高效，具有高执行力、高动力。

通过学习，同学们都能理解"知行合一"思想并分享一些发生在自己身上或存在于身边的关于"知行合一"的例子。正如大部分同学理解的那样，"知行合一"既要有认知，又要有行动，将两者有机结合起来，下面我们就来看如何践行"知行合一"。

三、如何践行"知行合一"

"知行合一"中蕴含着深刻的中国文化和中国智慧，已经成为很多学校培养人才的信条。我们所在的两所学校都将"知行合一"作为校训，使之成为铭刻在全体师生员工心中做人做事做学问的准则，时刻提醒大家：知是基础是前提，行是重点是关键；心中有良知，行为有担当，要做一个有志气、有骨气、有底气的人。

那么我们应该如何去践行"知行合一"的思想呢？

（一）心怀良知并行动起来

瑞士心理学家荣格将自我分为"小我"和"大我"，他把"大我"比作一个圆的圆周，把"小我"比作这个圆的圆心。我们通俗地讲，"小我"是对自己的谦称，或是自我意识；"大我"指集体，是群体意识。

纵观中国的革命史，那是一部在"大我不保遑论小我"的年代里可歌可泣的英雄史诗。"我失骄杨君失柳，杨柳轻飏直上重霄九"，毛泽东亲人为革命事业献出生命。革命先烈们自觉将"小我"融入"大我"，将"小家"融入"大家"，为了革命事业舍"小我"顾"大我"。

作为青年大学生应该想一想，我们为何可以在和平的年代，在物质丰富的年代，自由地追逐自己的小梦想？我们可以自由追逐"小我"，正是一百多年来先烈们献出生命换取来的。

当大家在追逐"小我"时，不妨想一想：我如果完成了自己的小梦想，对于实现伟大复兴中国梦有一丝贡献吗？对于一百年后的年轻人，会产生影响吗？王阳明"致良知"的思想就能很好地将"小我"与"大我"结合起来，就是要大家将社会责任、将行为担当融入个人理想和成长规划中。求学固然重要，但学习的初心亦不能小觑，"为什么而读书？"，这将决定一个人思想与行为的厚度。我们相信，除了自我之外，一定还有值得我们为之奋斗的意义，如帮助他人、回报社会、建设国家等。

很多同学在进入大学时立下雄心壮志，但到最后壮志未酬。做梦想家固然不错，但绝不能只做空想家。比如，很多同学一进校园就决心要拿奖学金，想考研、考各类证书，想做学生干部、组建各种社团等，这些想法都值得肯定，但应该怎么付诸行动呢？想，都是问题，做，才是答案，只有先去做了之后才能够知道问题所在，才能真正去解决问题，考虑一千次不如去做一次。

案例分享

有一位大学刚毕业考入研究生的 H 同学，她从大一初入校园开始便对自己的大学生活有详细的计划，并付诸行动：通过参加学生文体活动来拓宽自己的兴趣面，锻炼自己的交友能力；担任学生干部来提升自己的团队组织与协调能力；积极参加学科竞赛，获得国家级、省市级的奖项，来拓宽自己的眼界，为自己的简历增色；同时也利用寒暑假期进行社会实习实践，积累社会工作经验，并且在大学期间能持之以恒。因为前面几年打下的扎实的学习基础和考研冲刺几个月里一门心思复习备考，她最终实现了自己的考研目标。

所以，做好学业计划，是实现学习目标的重要一步；脚踏实地地完成好每一个计划，更是实现成功目标的开始。

案例分享

分享 Y 同学关于高数学习的经历：新课程总是由浅入深，他对于基础课程的学习总是不以为然，大一期中考试的失利让他感到了懊悔与紧迫性，明白了不仅课上的学习要认真，课下也要自己从其他方面学习，渐渐地他学会抽出时间去学习高数。坐在安静的图书馆里，发现每个人都低着头沉浸于学习，这种氛围深深吸引着他，久而久之他便喜欢上了这种学习的方式，对于学习的态度也不再是被动接收而是主动接受，把去图书馆学习高数当作了一种享受，每学会一个知识点以及解题的快感令他着迷。从此，他一直循环着这种学习方式，在"知行合一"中循环往复，不断前进，与时俱进，在发展变化中学习，最终在高数上也获得了相应的回报。

陶行知认为学习往往缺乏一种思想的母亲，即行动。要注重学用相长、知行合一，做到"行是知之始，知是行之成"。

（二）要学会在事上磨炼

王阳明有个弟子是做官的，他有心学习"知行合一"的学问，但是他平时公务繁忙，担心学不好，于是问王阳明应该如何取舍。

王阳明笑着对他说，我为什么要你抛下公务来听我讲学呢？我的学问是行的学问，需要在事上磨炼才行。你在断案的时候，面对犯人，不会因为他的无礼而愠怒，不会因为他的讨好而开心，不会因为他的恳求而失去主见，不会因为自己事情庞杂而敷衍了事，时时刻刻注意自己的所思所想，时刻纠正，这就是"知行合一"的功夫。

案例分享

　　有这样一位成功的企业家，大学毕业后，只用了 13 年时间，从一名助理施工员成长为集团董事长。在谈及自己纵横职场的核心竞争力时，他说："首先是品质上的问题，要有一定的家国情怀，为人处世不能过于自私。其次，要真正做到说到做到，'知行合一'，你才是真的行啊！"他很重视自身职业道德的培养，"要想让你的团队、你的公司接受你，就必须具有良好的职业道德，不去干损人利己的事"。而成为企业领导后，他说："要想获得凝聚力，领导者必须具有一定的牺牲精神，不能只想着自己的利益。"当然，要想取得成功，除了以上四点外，还必须要有对行业的热爱，这才是驱使你不断奋斗的动力之源。此外，他非常注重企业的社会担当，在他看来，"把工作做好，不留下后患，不给社会和国家带来麻烦"是对企业最基本的要求，这一切都是对"知行合一"最好的践行。

　　责任心不仅是个人所需的，也是一个大国所必需的东西。一场突如其来的疫情，使整个世界沉寂，不明真相的群众充满恐慌，流言蜚语到处弥漫，面对如此种种，中国作为大国，承担起自己的责任，在采取一系列紧急措施保护自己国民的同时，也对处于水深火热之中的其他国家伸以援手。患难见真情，中国心系全人类共同命运，正是大国担当的深刻体现。打个比喻，我们可以把社会比作一座牧场，在社会中圈养着无数的羊，它们温和善良，和睦相处；它们拥有良知，遵守底线规矩。而在圈外虎视眈眈的就是无"知"的没有道德约束的狼，代表着社会中的逆流与黑恶势力或内忧外患。羊虽然善良，但是当狼入侵羊圈时很少有作为，导致灾祸一次又一次发生。他们有"知"却无"行"，终将被淘汰。而在其中，有些羊拾起了责任，以行动对抗黑恶，在守护了自身的同时守护了羊圈。这些羊就代表了践行"行"与"知"、以责任为动力的人。有了行动，一切梦想便有可能实现；有了责任，灰暗的现状就不会成为自暴自弃的借口，毕竟，有些事不是有希望才去做，而是做了才有希望。

　　我们经常会说这个孩子不笨，就是不用功读书。一个不笨的孩子，带着沾沾自喜的小聪明，一路轻浮到底，最终一事无成，这是部分人的人生写照。所以大学生应该具有运用"知行合一"的思想来培育良好习惯的能力，确立自己的远大志向，从身边的小事做起。例如，怎么看上课玩手机做低头族这一现象？从"致良知"的角度来理解就是缺乏对别人劳动成果最基本的尊重，缺乏对良好学习机会的珍惜，缺乏对自己人生的责任感。所以，要培养尊重人的习惯和责任感，做到"知行合一"，就要从认真上好每一堂课开始，养成专心学习的习惯，培养遵守纪律的良好态度与责任感，用"知行合一"来诠释自己的大学生涯，诠释好自己的人生。

　　在现实生活中，践行"知行合一"的例子有很多，但也存在着没有践行"知行合一"

的例子。比如老少皆知的《悯农》的作者李绅。"锄禾日当午，汗滴禾下土。谁知盘中餐，粒粒皆辛苦。"这首诗字里行间都是在感叹粮食来之不易，让我们要懂得珍惜，可是又有谁能知道，写出这么一首让人人感叹的诗的诗人，最后竟成为一个贪官，忘记了他的初心与任官为民的责任心。践行"知行合一"，就好比"纸上得来终觉浅，绝知此事要躬行"，我们要明白以及承担自己应尽的责任，切不可纸上画大饼。

第三节　如何尽快适应大学生活

一、完成角色的转变

人生就像一班列车，从高中到大学，大家终于抵达下一个站点。这是多么美好，多么让人欣喜，多么让人振奋的一件事情。但通过对大一新生进行入学体验调研后，我们遗憾地发现，有相当一部分同学在进入大学以后并没有感觉很快乐，甚至一些考入名牌大学的同学也感到困惑，甚至迷茫。

这种不快乐某些程度上来自一元化的选拔机制给绝大多数学生带来的挫败感。对一所地方普通高校的大一新生进行心理普测后发现，75%以上的学生对现状不满意，缺乏自信心，他们认为自己没考好而没能进入更好的大学，以至于许多人对前途感到渺茫而不快乐。然而让人意想不到的是，一项针对国内某著名高校的新生调研发现，70%的学生认为自己没有发挥出应有的实力，没有进入更好的大学，选择更好的专业，在这种情绪下大家都觉得无奈，不快乐。

或许有些人有更高的期望，所以当他们来到各自的大学时或多或少会有些遗憾，但是既来之则安之，无论我们对自己所在大学满意与否，都要向更远方眺望，走好接下来的每一步。当然难过的情绪是可以有的，前提是要适度；让我们尽快挣脱负面情绪，继续启程吧，美好的未来还在等着我们呢！

此外，在高中时期，从老师和家长那里最常听到的一句话就是：再坚持坚持，考上大学就轻松了。你们是否也曾迫切地希望能够尽快结束紧张的高中生活，渴望早一点过上"无忧无虑"的大学生活？还有一些同学甚至跟家长约定他们只负责读书考试，等高考之后由家长负责填报志愿，选择学校和专业等。微博上曾有一个关于"大学和高中哪个更累"的话题，24小时内有1.1亿阅读次数、1.8万讨论次数，一度冲上微博热搜榜，其中有一条评论在此期间获得1.5万个赞，300余条回复。它是这么说的："大学呀，很自由又很不自由。"自由指的是没有升学的压力，没有人在后面催着学习，特别轻松；不自由指的是当很多同学进入大学后却发现大学生活并非原来想象的那样，自己对于大学的学习生活以及学校、专业、未来职业选择等一无所知，什么都想尝试，在东奔西跑中迷失方向。有人说："高中是千军万马过独木桥，大学是一个人徘徊在十字路口。"这句话非常形象地道出了很多大学生的真实想法。即使在采访一些颇为功成名就的校友时，我们也一再听到"刚进大学时很迷茫"的声音。他们也曾向往回到高中生活，那时生活有规律，有人帮忙制定目标，安排生活，监督任务完成情况，虽然单调，却过得很充实。

大学是真正独立的开始，许多人远离家乡，来到陌生的城市，和五湖四海的同学相处，这些都是人生中的一大挑战。可是谁说一定要迷茫和徘徊呢？只要我们做好充足的准备，制定好清晰的规划和明确的目标，就不怕前路迷茫。

大学的一端连着中学，另一端连着职场，大学是迈入职场、成为职场人的准备阶段，不规划好、管理好大学期间的学业和生活，职业理想就犹如海市蜃楼，终成泡影。

进入大学的第一学期，是同学们了解和适应大学生活最为重要的阶段，应当在这个阶段重新审视自己、认识自我，了解大学，关注未来，为大学的学业规划打下基础。只有从一开始就做好你的大学学业规划与未来职业规划，你的学习目标才会明确，你的学习热情与动力才会重新激发，然后培养良好的综合能力，顺利完成大学的学业，毕业后才能自信满满，蓄势待发。

二、融入大学的校园

来到大学这一新的环境，许多同学开始了独立的生活，这跟中学时候不太一样，许多同学容易出现焦虑、孤独等情绪，想家并担心学习效果不好，这些都是正常的。要如何走出这些情绪？可以主动去熟悉环境，与同学一起去逛逛校园，熟悉学校主要的教学与生活设施；上网浏览学校网站，了解校园的布局和校、院二级基本的组织架构、教学体系、规章制度等。可以去图书馆借阅关于大学的书籍，从结交寝室和班级的同学开始认识更多新的朋友；可以主动参加寝室和班级的一些活动，尤其可以去学校的校史馆深入了解学校，向高年级的学长、学姐了解学校的一些情况；也可以跟同学一起去校园周边看看，分散自己的注意力，熟悉新的环境，这些都能帮助你尽快融入大学生活。

大学能给予你足够的时间去思考人生的意义，树立正确的人生观和价值观，明确你的人生目标，让你获得广阔的视野。你可以接触更多的人，学习与不同的人相处，尤其可以向你的辅导员和任课教师主动请教，多了解你希望知道的有关学校的信息，因为社交可以帮助你成功，也可以帮助你快乐起来，与同学一起学习玩耍，可以消除你的不良情绪。可能对大多数同学来说改变并不是件轻松的事情，但人只有在不断的自我挑战中才会获得成长，并且要愿意为自我更新与改变付出踏实的努力。此外，还可以通过听大学里各种大师的讲座开阔自己的视野，并为自己制定一份人生的规划，驾驭自己的青春，在充实和奋斗中实现自信和成功。

 案例分享

有一位已经在著名高校读研究生的同学回想刚考入大学时的迷茫，她说那时的自己对大学生活既期待又担忧，担忧没有了老师家长的日夜陪伴，告别了天天待在一起奋斗学习的小伙伴，自己会成为什么样的人？高中到大学，避免不了离别和疏远，这是青少年到成人的转折点，也是走向社会的开始。是否还能继续保持一颗前进不止、怀有目标的心？前方是未知的，为了面对它，自己做了以下几点准备：参加各类活动，认识更多的朋友；上课坐在前几排，努力学习专业课；不整天待在寝室，多去感受外面的世界等。

在大学里我们还会发现，学习和社交活动是大学生活的重要组成部分，那么如何平衡好二者的关系呢？一位学生干部在谈到如何处理工作与学习的矛盾时说：如果有提前避免冲突的可能，我会选择提前分配好时间。如果是工作与学习临时产生了冲突，我认为，作为学生干部，有义务确保自己职责内各项学生活动的正常组织和顺利进行，先完成紧急工作，再统筹安排好其余工作，最后利用休息时间填补学习时间。大一的时候，他负责班级包干区打扫卫生的组织，秋天的时候落叶非常多，包干区落叶面积大而小组同学人数不足，部分同学的积极性开始下降。他定期组织全班进行大扫除，以减轻日常值班小组的打扫压力，并组织班委做好带头作用。此外，他认真核对班级包干区的扣分项，和负责人做好沟通和解释，明确责任，并不断激励班委和班级同学加以改善。随着班级包干区情况的改善，他心里的成就感也随之增加。

三、保持身心的健康

来到一个全新的环境，开始了独立的生活，这对一个从没离开家的学生来说是一种考验：你会面临孤独和对集体生活的不适应。因此，在大学里还需要照顾好自己。顺利地接受高等教育，需要有一个健康的身体状态，生理健康和心理健康都很重要。要保持身体和精神的活力，首先要解决好思想问题。要增强自我意识，天生我材必有用，相信自己，尊重自我。其次要规律生活，比如遵守作息时间，保证充足的睡眠，尤其是在集体的寝室里更要注意平衡好各自的习惯。最后需要保持健康的饮食习惯。离开了家乡，没有了家庭照顾，要在新的环境里找到适合自己的健康饮食，学会适应新环境。此外，需要控制不良爱好，如熬夜玩游戏、娱乐饮酒无节制等。最重要的是还需要喜欢上一项体育运动，保持每天的锻炼活动，来获得好心情，保持好的状态，成为一名青春阳光的大

学生。中国青年报社中青校媒面向全国 1000 名大学生发起的问卷调查结果显示：92.97％的受访大学生认为体育运动是重要的，其中 48.25％认为参与运动非常重要；81.02％的受访者认为运动带来的收获是增强体质，66.18％期待通过运动控制体重，58.15％会通过运动休闲放松，缓解压力。大学提供给了你一流的体育设施，你有时间锻炼，也有机会与更多的同学一起运动。张伯苓曾说："教育里没有了体育，教育就不完全。"可见养成锻炼的习惯和保持健康的体魄对我们来说多么有意义。良好的身体素质、健康的体魄也是适应大学学习生活和提振自我信心的一个重要方面。

 案例分享

　　我喜欢在傍晚戴上耳机听着自己喜欢的音乐，迎着晚风在操场跑步。每当大汗淋漓，我的压力仿佛都被释放出来了。身体是革命的本钱，我认为适当的体育锻炼，不仅可以让我们有强健的体魄，也能更加振奋我们的精神，缓解我们的压力。

　　我们曾经对获得国家奖学金的同学进行过一番调查，发现这些同学中很多都有运动的习惯。

　　一名"国奖"获得者同时也是一名马拉松运动员，他认为跑步不仅能带给我们强健的体魄，还能使我们的精神更加丰盈，心情更加愉悦。当我们失意迷茫的时候，运动能给我们带来无形的慰藉，使我们的压力得到释放。当然，并不是只有跑步可以减压，只要我们让自己动起来，相信所有的不美好都将烟消云散。

　　养成体育锻炼的习惯会让你获益良多。毛主席在 73 岁高龄还畅游长江，希望你们也能体验与享受这种"到中流击水，浪遏飞舟"的欢畅。

四、提升自己的适应能力

　　进入大学需要学会的第一课就是适应。刚从高中生变成大学生可能有诸多不适，比如对周围环境、时间的安排、饮食习惯的不适。如何培养适应能力？
　　一是环境的适应。
　　（1）适应环境，首先我们要了解环境特点。当一个人潜意识里觉得自己处在一个陌生的环境中时，总是会下意识地感到不适和焦虑，这可以算是一种条件反射。生活中，我们与朋友相处往往是自在、轻松的，而与陌生人见面往往伴随紧张、害怕的情绪，有时也会产生很强的戒备心理，这叫社交新颖；对我们每个人而言，进入陌生房间与走进自己的家的感受也是有很大差别的，这叫环境新颖。人本能就对陌生和未知有一种恐惧感或者逃避趋向，如果无法很好地控制这一情绪，有可能会影响工作状态

及情绪。因此我们先要了解环境的特点，了解在这种环境下生活的人们，去发现这种环境的美，才会喜欢这个环境；喜欢代表着你已经完全适应了，工作及生活才会越来越顺利。

（2）用最短的时间在新环境中找一个能谈得来的朋友。一旦建立了朋友关系，环境也会随之充满人情味。在新的环境中寻找与自己志同道合的人，可能有点难，但是你总会找到。如果发现某位同学与你性格十分匹配，你可以积极主动地与他交友。在新环境结识一个好朋友能给你内心带来安全感与踏实感，从而缓解你内心的压力。

二是社会与自我的适应。

（1）要有正确认识和评价自我的能力。对当代大学生而言，在新形势下正确认识和评价自我是实现适应的第一步，这将有利于你更好地进入社会、融入社会。要经常保持乐观积极的状态，客观认识自己的不足和缺点，对自己有一个全面的认知，戒骄戒躁，追求上进，这样才能迅速适应大学生活。

（2）积极参加社会实践，培养独立生活的能力。我们习惯了亲人及朋友的陪伴，而缺少独立自主的能力；也有的同学可能是独生子女，在成长过程中父母会为他们安排好一切，很多时候只需要考虑自己，因此逐渐习惯以自我为中心。在家衣来伸手饭来张口的同学，到了新环境要独处时，就缺少独立生活的能力，也缺乏在社会实践中历练的经历。在此建议在大学期间，要积极参加社会实践，以此磨砺意志，丰富阅历，同时提高社会适应能力，并在此过程中结识共进退的队友，收获友谊。

（3）积极参与社团活动，提高适应能力。大学里面的社团能够给予我们很多素质拓展的机会。通过参与社团活动，不但可以使个人在技能和心理上得到锻炼，而且能培养社交能力，更好地适应未来的社会生活。

 案例分享

A 同学（大三生）：作为"过来人"的学姐，深知要很快从高中生转变成一名合格的大学生是一件比较困难的事情。在这里，就让学姐为你们提供一些建议，让你们更快地适应大学生活吧。

高中的老师或许会说，"你们在高中好好学习，到了大学就可以放松了"；家长们或许会让你们误以为大学是一个自由的场所，学生可以尽情玩耍放松。但事实上恰恰相反，在大学，学习也是重中之重，每到期中或者是期末，都会有一些考试来测试你的知识水平，因此你一刻也不能放松。对于学习的最低要求，就是期末不挂科；如果你不幸挂了，那么你即将面临的就是下一学期的补考。这会使你的假期过得不安稳，新课程可能也没法专注听讲，直至补考结束。如果你补考成绩达到了 60 分及格

线,那么你这一段时间的折磨终将结束,只是在你的成绩单上这一科只能标注60分。假使你还不通过,面临的就是重修,就是重新上一学期的课,重新期末考试。希望你们意识到在大学学习的重要性,做好心理准备。

大学生活也可以说是很自由的,但这句话的潜在含义就是你需要自律才能成就更好的未来。在大学,没有人逼迫你,没有人束缚你,你只能自己克制你自己,才能完美利用大学的时间,不荒废你的大学生涯。因此,做好大学生活规划和培养良好的习惯是很重要的。例如,你可以提前准备英语的学习来迎接四六级考试,大一打好学习基础,多参与活动,然后在大二参加竞赛、考证,大三准备考研或实习等。每天早睡早起,参与一项体育运动,背10个英语单词,选择固定的时间来全神贯注地学习等都是不错的习惯,相信你们可以做得更好!

接下来你们肯定很好奇大学中有趣的部门生活是什么样的。在开学一到两周时,各学院就会组织院部门的招新活动,到时候各位学长、学姐就会待在相应的办公室和教室等待你们去面试。面试的环节主要是让你们先自我介绍,然后就会提一些问题。在这些环节中,最重要的就是自信。自信地介绍自己,把自己展现出来就可以了。当然,你也可以在暑假期间锻炼自己的演讲能力,这可以很好地提高你的自信心,面试的成功率也会相应提高。你们可以在开学前就了解相关部门的情况,选择自己感兴趣的部门。发现自己的兴趣也是一门重要的课程,可以先研究相应的内容,探究内心最深的渴望。

最后,你最好利用暑假或者课余时间发展某一项兴趣,进而将它发展成你的能力。例如,你曾经听说过PS,也产生了兴趣,那你就可以在B站等平台寻找相关教学视频并坚持观看实践,这样你就有望从一名"小白"变成一名能者,自信心就得到了提高。这种技能还可以是写作、拍照、PPT制作、视频剪辑等。它们会给你的大学生活带来极大的便利,你甚至还能通过它们进行业余兼职等。

B同学(大三生):作为一名过来人,我自然有许多话想对学弟学妹们说,其中有告诫,有鼓励,也有羡慕。如果有这样的一个机会,能够让我重新回到大学入学前,我想我一定会好好珍惜。如果能回到过去,首先,在向大家介绍自己的时候,我一定会大胆一些,用洪亮的声音告诉大家,我是谁,我喜欢什么,让大家认识我,这样我就能顺利地地融入这个班级,而不是像现在,社交圈只限于自己的寝室。如果能回到过去,在学长、学姐们推荐他们的社团时,我要勇敢地扫二维码,积极地加入其中一个社团,为大学生活增添许多趣事,让自己的大学生活更加有意义,更加充实。如果能回到过去,我会认真地听每一节英语课,趁高考结束不久,尽早通过英语四级,积极备战英语六级。如果能回到过去,在去踢足球的时候,我要积极表现自己,在绿茵场上留下汗水,和踢足球的同学们成为好朋友。如果能够回到过去,我要勇敢去和女孩们聊天,交一些异性朋友。如果能够回到过去,我要和高中的同学多联系,多维系一些老朋友。如果能够回到过去，我要上课认真听讲，作业好好做，晚上早点睡，上课不打瞌睡，考一个好成绩，争取获得奖学金。如果能回到过去，我要争取一个职务，为班级里的同学们出一份力，既帮助他人，也锻炼自己。可惜，时间一旦错过了，就没有办法回到从前，从前只能是从前。

这是两位大三学生对新生的寄语，很值得大一新同学参考。从这里可以看出在大学里文化知识学习仍然是最重要的，但大学生活也是丰富多彩的，你可以学习自己喜欢的东西，参加自己喜欢的活动，培养一项文艺体育方面的特长等。因此，尽早尽快熟悉大学的校园，更多地了解大学的特点并适应大学的生活方式和学习方法就显得特别重要。

 延伸阅读

王阳明知行合一之教（节选）

梁启超

【阅读指南】

王阳明著作浩繁，最为世人所熟知并且影响最深远的当推《传习录》。梁启超是中国近代思想家、政治家、教育家、史学家、文学家，戊戌变法领袖之一，中国近代维新派、新法家代表人物。梁启超在阳明学方面也颇有研究，他在光绪和民国多个版本的基础上点校《传习录》，对现在大家研读王阳明，有着重要的意义和价值。本延伸阅读中收录的是梁启超《王阳明知行合一之教》的片段节选，该文是 1926 年 12 月梁启超在北京学术讲演会及清华学校的讲稿，由"引论""知行合一说之内容""知行合一说在哲学上之根据""知行合一与致良知"几部分组成，不但有助于引导大家更好地理解王阳明，也体现了梁启超个人的思想取向。

【原文欣赏】

知行合一是一个"讲学宗旨"。黄梨洲说："大凡学有宗旨，是其人之得力处，亦即学者之入门处。天下之义理无穷，苟非定以十二字，如何约之使其在我。"(《〈明儒学案〉发凡》)所谓"宗旨"者，标举一两个字或一两句话头，包举其学术精神之全部，旗帜鲜明令人一望而知为某派学术的特色。正如现代政治运动社会运动之"喝口号"，令群众得个把柄，集中他们的注意力，则成功自易。凡讲学大师标出一个宗旨，他自己必几经实验，痛下苦功，见得真切，终能拈出来，所以说是"其人得力处"。这位大师既已循着这条路成就他的学问，他把自己阅历甘苦指示我们，我们跟着他的路走去，当然可以事半功倍而得和他相等的结果。所以说是"即学者入门处"。这种"口号式"的讲学法，宋代始萌芽，至明代而极成。"知行合一"便是明代第一位大师王阳明先生给我学术史上留下最有名而且最有价值的一个口号。

口号之成立及传播，要具备下列各种要素：(一)语句要简单。令人便于记忆，便于持守，便于宣传。(二)意义要明确。"明"谓显浅，令人一望而了解；"确"谓严正，不含糊模棱以生误会。(三)内容要丰富。在简单的语句里头能容得多方面的解释，而且愈追求可以愈深入。(四)刺激力要强大。令人得着这个口号便能大感动，而且积极地向前奋进。(五)法门要直截。依着它实行，便立刻有个下手处，而且不管聪明才力之大小，各个都有个下手处。无论政治运动学术运动文艺运动……凡有力的口号，都要如此。在现代学术运动所用口号，还有下列两个消极的要素：(一)不要含宗教性。因为凡近于迷信的东西，都足以阻碍我们理性之自发，而且在现代早已失其感动力。(二)不要带玄学性。因为很玄妙的道理，其真价值如何姑勿论，纵使好极，也不过供极少数人高尚娱乐之具，很难得多数人普遍享用。根据这七个标准来评定中外古今学术之"宗旨"——即学术运动之口号，我以为阳明知行合一这句话，总算最有永久价值而且最适用于现代潮流的了。

阳明所用的口号也不止一个，如"心即理"，如"致良知"，都是他最爱用的。尤其是"致良知"这个口号他越到晚年叫得越响。此外如"诚意"，如"格物"，都是常用的。骤看起来，好像五花八门，应接不暇，其实他的学问是整个的，是一贯的，翻来覆去，说的只是这一件事。所以我们用知行合一这个口号代表他的学术全部，是不会错的，不会罣漏的。

 推荐阅读

第二章　规划自我,做一个有目标的人

　　一个幸福的人,首先一定要有一个明确的、有意义的,且可以给自己带来快乐的目标,然后努力地去追求;一个快乐的人,会享受自己觉得有意义的活动和生活中的点点滴滴。确立好自己的人生目标,是大学生进行人生规划的基础,而目标的确立又可以拆分成短期可视的具体目标和需要长时间去实践的长远目标。

第一节　做好人生规划

　　人生,没有捷径可走。或许我们对"你的梦想是什么?"这句话并不陌生。埃德蒙斯曾说过:"伟大目标构成伟大的心。"苏格拉底也说:"世界上最快乐的事,莫过于为理想而奋斗。"人生如戏,任何一出好戏都是建立在一个好的剧本之上的,一个好的人生规划就好比一份精彩的人生剧本,有了精彩的情节和合理的章节布局,那么你，就是最好的主角。

子曰："吾十有五而志于学，三十而立，四十而不惑，五十而知天命，六十而耳顺，七十而从心所欲，不逾矩。"（《论语·为政》）。孔子说，他十五岁的时候立志学习；三十岁的时候就可以在人生的道路上站稳脚跟，小有成就；四十岁时，心中就不再迷茫，可以按照既定的人生理想努力前行；五十岁就可以知道上天安排给他的命运，可以真正了解到自己到底能做些什么；六十岁时，听到别人说的话就能分辨是非真假；等到了七十岁，就可以达到"从心而欲"的境界。可见，人的成长是一个漫长而循序渐进的过程，人生的意义就在于不断地进取和完善。而我们做好规划的第一步就是立志，唯有立志才可能确立自己的目标并朝着它不断前行。理想可以很高远，如为实现中华民族伟大复兴而努力奋斗；理想当然也可以很简单，比如顺利完成学业并成为一名对社会有用的人。

在哈佛商学院曾有一位教授对即将毕业的学生做过一个调查，调查包括三个问题：你是否为自己的未来确定了一个明确的目标？如果有的话，你是不是用书面的形式把它写下来了？你有没有为实现你的目标而制定规划？调查结果显示：只有 3％ 的学生既有目标又有书面计划，13％ 的学生有一定的目标但没有具体的书面计划，而 84％ 的学生则没有明确的目标。十年后，教授对这些同学做了一个跟踪回访，结果显示，那 13％ 的学生的平均收入是 84％ 学生的两倍，而那些既有目标也有书面计划的 3％ 学生的平均收入是其他 97％ 学生的十倍以上。大学是人生发展的重要阶段，有良好人生规划的大学生，会更容易感觉到自信与快乐。

 案例分享

A 同学是一名大一新生，在完成笔者关于"如何做好规则"的问题时，如是写道：

在前两年的高中学习中，我缺乏目标和规划，对未来充满迷茫，只是在上课的时候做好笔记，课后及时完成功课，除此之外，也没有什么可做的，这甚至让我产生了高中比初中轻松的错觉。虽然看似在努力学习，但成绩却一直难有进展。直到高二暑假，妈妈问我以后想做什么，要不做个老师吧？其实在此之前，妈妈已经不止一次建议我当一名老师，只是以前的我还太小，总觉得做老师会被学生"气"，所以很抗拒教师这个职业。但那一次，我陷入了沉思，想到老师对我的陪伴和教育，我非常感激，内心也终于萌发出成为一名老师的理想。高三的进度不同于高一高二，一开学就是各种各样的考试，虽然每天有很多的事情要做，但是每当我累了，注意力分散了，我就会想到成为老师这一目标，顿时充满动力。大目标之下我又为自己规划了一个一个的小目标，学习的时候更专注了，内心也更充实了，感觉到自己每天都在朝着自己的目标靠拢，不但没有觉得辛苦难熬，反而觉得每天都很快乐充实。

作为大学生如何设立目标？

一是设立人生远大的理想。有理想的人，生活中的每一天都充满了乐趣，每一天都值得期盼；没有理想的人，则很容易就会产生得过且过的想法。奥普拉说："一个人可以非常清贫、困顿、低微，但是不可以没有梦想。只要梦想存在一天，就可以改变自己的处境。"没有理想，人就如同行尸走肉一般，没有落脚的根基。周恩来从小学时立志"为中华之崛起"而读书，从南开学校毕业时，还与同学们互赠"愿相会于中华腾飞世界时"的留言，这种坚定的理想信念和执着的人生追求应是当代青年学习的典范。因此，作为大学生，一定要有自己的远大理想。

二要用长期目标牵引近期目标。大家会困惑，世界会变化，我的想法会变化，未来有那么多不确定性，那我为什么还要制定长期目标呢？史蒂芬·柯维在《与成功有约：高效能人士的七个习惯》中提到其中一个非常重要的习惯，那就是"以终为始"。司马迁立志要写成一部能够"藏之名山，传之后人"的史书，于是他结交名流，吸取各种典籍精华，哪怕期间遇到李陵案，还是选择了一路坚持，前后历时13年，才完成《史记》。人生的长远目标可以帮助你在每一个人生转折点都做出正确的选择，从而一往直前。

三要用近期目标推动长期目标。《帝范》说："取法于上，仅得为中；取法于中，故为其下。"意思是说，一个人虽然制定了高目标，但最后仍然有可能只达到中等水平，而如果制定了一个中等的目标，最后则有可能只达到低等水平。这句话就告诉我们，无论是治学还是立事，一定要志存高远，且只有为之努力奋斗，才有可能登峰造极。在确立了远大的志向后，我们更需要一步一个脚印，踏踏实实地按照自己的规划和目标前行，那么在实现自己的一个个小目标后，我们就会收获更多的成就感和满足感，到了那个时候，相信我们离自己的远大理想也不会太遥远了。

既然未来有那么多可能性，那我们现在就先从做好自己开始，先制定一个小目标，最终实现"积土成山，风雨兴焉；积水成渊，蛟龙生焉"的宏伟壮志。当有的同学花费一整年的时间备战研究生考试时，有的同学则积极参加创业大赛锻炼自己的能力，与此同时还有的同学通过各种实习来增加自己的工作经验，这些都是非常有意义的小目标。有这样一位同学，他不希望自己的人生在碌碌无为中度过，于是在进入大学后，在老师的实验室中积极参加各类科研项目，此外还认真学习英语，积极参与社会实践。正是这些积累，使他对科研产生了浓厚兴趣而走上考研之路，后来又高分通过了考研面试，这一切都显得顺理成章。毕业后他成功进入了相关领域的设计院，丝毫不逊色于其他从名校毕业的同事们，这就是由一个个不懈怠的小目标成就最后大目标的故事。

四是目标的制定要与兴趣相结合。明末科学家宋应星自幼有过目不忘之才，在"学而优则仕"的年代，连续多次会试名落孙山后，他认识到大部分读书人只是埋头苦读圣贤书，对与生活息息相关的知识却知之甚少。于是，他放弃科举，凭着对天文学、声学、农学及工艺制造之学的浓厚兴趣，转向钻研"与功名进取毫不相关"的学问，终著成中国 17 世纪的工艺百科全书《天工开物》，留名青史。宋应星放弃了同时代读书人普遍认可和追逐的科举考试，结合自己的兴趣爱好，制定了宏大的目标，取得了不俗的成就，大大推动了社会的进步。放到现在也是如此。有位校友在谈到职业规划时对同学们说，人生最大的误区之一，就是追热点。如果只是根据热门程度来选择工作，而没有考虑自己未来事业方向和自己的兴趣，他建议还是三思而后行。

第二节　做好职业规划

确立了人生目标就好像远洋的船帆有了指南针，接下来就需要我们把握好手里的方向盘，只有拥有清晰的职业生涯规划方案才能确保我们的船帆最终驶入幸福人生的大门。美国职业生涯规划大师唐纳德·E.舒伯(Donald E. Super)把职业生涯的发展看成是一个持续渐进的过程，伴随人的一生。"自我概念"是舒伯生涯发展理论的核心概念，是指个人对自己的兴趣、能力、价值观及人格特征等方面的认识。一个人对自己工作与生活的满意与否，取决于个人能否在工作和生活中找到展现自我的机会。用舒伯的话说，"职业生涯就是对自我的实践"。生涯规划不仅仅是选择一个大学专业、一份职业或一个工作地点，它包括彻底地分析我们自身和我们生活中所扮演的所有角色。另一个生涯理论家约翰·克朗伯兹(John Krumboltz)也认为，生涯发展是一个了解我们自身和我们身上各种可能性的过程。他提出，个人信念与期望是生涯发展的一个重要组成部分。个人信念与期望有时也被称为自我效能感期望(self-efficacy expectations)，它是指人们对自己组织和执行各种活动以达到特定绩效水平的能力的判断。生涯的自我效能感是指我们相信自己能够成功地完成生涯决策活动。

一些受挫的人通过反思总结发现，虽然自己有才干有知识，却没有规划，这就好像一场精彩的晚会有观众、有演员但是没有剧本，那么晚会就是一盘散沙。

项羽虽然武力高超，但是在推翻秦朝之后，没有认真地考虑规划如何治理天下，没有长远的奋斗目标，而是自封霸王，分封诸侯，不思进取，有勇而无谋，后来被刘邦消灭，最终失败。

大家在充分的自我认识和科学的自我评价基础上，根据自己的人生目标、职业理想、身体状况、社会发展、家庭因素等主客观因素，才能找到最适合自己的一份职业，从而发挥自己的特长和才干，最大限度实现自己的人生价值。

一、做好职业生涯规划的意义

"凡事预则立，不预则废"，做好职业生涯规划对大学生科学规划学业和就业都具有非常重要的意义。这也是为什么每年有那么多的高校学生参与到大学生职业生涯规划比赛中，通过竞赛的形式提高职业素养，进行更加精准的自我定位。

（一）做好职业生涯规划是打好一场千军万马的"生存战"

2020年某省毕业生满意度调查的数据显示，毕业一年的全省毕业生离职率高达32.66%，2019年就业满意度仅70.14%。为何会发生这一现象呢？就社会层面而言，高等教育普及化造成就业中"学历下沉"的现象，以至于毕业生求职竞争压力变大；还有就是，一些传统观念认为比较好的职业岗位相对稀缺，不能满足大量毕业生的就业需求，使得就业出现不平衡的现象。就学校层面而言，由于每年毕业生人数都呈增加趋势，且个体差异较大，学校就业指导和就业服务很难顾及每一位学生。就家庭层面而言，一些家庭对大学生择业的教育是希望子女找个稳定且高收入的工作。但是归根结底，上述这些因素都是影响大学生就业的外因，真正帮助大学生做好职业选择的是自身内驱力，因而只有大家做好自己的职业生涯规划，才能真正在这场战役中立于不败之地。

（二）做好职业生涯规划是打赢人生总战役的一场"预备战"

在实际的教学及与同学的接触中，我们常常会遇到一批对"职业生涯规划"抱着可有可无态度的同学，但这种思想势必会导致未来的追悔莫及。更重要的是，职业生涯规划绝不是表面功夫，很可能会成为同学们的人生指南与导航，帮助同学们在未来打赢职业之仗。

 案例分享

在一项对某地方高校的调查中发现：有一部分学生特别缺乏自信，总是担心毕业后无法找到工作，于是学校组织这些学生参观企业、车间，听企业人士讲解和现场体验，了解到包括管理者在内，在几千名企业员工中有大学及以上学历的人数不超过10%。同学们深刻感受到企业迫切需要有技术的大学生，一些迷茫甚至自暴自弃的学生重新树立了信心，意识到自己只要学好技术，愿意到一线去，不但可以找到工作，而且可以获得优厚待遇。值得一提的细节是，这些原本对学习缺乏动力的学生，甚至萌生要好好学习英语的念头，因为学好英语才有可能看懂机器的英文说明书，看得懂

机器说明书才能在技术上更具有优势。这就是目标的力量，在入学时就确定社会需求，从而树立自身发展的目标，并以此为导向做好自身大学期间的职业规划，避免了迷茫期，树立了对自我的信心，少走了很多弯路，真正让自己朝着向往的方向不断前进。

在大学的学习生活中，在为未来进入社会做的准备中，你是否有过迷茫？很多同学会问，做职业生涯规划有用吗？它可以给我带来什么用处？以下是我们在实际的教育教学中得出的一些经验。

一是能帮助同学们理清兴趣、能力、价值观，从而对自己有一个更深入的认知。比如职业规划中的自我认知模块，大家可以通过 MBTI 性格测试、霍兰德职业倾向测试等对自己有更加科学的认知。

二是能帮助同学们发现职业发展过程中的盲点，并寻求突破的路径。根据美国西北大学凯洛格商学院教授卡特·卡斯特的研究结果，人们在事业上遭遇挫折或脱轨，是因为在职业发展过程中存在各种各样的盲点。调查结果显示，那些有准确自我认知的人比那些认为自己在很多事情上都不擅长或不愿意直面困难的人，职业成功率高出六倍。

三是能帮助同学们发现影响自身职业决策的因素，并帮助大家做出更好的决策。比如通过对行业前景与国家政策的分析可以对大环境有个比较好的认识，进而对自己的规划进行调整。

四是能帮助同学们评估目标，探索实现目标的各种可能性。职业生涯规划的一个重要内容就是可行性研究，大家通过对自己的职业规划和学业规划进行评估和修正，可以使自己的目标和任务更加明确，学习计划更加可行，行动更加积极有效。

五是能帮助同学们改善拖延症，通过有效途径激励大家提升行动力。完成可行性分析以后，职业生涯规划并不只是一个大概的框架，而是要求体现执行力，需要大家制定切实可行的行动方案。

六是能帮助同学们减少各类与工作相关的负面情绪干扰，比如对职业的困扰、找工作陷入困境时的失落、迷茫及实际工作中的苦恼，从而更好更快乐地融入社会。

事实上，做好职业规划的好处还不局限于上述几种，更多的好处同学们会在自己未来进入职场后慢慢发现，比如能帮助同学们明确工作和生活失衡的原因，并找到相应的解决方案。总之，制定好属于自己的职业生涯规划，能帮助同学们更加明确在大学期间的学习目的，做到学有方向，在未来就业方面不断提升自己的竞争力，让自己在原来的水平上不断"增值"。因此建议大家多参加如"职来职往""职业生涯规划大赛"等与职业发展相关的比赛，在实践尝试中不断认知自我，完善规划。

二、职业生涯规划的影响因素

(一)主观因素

教育奠定了人的基本素质，对人的职业生涯产生巨大影响，这种影响主要表现在两方面。不同教育程度获得的职业能量是不同的。有的人会将学历当作敲门砖或是入场券，它可能会影响一个人未来要进入的领域和下一段要开启的人生征途。教育程度的高低关系着个人职业生涯的开端与适应期是否良好，以及以后在发展、晋升方面是否顺利。我们不得不承认，很多普通本科以及高职院校学生，在这一方面并不具备优势。我们在对这类学生的实际教育中多次强调，对整个大社会的同龄人而言，他们都是处于头部的，人生这趟列车只要上车了，无论一等座还是二等座，都有不断向前的希望。同时，也会鼓励这部分同学，将职业生涯规划与学业规划紧密结合，如有条件和决心，在符合个人未来预期基础上，通过提高学历、迈向更高学府的方式，为未来的职业开拓更宽广的道路。未来的目标明确了，再在学校相关政策的引导支持下，实现学历的不断提升。无论是大学毕业后选择直接就业还是继续深造后就业，大家所学的专业对自身职业生涯往往有决定性的作用，往往决定其职业生涯的前半部分以至一生的职业选择。即使以后转换职业，也往往与其所学的专业有一定的联系；或者以所学的专业理论、知识、技能为基础，流动到更高层次的职业岗位上。

职业没有高低贵贱之分，我们充分尊重每位同学的个人兴趣及自身所长，鼓励大家投身对社会有益、于自身有发展的职业中去。职业特征一般可以分为领导型、科研型、艺术型、生产型、服务型、营销型等几大类。我们建议同学们在选择并锚定目标时，着眼于你能干且能让你出彩的行业。换言之，希望大家投身到自己具有职业兴趣的行业中去。以我们在实际教育经历中碰到的学生为例：有建交学院的学生，因对烹饪有浓厚的兴趣，于是就在课余时间不断摸索，毕业后成为一名成功的甜品师，不仅她制作的甜品供不应求，并且她还定期开设甜品制作线上线下课程，成为一名美食知识传播者与教育者；有经管专业的学生，因对摄影有浓厚兴趣，大学期间就以此为目标，立志要把摄影当作自己未来的职业方向，师从专业摄影师，然后到影楼学习实践，在毕业后最终成为一名职业摄影师，拥有良好口碑，现在已经与他人合作，拥有了属于自己的摄影工作室。当然更多的同学深耕在自己所学的专业里，成为卓越的工程师、优秀的教师以及律师、行业管理者等。

人在年轻时意气风发，充满活力，对不确定事物抱有好奇心，因而我们鼓励大学生在最敢拼、最敢闯的年龄勇于挑战自我，勇于为自己设定更值得放手一搏的职业目标，并以此目标为导向，做好职业生涯规划，尤其是有创业基础和条件的同学，更应该把握住时机，大胆尝试。

(二)客观因素

1.社会因素

一方面，社会舆论和当前社会上流行的职业与价值观会影响人们的择业结果，因而大家在做职业生涯规划的时候，需要对该职业的环境有一个充分的认识，不可以盲从于所谓的热门。比如，如何应对传统职业逐渐被新兴职业所替代的趋势？随着科学技术的不断发展，传统的职业格局发生了巨大的变化：与新科学技术相关的职业不断产生，各个岗位对从业人员的要求越来越严格，职业对专业化与技术化的需求程度不断加深，要求从业人员具备良好的综合职业能力，从业者需要不断提升自我素质来适应现代职业的需求。随着第三产业的不断发展，相应的职业与岗位规模还会继续扩大，能够缓解社会就业压力，吸收社会剩余劳动力。同时，随着国家对大学生创新创业项目的扶持和学校对学生参与众创的高度支持，未来也将会有越来越多的学生投身创业浪潮。

另一方面，城市产业布局一定程度上影响大学生的职业选择。例如，在很长一段时间，"北上广深"成为"信息类""金融类"等专业毕业生择业的首要选择。对"主播"这类新兴职业，杭州又逐渐成为他们的首选。但是，随着大城市日渐增长的竞争成本、生活成本，人们对美好生活的要求越来越高，部分年轻人开始从大城市回到家乡创业和工作。2022年10月一条"小伙花4万元在鹤岗全款购买一套住房"的抖音视频火遍全网，小伙从事的是媒体和网店工作，在鹤岗该保障的基本设施都有，他觉得生活很不错。因而，同学们在选择就业城市时一定要考量自身定位。

 案例分享

1963年，樊锦诗大学毕业。敦煌研究院写信到北大要人。樊锦诗的父亲急了，给学校写信，让樊锦诗转呈校领导。樊锦诗也犹豫了，第一次到敦煌时，她因水土不服提前离开；又因她男朋友、后来成为丈夫的彭金章被分配到了武汉大学，二人只能分隔异地。但是，樊锦诗最终收起了那封信。因为她还记得初见敦煌时，仿佛听到了召唤，让她去保护敦煌。可没想到，在敦煌这一待就将近一辈子。她提出建立"数字敦煌"和"虚拟洞窟"，利用信息技术和展示手段，全方位模拟洞窟场景，使游客在进到莫高窟前就能感受身临其境的参观效果。

不同的城市对人才的需求存在差异性，给予各类人才的机会也存在差异性。确

定立足城市，了解行业分布和城市发展走向，有利于同学们在做职业生涯规划中更好地选择服务于地方、立足于地方的职业，有助于帮助同学们在大学期间培养能力，提高竞争力。

2.家庭因素

一个人在成长中一定会受到家庭潜移默化的影响，尤其是家长的价值观会在一定程度上影响子女价值观和思维模式的形成与发展。所以不管你愿不愿意，都必须承认，社会在一定程度上会根据你家庭成员所从事的职业、所获得的收入及接受的教育而对你的能力给予评价，给予你相应的机会和待遇。

家庭在大家择业中的影响是多方面的。例如，来自家庭负担的影响：职业是维持生存的重要途径，在家庭经济有保障的情况下，个体进行职业选择时受经济原因的牵制就会相对少一点；家庭经济比较窘迫的情况下，个体势必会在职业选择上更受限制。还有来自家庭成员的影响：比如有的父母希望自己的孩子有份稳定的工作，就会倾向于引导孩子考取公务员、事业单位、国企的岗位。但有时也难免出现南辕北辙的情况，比如父母希望孩子学好数理化成为技术型人才，孩子却偏偏对艺术类颇具天赋并很感兴趣；有的父母希望孩子继承自己衣钵投身商界，但孩子的志向可能是教书育人。

虽然有上述诸多情况，但我们始终鼓励同学们在职业生涯规划中，依托家庭的资源，但不为家庭所困。第一，我们坚持鼓励同学们相信个人能力发展和素养培养，而不是一味被"关系论"等蒙蔽双眼，迷失方向，甚至盲目乐观或自暴自弃；第二，我们希望同学们在遇到阻碍时，保持冷静，通过自我分析，认清适合自己的路和方向，并做出独立决断，追求适合自己的人生之路，在锚定目标后，做好职业生涯规划，从而保证在自己所选择的道路上顺利前行。第三，人生每个阶段都有相应要承担的责任，大学期间是同学们走向社会的过渡期，在这个阶段尽早明确职业生涯规划是非常有必要的；且要认识到学生的本分是学习，不管确定什么样的职业目标，一个大前提是需要足够的知识和技能作为储备。

三、如何写好职业规划书

某同学大学毕业后进入一家公司担任客服人员。公司通过对她工作的观察和考核，觉得她有很强的工作能力，并且有较大的发展空间，于是给她提供了两条晋升通道：一是走管理路线，二是走专业路线。该同学权衡再三，认为自己喜欢和人打交道并能帮助他人解决问题，但自己并不擅长管理，于是最终选择了走专业路线。在参加了公司组织的几次培训学习后，她被提拔为高级客服专员。在这个小小的案例中，涉及了如何对自我进行定位、对职业进行认知、对职业生涯进行规划。

(一)自我定位和职业认知

有清晰的自我定位是做好职业生涯规划的第一步，你需要对自己的职业倾向有充分了解。了解自己，也就是要"知己"。有些天赋和兴趣是从小就显现出来的，比如有的人生来就有经商的好头脑，喜欢关注市场动态，从小就尝试一些小范围的"生意"；而性格特征也将直接影响我们的职业偏好，比如外向型人格更适合从事与人接触的职业，内向稳定型性格可能更适合从事文职类的工作。正确认识自己是同学们做好职业规划的重要环节，需要掌握认识自我的方法，了解自身特点与职业选择的关系，了解职业兴趣及相关理论，通过霍兰德职业倾向测验、MBTI人格量表等一些工具，利用探索自我的方法，对自己进行客观的评价和分析。

认识职业就是"知彼"。对于职业的认识可以围绕社会环境、国家政策、职业技能要求以及本校就业情况等要素，依托以下方式去了解。一是工作世界地图法，由美国大学考试中心基于普里蒂奇(Prediger)的理论开发而成。普里蒂奇在霍兰德六边形模型的基础上加上了"人-事物""数据-概念"两个维度，将职业群体的具体位置标定在坐标图上。二是专家经验法。大家可以依托《中华人民共和国职业分类大典》对我国的职业层次有一个基本的了解。三是调研法。充分了解专业对口的职业，是最适合大学生深入了解职业的方式。有调查研究表明，专业与未来职业的关系非常密切，大部分学生未来从事的工作与所学专业都有关系，了解所在专业对口的职业则是探索职业过程中必不可缺的步骤。静态的方法有通过网络搜寻该专业就业状况、调研报告进行了解；动态体验的方法有开展个人或团体调研，通过对从事该专业领域的毕业生进行调研，会对自己所在专业的职业领域有更深入、直接的体会。具体可以从这几个维度开展：该专业毕业后能从事哪些工作；该专业成功的人物都有谁，成就怎样；在该专业领域权威的企业和组织有哪些；该专业的上几届毕业生目前状况怎样；与该专业对口的企业对毕业生有哪些具体要求；怎样才能学好该专业，与该专业相关的学习圈子和资源都有哪些等。

(二)制作职业生涯规划书

一份完整的职业生涯规划书通常包括以下几个部分：

1.职业生涯规划书的标题或封面

职业生涯规划书的标题或封面一般包括姓名、规划年限和起止时间等基本要素。职业生涯发展的规划年限一般不做硬性要求，可以根据自身的具体情况而定，分为1年、3年、5年和10年等。大学生拟定的职业生涯规划书，不管规划年限有多长，都应该以开始职业生涯规划到毕业的这段时间为规划的重点时间段。

2.个人简历

一份优秀的简历就像一张名片，是对个人最好的呈现。因而我们鼓励大家学会制作一份言简意赅但重点清晰的简历。个人简历主要是简单地描述自己所受过的教育、培训、实习或工作经历。将这些经历记录下来，使自己对过往所学知识和技能有个总体的把握，也能让大学生对自己的成长过程有个清楚的认识。

3.个人因素分析

个人因素分析主要是从自身角度出发，按照实事求是的原则简要罗列你的人格特点并借助工具对其进行分析。在职业生涯规划书上的自我认知部分可以围绕个人的生理、兴趣、性格、能力和价值观等展开，特别是要对你的兴趣、性格和能力进行重点分析，此外还可以附上相关方面的经历加以佐证。

4.外部环境分析

个人职业的规划和发展会很大程度受到外部因素的影响。大家可以简要罗列外部环境因素并对其进行分析。可结合前面所总结的具体外部环境因素，分析哪些外部环境对自身职业发展有利，哪些不利，分析其可能带来的机遇和挑战，以及可能对自身职业生涯发展造成的障碍。

5.职业生涯目标

职业生涯目标主要是描述个人所选择的职业方向、职业总体目标和阶段性目标。所选择的职业方向指第一职业目标和备选职业；职业总体目标指的是职业生涯发展想要达成的最终目标；阶段性目标则指在达成最终目标之前，划分出几个具体的时间段，再对每个时间段都设置一个相应的具体的小目标。我们通常可以将阶段性目标分为短期目标、中期目标和长期目标。同学们需要对短期目标进行重点阐述，罗列出具体的短期规划。可以以 10 年为一整个周期设定一个长期目标，并将这个 10 年平均以 3～4 年为一个时间段设定目标，每个时间段又可以再进行周期划分。例如，有同学从大一进来就决定以后要从事涉外律师行业，他计划用 10 年的时间实现自己从一名大学生向一名初具资质涉外律师的转变，因此前 4 年他的目标是顺利完成学业，考取法律资格证书并利用暑假前往律所实习进而获得进入律师行业的入场券；第 5～6 年的目标是毕业后顺利进入心仪的律师团队成为一名实习律师，通过实习期考核后成为一名执业律师；第 7～8 年的目标是开始有针对性地接触涉外业务，与优秀的涉外律师前辈开展合作，积累涉外方面的专门经验；第 9～10 年的目标是通过前面的积累，能够独立做涉外业务，并且组建自己的团队，专攻涉外方向。

6.具体实施方案

为达成职业生涯规划的目标，同学们在确定好各阶段的基本目标后，就应该更加细致地去制定目标的具体实施方案，需要找出自身与职业实际需求之间存在的差距并进行弥补，从而达成目标。以上一部分涉外律师目标的前4年为例，可以通过制定每周的学习计划来督促自己学好法律相关知识，通过考取英语四六级证书来提高自己的英语水平，通过拿奖学金来证明自己的学习能力，并在大四毕业前考取法律执业资格证等。

7.评估结果的标准

设定评估结果的标准主要是指设定一个科学客观的参考标准来评估目标是否达成、职业生涯是否成功。另外，如果在职业生涯发展的过程中发现目标难以完成，还需设定一个对职业目标进行修改调整的方案。

第三节 做好学业规划

王阳明说："志不立，天下无可成之事。虽百工技艺，未有不本于志者。"（《教条示龙场诸生》）。这是王阳明为弟子制定的"为学"的基本准则，他认为不树立志向，天下就没有可以成功的事情，即使是各种工人和从事技艺的人，也要以志向为本。

立志对于成功具有重要的意义。对于大学生而言，没有学业规划，就像是"1000"和"100"前面的那个"1"缺失了，少了这个"1"，再多的"0"都成了空。

一、做好学业规划的重要性

就在校大学生而言，有了人生规划和目标就不容易迷茫，而做好职业生涯规划可以使自己有一个更清晰的具体职业目标，但在此之前，在进入大学的第一年做好学业规划是重要的基础，它能让我们明白要脚踏实地地学好每一门课，做好每一件事，把握当下，集中精力先完成好学业，这是为我们日后实现自己的职业规划和人生规划打下基石。

进入大学，无论是想深造还是直接工作，最终都是为了得到一个更好的岗位去实现自我价值。因此，我们建议大家的规划要从社会需要什么人出发，从而才会知道要培养自己什么样的能力。那么社会需要什么样的人呢？如要能吃苦、守纪律、有责任心和敬业精神以及善于与人相处、具有团队合作的能力等，这些与大学的学习规划是密切相关的。所以我们完全可以为自己大学四年中的每一个学年树立一个具体的目标：大一我干什么，要达到什么目标；大二、大三干什么；大四以后干什么，从而循序渐进去制定一个切实可行的规划。

比如说面对大量的社团生活，怎么去应对？如何选择既感兴趣又适合自己，同时能充分发挥自身特长的社团活动？

 案例分享

来自 B 同学的分享：还记得去年九月份的时候，我在微信推送上看到了五花八门的部门社团，一时之间有点不知道该如何选择了。机缘巧合之下，我看到了青年志愿者中心的招新推送，当我看到照片中一名名志愿者穿着红色志愿服出现在社会各个群体身边时，我便坚定了自己的想法：我想要加入他们，成为他们的一员。在高中的时候，我就想过自己上大学后组个团去福利院做义工，帮助社会上那些有需要的群体，所以当我面对这个机会的时候，我果断进行了争取。成功加入"青志"之后，我又面临着部门选择的问题。"青志"下面一共有四个部门，分别是办公室、项目部、宣传部、公关部。分析了各部门工作后，考虑到自己比较"慢热"，自己本身更偏向于文稿类工作，同时又对志愿工作充满了热爱，很希望有机会对接一些慈善机构，所以我选择加入项目部。在部门工作了快一年，我真的发现项目部是最适合我的部门。正因为我当时做出了最适合自己的选择，现在我即使面对大量的工作也有足够的能力去应对，一直保持着较高的工作积极性，在部门中实现了自我价值，形成了一种良性循环。

对于大学生活，在开始之前要认真思考一些问题，如我要上哪些课？这些课怎么学习？我要去参与一些什么样的活动？我是不是要去考研？这些问题都要在我们的规划中做出选择。做出正确选择的关键是要对自己有所了解，要清楚自己到底想干

什么，自己将来想要成为一个什么样的人，在这个基础上选择走一条适合自己的路。比如，有的同学明确了考研的目标，就会依次设定自己的考研计划；有些人设定了选择某个领域一份好的工作的目标，或者成为一个创业者的目标，那就要侧重去培养自己某方面的实践和工作能力。这些不同的选择都会影响甚至是决定接下来的大学生活将如何度过。无论是选择考研还是就业，都需要提升自己的综合的素养，通过与同学们交流，实地走访大家的寝室，我们发现许多同学寝室书架上摆的基本是专业教材，很少去图书馆借阅专业以外的书籍，导致知识面比较单一。习近平总书记在中央人才工作会议上指出，要大力培养使用战略科学家，坚持实践标准，在国家重大科技任务担纲领衔者中发现具有深厚科学素养、长期奋战在科研第一线，视野开阔，前瞻性判断力、跨学科理解能力、大兵团作战组织领导能力强的科学家。要坚持长远眼光，有意识地发现和培养更多具有战略科学家潜质的高层次复合型人才，形成战略科学家成长梯队。因此，作为大学生，只学教材的内容是远远不够的。我们试图通过这门课程帮助大家通过认识自我、规划自我来选择好、制定好一份切实可行的学业规划。

其实我们会发现，在同一个时间共同进入学校的同学们，在毕业后的几年时间就会拉开差距。有些同学已经功成名就，成为企业的高管，收入可观；有些同学虽然在事业上平平淡淡，却过得幸福满足；而有些同学却很不如意，生活事业一团糟。那么同学们是否想过这样一个问题：不管你考到哪一所高校，大家的录取成绩都差不多，基本是在同一起跑线上，但为何到毕业时会有如此巨大的差距？这种差距也许就源自你对自我未来方向的选择，也就与"规划"二字有关。

对某校大一新生的调研发现：

对自己的大学生活有一个较为清晰且详细的规划

没有规划，对大学生活只有个笼统且模糊的概念

在对大一新生的成长进行追踪后，我们发现，那些有清晰目标、详细规划的同学，往往对自己的大学四年有较为明朗的定位，或是通过参加学生活动、担任学生干部提高了领导管理及与人交往的能力，抑或是通过参与教师实验室科研活动培养了研究创新能力，或者通过精准规划考入了更好的大学读研，又或是在一次次经验积累中成

为一名创业者。而反观那些没有规划的同学，在大学四年间他们常常说的一个词就是"迷茫"，毕业后常常说的一个词则是"遗憾"，甚至还有的同学在游戏中迷失自我，在虚度中荒废光阴，直到毕业时发现别人笑着奔赴前程，自己却可能连拿到毕业证书都有困难。

 案例分享

　　来自 C 同学的分享：在部门工作的这一段时间，我收获了很多：通过为活动撰写策划书，我写文稿的能力获得了很大的提升，从刚开始时想想写几千字都害怕，到现在可以得心应手了；在筹备活动材料的过程中，我尝试了很多自己以前想做但又没敢尝试的事情，发现自己原来也可以做出这些精美的材料；通过组织一次次的活动，我学会了如何去把握大局，如何合理分配人员，以及如何进行对接，这不仅仅锻炼了我的人际交往能力，还培养了我领导统筹的能力；在大小会议开展的过程中，我开始敢于向大家表达自己的想法，积累了很多在众人面前发言的经验，慢慢地，我越来越自信，在大家面前演讲也越来越从容。回顾这一个学期，我也参加了许多大大小小的竞赛和科研活动，一开始对这一切都懵懵懂懂，后来通过一次次的锻炼积累，我学会了将书本的知识学以致用，我对该学科的知识也有了一个更深刻的认识。课堂中如果只是老师单方向的输出，我们只是在听老师的知识讲授而不自己理解实践，那么这些知识永远只会是老师的。竞赛和科研带给我的就是一种更有趣的方式：自己尝试学习之后，构建出一个知识框架，虽然可能并不深刻，但这是我真真实实学到的，是属于自己的知识，这对于锻炼自己的实践能力和专业能力有很大的作用。

　　再分享一位已经毕业的同学的个人体验。她认为四年的大学时光可以做很多事情，而且可以自由支配的时间很多，所以入学后学会规划和管理好自己的时间是非常有必要的。大一会碰到很多新鲜有趣的社团和学生会部门的招新，可能都想去试一试，但是因为时间精力不足，往往又会放弃，所以，我们在报名前首先需要大致了解每个社团和部门的情况，在兼顾自己的实际情况后，做出一定取舍。她认为大学的重心依旧在学习上。以前总有人说，考上大学就轻松了，但要坚信，今日你付出多少，明日你就会收获多少。她认为大二应该专注于专业的学习，更清晰地规划如何去考研，到更优秀的平台深造；决定毕业工作的同学们也可以开始思考未来的职业方向，可以在大二的暑假开始涉猎实习工作。大三这一年，决定考研的同学则需要进行学习时间的规划，一轮复习、二轮复习的时间点和内容都需要早点计划好，按照进度有条不紊地进行。选择工作的同学要开始为就业做准备，包括考取一些职业证书、增加一些实

习经验。往往大四的时候就已经开始正式实习了，实习是给自己尝试的机会，确认自己和该职业是否匹配。

　　总之，过好大学生活的本质，就是要充分利用好大学的时光，读好书，但绝不局限于只读书、读死书。知识储备和能力培养都应当做到"学以致用"，以帮助就业与自我提升为方向，凭借自己扎实的学识、过硬的专业本领，在未来的就业和升学中立于不败之地。

案例分享

　　案例1：大导演斯皮尔伯格的电影广受好评，如《侏罗纪公园》等。他在36岁时就成为世界上最成功的制片人，电影史十大卖座的影片中，他执导的就有四部。在他17岁的时候，有一次去到一个电影制片厂参观，尔后，他就偷偷立下了目标，要拍最好的电影。第二天，他穿了一套西装，提着爸爸的公文包，里面装了一块三明治，再次来到制片厂。他故意装出一个大人模样，骗过了门卫，来到了厂里面。然后找到一辆废弃的手推车，用塑胶字母在车门上拼出来"斯蒂芬·斯皮尔伯格""导演"等字样。然后他利用整个夏天去认识各位导演、编剧等，天天忙着以一个导演的生活模式来要求自己，从与别人的交谈中观察、学习、思考，最终成为正式的电影导演，开始了他的职业生涯。从这里面，我们可以看到他是如何确立自己的目标，并为之奋斗的。

　　案例2：有个年轻人去微软公司应聘，而该公司并没有刊登招聘广告。见总经理疑惑不解，年轻人用不太娴熟的英语解释说自己是碰巧路过这里，就贸然进来了。总经理感觉很新鲜，破例让他一试。结果年轻人表现糟糕。他对总经理的解释是事先没有准备，总经理以为他不过是找个托词下台阶，就随口应道："等你准备好了再来试吧。"一周后，年轻人再次走进微软公司的大门，这次他依然没有成功。但比起第一次，他的表现要好得多。而总经理给他的回答仍然同上次一样："等你准备好了再来试。"就这样，这个青年先后5次踏进微软公司的大门，最终被公司录用，成为公司的重点培养对象。

　　案例3：D校友，大学期间为自己设定了成为"新媒体时代下有热度和温度的公益梦想家"的目标。为了向这个目标靠拢，他担任了班长、校报编辑记者、党委宣传部全媒体中心团长。在大三，他参与了省挑战杯课外学术科技作品竞赛，以大学生为研究对象，写出大学生同性恋的调研报告，获得了省一等奖。最终他通过自身努力考取了上海某大学新闻专业研究生。

二、制定学业规划书的依据

任何一份学业规划都不是凭空而来的，而是需要在了解自身需求、社会需求后，才可以确保这份规划书是科学的且有价值的。在此我们与大家分享一项对 15000 多名在校大学生职业规划与就业能力的问卷调查，从而帮助大家了解同龄人的看法及社会对大学生群体的期待，希望通过这当中反映的情况给大家提供更直观的参考依据。

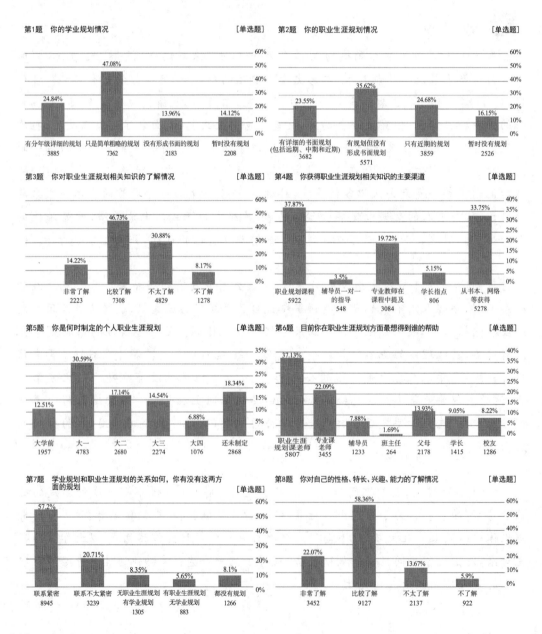

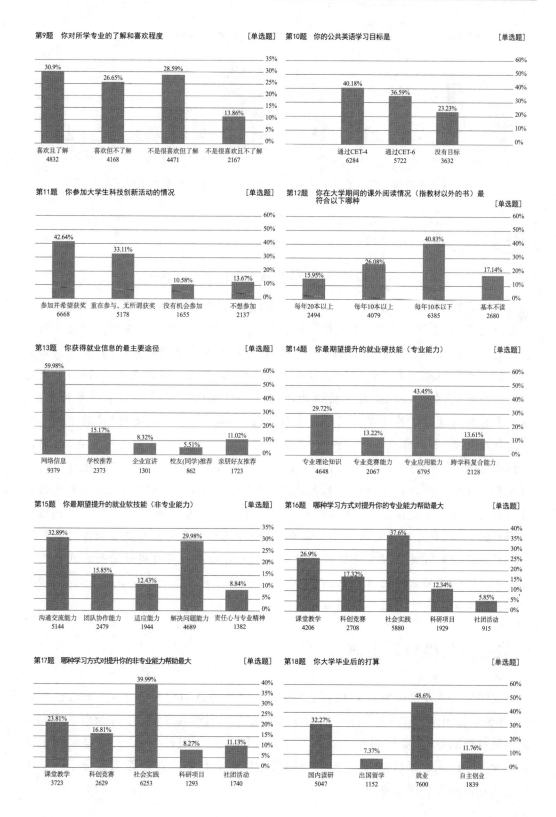

第9题 你对所学专业的了解和喜欢程度 [单选题]

喜欢且了解	喜欢但不了解	不是很喜欢但了解	不是很喜欢且不了解
30.9%	26.65%	28.59%	13.86%
4832	4168	4471	2167

第10题 你的公共英语学习目标是 [单选题]

通过CET-4	通过CET-6	没有目标
40.18%	36.59%	23.23%
6284	5722	3632

第11题 你参加大学生科技创新活动的情况 [单选题]

参加并希望获奖	重在参与，无所谓获奖	没有机会参加	不想参加
42.64%	33.11%	10.58%	13.67%
6668	5178	1655	2137

第12题 你在大学期间的课外阅读情况（指教材以外的书）最符合以下哪种 [单选题]

每年20本以上	每年10本以上	每年10本以下	基本不读
15.95%	26.08%	40.83%	17.14%
2494	4079	6385	2680

第13题 你获得就业信息的最主要途径 [单选题]

网络信息	学校推荐	企业宣讲	校友(同学)推荐	亲朋好友推荐
59.98%	15.17%	8.32%	5.51%	11.02%
9379	2373	1301	862	1723

第14题 你最期望提升的就业硬技能（专业能力） [单选题]

专业理论知识	专业竞赛能力	专业应用能力	跨学科复合能力
29.72%	13.22%	43.45%	13.61%
4648	2067	6795	2128

第15题 你最期望提升的就业软技能（非专业能力） [单选题]

沟通交流能力	团队协作能力	适应能力	解决问题能力	责任心与专业精神
32.89%	15.85%	12.43%	29.98%	8.84%
5144	2479	1944	4689	1382

第16题 哪种学习方式对提升你的专业能力帮助最大 [单选题]

课堂教学	科创竞赛	社会实践	科研项目	社团活动
26.9%	17.32%	37.6%	12.34%	5.85%
4206	2708	5880	1929	915

第17题 哪种学习方式对提升你的非专业能力帮助最大 [单选题]

课堂教学	科创竞赛	社会实践	科研项目	社团活动
23.81%	16.81%	39.99%	8.27%	11.13%
3723	2629	6253	1293	1740

第18题 你大学毕业后的打算 [单选题]

国内读研	出国留学	就业	自主创业
32.27%	7.37%	48.6%	11.76%
5047	1152	7600	1839

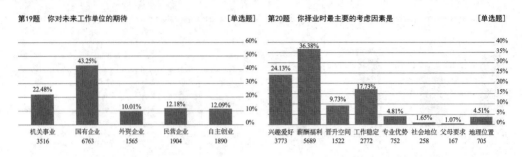

第19题　你对未来工作单位的期待　　[单选题]

- 机关事业 22.48% 3516
- 国有企业 43.25% 6763
- 外资企业 10.01% 1565
- 民营企业 12.18% 1904
- 自主创业 12.09% 1890

第20题　你择业时最主要的考虑因素是　　[单选题]

- 兴趣爱好 24.13% 3773
- 薪酬福利 36.38% 5689
- 晋升空间 9.73% 1522
- 工作稳定 17.73% 2772
- 专业优势 4.81% 752
- 社会地位 1.65% 258
- 父母要求 1.07% 167
- 地理位置 4.51% 705

注：以上题目有效填写人次 15638，因四舍五入的原因，比例总和不一定刚好是 100%。

案例分享

E 同学对职业规划的感悟

不论是职业生涯规划还是学业生涯规划，落脚点都在于"规划"二字。这是一个动态的过程，不能一蹴而就，要随着你各个阶段不同的状态予以适当调整。大一刚进学校的时候我其实还没有太多的规划意识，有种摸着石头过河的意味，好在一切都还算顺利。我第一次正式听到"职业/学业生涯规划"这个词应该是在大二的时候，我的班主任告诉我，我可以结合自己的兴趣特长有针对性地规划一下大学四年的生活。虽然当时我对这句话并没有太深刻的理解，但是起码有了个"我要规划"的意识。我喜欢与人交流，喜欢尝试不同的挑战，只要有趣且有收获的事情我都愿意去做，因此我想我应该做一份与人有关的工作，于是，我就想：那什么工作与人有关且有比较好的发展前景呢？在咨询了一些长辈之后，他们觉得律师是个不错的职业，一来是因为国家愈发重视法治建设，二来我国律师行业仍存在着较大的缺口。在明确了自己想从事的职业后，我开始针对这一职业理想，去做好我大学几年甚至是未来工作的很长一段时间的规划方案。现在我依然在沿着我设定好的成长轨迹继续前行。我想有一份量身定做的规划方案的好处就在于，走的每一步都有底气，做的每件事都有依据，它都在为我实现自己的最终梦想添砖加瓦。

三、如何做好学业规划

大学是人生发展的重要阶段，同学们将在这里追逐自己的理想，发展自己的兴趣；参加学院团体活动并体验社会生活；自由地支配属于自己的时间，处理学习和生活中的各种问题，并实现两者之间的平衡。大学生的本职是学习，大学是学习的天堂。而为了达成学习目标，每一位同学都要做好学业规划。这里跟大家分享一份大学生职业目标与学业规划书。

大学生职业目标与学业规划书

姓　名		出生年月	
性　别		民　族	
籍　贯		生源地	
年级专业	21级汽车服务工程	爱好特长	跳舞、手账

自我认知	1. 学业借鉴 　　在过去的学习中，我慢慢地学会了如何合理运用网络资源。网络资源除了用于追剧、游戏、聊天外，还可以用来提高自己的学习效率。当我在学习上有疑惑时，我会第一时间运用网络搜集资料，筛选后得到答案，因为网络资源很丰富，解答也十分详细，这使我解决了很多学习上的困惑，让我不再因为害怕问老师而让问题一拖再拖而得不到解决，提高了我的学习效率。我在网络中学习到了很多学习方法，了解到一个人完全可以高度集中注意力，而且觉得很快乐，效率很高；这种状态能够使人完全沉浸在某种活动当中，无视其他事物，这就是心流状态。我们可以把这个状态用在学习上，但是进入这种状态的前提是：一要目标明确，且略具有挑战性；二是任务难度稍高于自己的能力；三是要集中注意力，不分心，不浮躁；四是要获得及时反馈。 　　除了心流状态，我还实践了一个学习方法，并且效果显著，这就是费曼学习法。这个方法能够让我更深刻地掌握所学的知识。首先想象自己要把知识教授给一个小孩子，要思考讲什么和怎么讲。在这个教授过程中就可以让我很好地知道自己哪些知识点还不清楚不明白。接着就是回顾，将讲述过程中不清楚不熟悉的知识点重新学习，并在此基础上把这个知识点讲述出来。经过这样的讲述过程，我对这个知识点就会有很深刻的印象，也让我体会到了为什么老师授课能有那么清晰的逻辑，而且在这个过程中我的专注力是高度集中的。这样的学习方法让我体验了一次当老师。 　　这些都是我的学习经验。我觉得每个人的学习方法都不同，只有找到适合自己的学习方法，学习效率才会高。当然我们也可以借鉴别人的学习方法，但是不要照搬，适合自己的才是最好的。 2. 职业兴趣 　　推荐霍兰德（Holland）职业兴趣测试，了解自己的职业兴趣。 　　在完成霍兰德职业兴趣测试后，我对自己的职业兴趣有了一定的了解。我自己属于常规型，特点就是：尊重权威和规章制度，喜欢按计划办事，细心、有条理，习惯接受他人的指挥和领导，自己不谋求领导职务。喜欢关注实际和细节情况，通常较为谨慎和保守，但是缺乏创造性，不喜欢冒险和竞争，富有自我牺牲精神。因此，我比较适合要求注意细节、精确度，有系统有条理，需要记录、归档、据特定要求或程序

自我认知	组织数据和文字信息的职业,如秘书、办公室人员、记事员、会计、行政助理、图书馆管理员、出纳员、打字员、投资分析员等。 3.性格分析 运用 MBTI 进行职业性格测试,选择自己的职业目标。 通过 MBTI 职业性格测试,我得出我的职业性格为: (1)严肃、安静,借由集中心志与全力投入及可被信赖获致成功。 (2)行事务实、有序,注重实际、逻辑、真实及可信赖性。 (3)十分留意且乐于任何事(工作、居家、生活均有良好组织及有序)。 (4)负责任。 (5)照设定成效来做出决策,且不畏阻挠与闲言,会坚定为之。 (6)重视传统与忠诚。 (7)传统性的思考者或经理。 通过学业分析和职业测试,对自己从事未来职业和完成学业的 SWOT 分析如下: 自身优势(strength): 自己是一个不甘平凡、不愿服输的人。有较强的责任感,不管是面对学业压力还是生活琐事都有比较良好的心态,面对挫折也能够自我调节。会运用网络资源提升自我,并向优秀的学长学习。有做"to do list"的习惯,能够合理地规划时间,按时认真地完成任务。 自身劣势(weakness): (1)性格比较内向,开始跟人交往会比较拘谨。 (2)语言组织能力不好,导致应急反应能力较差,面对面试提问会反应不过来。 (3)容易紧张,会有比较明显的生理反应。 外部机会(opportunity): 就社会这个大环境来说,提供给我的机会还是很多的: (1)生活在 21 世纪的我,有着优越的社会环境,接受良好的教育,有很多机会锻炼自己,提高自己的能力。 (2)现在在大学,可以向更多的老师和同学学习,可以有更多的资源供我利用,在学习中逐渐提升自己。 (3)大学这个小社会可以让我慢慢习惯逐步融入复杂的社会。 外部威胁(threat): (1)学历不高,在这个竞争压力大的社会里属于被选择的那部分人。 (2)在这个复杂的社会里会容易形成攀比心理。

大学学业后规划	升学
	目标职业 1. 管理人员　　2. 技术研发人员
自我规划与自我成长	1. 调研目标职业所需要的综合素质要求 具有令人尊敬的人格魅力,为人正直,表里如一;谦虚谨慎,善于学习,且具有创新思路和强大的人际协调能力,关爱下属,懂得惜才爱才;严以律己,以行动服人,宽以待人;甘于忍让,关注细节,但不拘泥于小节;做事认真,但不事事求完美;处事冷静,但不优柔寡断。 2. 大学期间在学习成绩、就业能力、创新创业等方面要达到的目标 大一(从懵懂到认知):主要目标是适应和探索。适应大学生活,培养主动学习、学会应用、独立不从众的大学思维。做到上课认真听讲,在保证学习的基础上参加各类活动,选择适合自己的部门社团参加。适当做一些志愿者工作,提升自我交际能力,向周围优秀的学长学习来提升自我,并努力通过英语四级考试。 大二(从认知到行动):主要目标是考证。主要想通过英语四六级考试,不过最重要的不是考什么证书,而是考证的过程,它能让我逐渐学会怎样在短时间内准备一场考试,达成一个目标,完成一个任务,这对未来的人生发展是非常重要的。另外,可以适当了解和参加一些比赛,向往届学长以及老师获取相关经验,若能报名就抓住机会报名参加;多尝试团队类型的比赛。除此之外,在学习之余也可尝试发展和培养自己的特长。 大三(聚焦行动):主要任务是比赛和准备考研。都说大三是个分水岭,应当明确自己未来要走什么道路,而不同的选择会使得这一年的时间安排有不同的重心。大三期间,需要在专业课上更加努力,这有助于顺利毕业、考研、找工作以及出国。当然还要努力给自己的简历增加一个小亮点,可以是实习、比赛、技能特长等,因为在未来的道路上,需要的不是你什么都会,而是你在某一方面比较突出。在大三要耐得住寂寞,努力提升自己,学会独自面对和解决问题。多参加关于考研、工作、创业的讲座交流会,明确自己的目标方向。 大四(成果反馈):主要任务是考研和写毕业论文。这个阶段是最能体现三年积淀成果的阶段,前期你付出越多,后期你得到的也就越多。坚持执行确定的目标,遇到困难不轻言放弃,不管最后目标有没有实现,都接受结果,胜不骄,败不馁。要知道努力不一定会有收获,但机会一定会留给更用心的人。当然要好好准备毕业论文,顺利毕业。珍惜最后美好的大学时光,不留遗憾。

自我管理 与自我监督	我会采取复盘的方式来督促自己执行规划。 今日新知：每天学习到的方法理论，碎片化吸收到的知识点，读书时的新感悟等，都在每天复盘中进行回顾输出。当你把吸收到的知识用自己的语言写出来时，知识才会变成你自己的。 今日行动：列出自己的学习、生活原则。比如，可以是规律作息（早睡早起）、运动锻炼、吸收新知识、专注（心流状态）。检视自己今天的行为是否符合自己的原则。再检视自己是否完成了今日的待办事项，分析未完成的原因。最后得出结论，是继续做（continue doing）、停止做（stop doing），还是开始做（start to do）。 今日金句：写出今天让自己备受鼓励、让自己醍醐灌顶或者惊艳到的一句话。这个部分能够让我积蓄力量，是我的"蜜罐"。 明日要事：写出自己明天需要完成的几件事情。

学业规划是依据大学生不同的气质类型、性格、爱好、能力、环境等因素（即内外部因素），对在校期间的学习路径的系统性安排并进行及时的反馈和不断调整的过程。一份好的学业规划，是认识自己并达成学业目标的重要途径。

大学生在制作自己学业规划方案的过程中可以细化接下来要走的每一步，对自己的前进方向有个整体的把握，并在此基础上加以践行。可以具体到每学年、每个学期甚至是每个星期来安排规划自己的学习时间。有了一份合适的学业规划，就好比大学生活这艘船有了舵，夜行的人找到了指路明灯，实现了学有方向。

与人生规划和职业规划一样，学业规划首先也要确定一个目标，例如将自己的专业课学好，过英语六级等等。上课的时候要对老师强调的重点、难点做详细记录，下课要自己多复习，只有经过自己认真思考、消化吸收后，老师讲的知识才能变成自己的东西。认真完成老师布置的作业，认真对待每一次考试，在一次次的学习反馈中得到能力的提升。

另外，可以尝试着多和学长学姐、老师们交流，学习党、团的有关知识，参加一些党团组织活动、各类社会实践的主题教育活动和具有积极意义的主题征文活动。增强组织纪律性、社会责任感，注重基本道德素质的自我培养。换句话说，大家应当先有目标，然后再列计划。大家应该有清晰、明确的人生目标，明确自己到底要做怎样的人，到底要干什么样的事业。从小学到中学乃至大学，很多同学都处于迷茫和焦虑之中。俗话说得好：没有方向的船，什么风都不是顺风。希望大家不忘初心，不要忘记理想信念，一定要相信，乾坤未定，你我皆是"黑马"。

案例分享

来自学长的感悟

　　F同学（大二生）：如果能够重回大一入学前，我首先要养成按时起床、早睡早起的习惯，千万不要在没课的时候赖床，一旦有了第一次，就很难保证自己的作息时间有规律。除此之外，一日三餐都要记得吃，不要拿自己的身体健康开玩笑，想借助不吃东西减肥。保持一个良好的心态，主动与朋友同学交谈，和谐相处。在面对一些困难的时候，一定要先尝试自己解决，因为我们已经是成年人了，应该学会不让父母担忧，独立承担一些责任。如果时间较充裕的话，可以尝试做各种类型的兼职，例如家教或其他与专业相关的工作以丰富自己的岗位实践。其次一定要学好本专业知识，这将是我们未来工作时的重要凭证。除了一些专业课之外，可以适当选修一些感兴趣的课程，多读书有利无害。切记，一定不要落下本专业知识，而且要努力地去学扎实，将知识牢牢地掌握。千万不要本末倒置，忘了自己仍是个学生，依旧需要去学习进步提高。再次，在大学里一定要尝试去考证，如英语四六级证、计算机二级证。踏入社会，便会发现，英语和一些基本的计算机技能会帮助我们创造很多机会，能够在面试的时候为自己加分，助我们进入满意的岗位。如果自己专业知识足够扎实，去考个与本专业相关的证书还是较为容易的。最后，作为大学生，一定要多参加社团活动。大学里的社团活动是一个很好的锻炼自己的平台，可以让我们学习如何与他人相处；部门的工作本身就是一种历练，让我们能够学到很多书本以外的知识。如果决定好了要去哪个社团部门，目标一定要向社长、主席、会长前进，否则，可以选择不去加入。最好参加一个或两个部门，不要多，避免与学习时间冲突。作为学生干部，去管理成员本身就是锻炼自己的一个好机会，能让我们学到一些管理技能。就业后，这种工作的管理模式十分常见，如果有这样的经历，我们会比其他人有更多机会。尝试多去图书馆看书。读书能够提升自己的思维能力，丰富自己的精神生活。可以先去看一些人物传记、历史类的书，然后再涉猎其他类型的书，如与专业紧密联系的书籍。人物传记、历史类图书对我们当下最有利；从历史中，我们可以看到大格局、大视野；从人物传记中，我们可以学习总结前人的经验教训。经常去总结反思，做得好的继续保持，做不好的加以改进。可以将自己每天所要完成的事记录在备忘录中，坚持每天"打卡"，养成执行计划的好习惯。

　　最重要的一点，一定要提前确立自己的职业规划。让自己有目标、有方向地前进，而不是盲目跟风，确定好自己将来是否要进行考研或者直接就业，或者有其他打算。了解自身专业的未来职业，确定自己是否感兴趣，不要等到即将毕业时，仍对自己的人生感到迷茫不知所措。无论怎样，进入大学之后面临的种种选择，都由自己去完成。

G同学（大四生）：大学四年时光，我感觉我变了许多，收获了许多。大学的生活与之前的生活完全不一样，如果我可以再当一次新生的话，我会制定更好的大学计划。

大一是一个很重要的阶段。在这个时期，我们首先要适应大学的新环境，了解自己的专业，掌握必备的知识。同时，在学业上，我们需要打下扎实的基础，首先应该专注于自己的课本，熟练掌握课本上的知识。必修课的重要意义自不必多言，而对于选修课，最好选择一些与实践相关的课，这样就可以增加自己的实践操作能力。

大二应该对自己所学的知识有一个完整的总结。在学业方面，在大一的基础上，保持自己的成绩，或者更加努力，取得更好的成绩。

大三要有优秀的成绩。考虑到毕业之后的社会需求，此时就应该开始对专业进行深入的学习。

大四要学好自己的专业知识，以优异的成绩毕业。不仅仅如此，自己的大部分精力还应该放在求职方面，多尝试参加各种招聘活动，为走上工作岗位努力。

总之，在大学里，学习永远是第一位的，这四年中首先要做到好好学习。

H同学（大四生）：大学生活一晃眼就过去了，想了想这四年的经历，感觉碌碌无为，没有出彩的地方，就像是换了一个地方生活了四年。假如可以让我回到入学前，这四年的大学生活肯定不会像现在那样平淡。

重新回到入学前，我不会像之前那样对大学茫然没有目的。四年的时间里，我要课上认真听讲，课后积极参加课外活动、实验竞赛，就算得不到名次也要让自己的大学生活不留有遗憾。重回入学前，我要在大一开始就为我接下来的考研做准备。从大一开始一点一滴地积累，打下扎实的基础。还有就是加入工作室，工作室的学长学姐、老师们可以提供给你许多课上学不到的知识，助力你未来的求职。

最近这一学期我都在为考研做准备，每天都是宿舍、教室、图书馆三点一线，在辛苦的学习中我也感受到了生活的充实，这一年我没有浪费大学的大好时光。

对即将上大学的学弟学妹们，我想说，在进入大学的时候就要明确目标，放远眼光。对于大学生来说，尽早确立生涯方向是十分重要的。当你的方向确定了，走的每一步才是有意义的。同时，你要树立就业危机感，努力提升自己，学习知识与发展能力并举。学历是铜牌，能力是银牌，人脉是金牌，思维是王牌。学历是助你进入企业的，但能力才是让你留在企业的。要不断为自己赋能，比如公众演说能力、人际交往能力，这些对自己的生涯发展是非常有帮助的。要多看书学习，多交流，多多规划自己的学习时间，让自己的大学生活充实而有乐趣。

I同学（大四生）：我刚进大学的时候，虽然没有足够清晰的目标，但是心里起码有一个模糊的意识，就是"我一定要做有意义的事情"，那么，做些什么呢？我打算从不断尝试中找答案。

大一,我花了一整年的时间用于熟悉、摸索大学的学习、生活模式,尽可能多地参加新生活动,如新生辩论赛、歌手比赛、运动会,还申请加入学院的学生会,成为学生会文娱部的一名干事,和部门的伙伴一起举办活动,锻炼能力。在学业上,由于大学课堂与高中课堂差异较大,不再会有老师像高中时一样敦促着你学习,所以自律显得尤为重要,你必须知道"我是在为自己学习"。于是每次课我都坐在第一排离老师最近的位置,以这样的方式来提醒自己,不管在其他方面做得多好,学生的本职工作,始终是学习。

大二,通过大一一年的摸索,我对大学生活有了比较全面的了解。在这个基础上,我开始有计划地去过大二。学业上,我继续努力学习专业知识,在此基础上立下了拿国家奖学金的目标,参加的活动也从大一时候单纯的文体类活动向学科竞赛转变。在暑假期间,我也充分利用时间参与社会实践,与外国语学院的一名学姐一起创业,组建了英语培训班,还通过在电商公司的实习,积累了社会经验。

大三,在这个阶段,我通过大二的社会工作经历,对自己的未来方向进行了思考:是考研继续学习深造,还是径直步入社会工作?在与一些毕业的学长学姐、在校老师交流后,我很快找到了自己心里的答案:考研!于是,大三学年,我开始慢慢淡出一些活动,把更多的精力集中于研究生的备考当中。

大四,通过一年的备考,我顺利考上了自己心仪院校的研究生,我的大学生涯也步入尾声。在完成研究生考试后,我利用剩余的时间再次进行社会实习,以积累更多的社会经验。

J同学(已毕业1年):大学期间我参加过许多志愿者活动,如校内活动志愿者以及去科技馆、医院等做志愿者,在疫情防控期间也在所在乡镇做过防疫志愿者。谈起做志愿者对我个人的影响,第一,我认为看到别人因为我的帮助而解决问题让我觉得很温暖。第二,能帮助我成长。做志愿者让我接触到各行各业的人,在工作和生活中会有更多的机遇。第三,也锻炼了我的个人服务意识,培养了自己的奉献精神,践行了作为党员全心全意为人民服务的宗旨。

我觉得大学最重要的是培养自主学习能力,能够找到一件事去做并坚持下去。书本上的内容并不是全部,要学习如何在课堂外真正深入学习一些感兴趣的东西。大学里吸引人的东西很多,很多人不知所措,会随大流,就比如准备考研、考公甚至较为简单的四六级考试,很多人都是因为身边人都去做了才选择做,并不是自己真的想好了要做下去;我觉得兴趣才是最好的老师,在学习上是这样,工作亦是如此。在面临抉择的时候要跟着自己的内心走,考公、考研要考虑自己能否坚持得下去;找工作最好能找一份自己感兴趣的工作,这样你才会在工作中找到乐趣。

我相信所有的毕业生都曾经迷茫过。我最迷茫的应该是大三下学期,我的迷茫也和大多数人一样,是关于考研还是工作的抉择。后面我找了辅导员谈心,辅导员和我说的一句令我印象深刻的话是:解决迷茫最好的方法就是去做! 所以当时我选择了先实习,也逐渐看清了自己的真实想法,基本上在大四第一份实习时就有了自己的职业规划。

另外一点,临近期末有很多事情,主要就是期末考试。我觉得要根据考试时间制定好复习计划,在计划复习时间后再权衡自己的薄弱学科,对薄弱的学科要多花点时间去复习。

对于时间的利用,我认为假期的几个月很重要。大一暑假学校组织了社会实践,这是一个很好的机会,可以选择自己感兴趣的社会实践团队,会收获很多。大二暑假可以参加一些学科竞赛等,增加自己的竞赛能力,锻炼自己。大三暑假的时候应该做好是考公、考研还是工作的准备了,如果打算考公、考研那就全身心复习;如果毕业后选择工作的话,大三暑假最好找一份实习工作,增加实习经验。

大学毕业终会面临工作,用人单位比较看重学生的在校经历、在校成绩及证书、实习经历等。在校可以多参加一些活动,有能力也可以去竞选学生干部,担任学生干部对个人的能力锻炼会有很多帮助。成绩方面要尽可能打好专业基础,毕竟对学生来说学习才是第一要务。在完成自己所学课程后还可以多看课外书增长见识,多参加学科竞赛增强能力,多考证书增加含金量。有一个好的实习经历也很重要,对好的实习单位,实习结束后可以争取留在该单位工作。

这里给大家分享一些大学生活的建议。首先,大学期间一定要多读书,读万卷书,行万里路说的是不错的。大学里有很好的读书条件,还有很多可自己支配的时间。读书后注意多总结,知行合一,把所学付诸实践。

其次,大学期间有三件重要的事情:学习、社团经历、实习经历。

对学习,要通过多种方式提高学习成绩,不论是找工作、读研、出国,绩点都是学习能力的证明。

社团经历有助于提升人际交往能力、组织活动能力、协调能力、沟通能力,同时可以帮助拓展人脉关系,提升圈子质量。不要小看社交,在社会和职场上,沟通真的是一门艺术,而这门艺术不是靠纸上谈兵就能习得的。大学的校园社团和兴趣圈子,就是非常好的锻炼平台。

一个好的实习经历在未来找工作时是加分项,也是非常好的感受行业氛围的机会,可以依此决定是不是要往此行业发展。实习不要混日子,要真正有所学。

最后一定要找到自己的兴趣并努力坚持下去。这个世界上没有白走的路,每走一步都算数。

"种一棵树最好的时间是十年前，其次是现在"，所以不要觉得晚，就算你现在已经大三了，只要做出选择并付诸实践，一切都来得及。

延伸阅读

论教育之宗旨（节选）

王国维

【阅读指南】

王国维是我国近、现代相交时期一位享有国际声誉的著名学者。本次延伸阅读内容节选自他于 1906 年发表的《论教育之宗旨》，文中他明确提出教育的宗旨是"使人为完全之人物"，并强调完全的人物是精神与身体相调和的。在该文中他提出三点要求：一是知育，二是道德，三是美育。文中他首次提出"美育"一词，在中国教育史上第一次提出德智体美"四育"共同发展的教育理念。希望通过此文，大家对于自身大学期间能力的培养和目标的设定有一个更宽广、更全面的视野。

【原文欣赏】

一、知育。人苟欲为完全之人物，不可无内界及外界之智识，而智识之程度之广狭，应时地不同。古代之智识，至近代而觉其不足，闭关自守时之智识，至万国交通时而觉其不足。故居今之世者，不可无今世之知识。知识又分为理论与实际二种，溯其发达之次序，则实际之知识，常先于理论之知识；然理论之知识发达后，又为实际之知识之根本也。一科学，如数学、物理学、化学、博物学等，皆所谓理论之知识。至应用物理、化学于农工学，应用生理学于医学，应用数学于测绘等，谓之实际之知识。理论之知识，乃人之天性上所要求者，实际之知识则所以供社会之要求，而维持一生之生活。故智识之教育，实必不可缺者也。

二、道德。然有智识而无道德，则无以得一生之福祉，而保社会之安宁，未得为完全之人物也。夫人之生也，为动作也，非为智识也。古今东西之哲人，无不以道德为重于智者，故古今东西之教育，无不以道德为中心点。盖人之至高之要求，在于福祉，而道德与福祉，实有不可离之关系。爱人者人恒爱之，敬人者人恒敬之。不爱敬人者反是。如影之随形，响之随声，其效不可得而诬也。《书》云："惠迪，吉；从逆，凶。"希腊古贤所唱福德合一论，固无古今中外之公理也。而道德之本原，又由内界出，而非外铄我者。张皇而发挥之，此又教育之任也。

三、美育。德育与智育之必要，人人知之，至于美育有不得不一言者。盖人心之动，无不束缚于一己之利害；独美之为物，使人忘一己之利害，而入高尚纯洁之域，此最纯粹之快乐也。孔子言志，独与曾点；又谓"兴于诗""成于乐"。希腊古代之以音乐为普通学之一科，及近世希痕林、希尔列尔等之重美育学，实非偶然也。要之，美育者，一面使人之感情发达，以达完美之域；一面又为德育与智育之手段，此又教育者所不可不留意也。

 推荐阅读

第三章 认识自我,做一个有信心的人

古希腊德尔斐神庙前的石碑上,镌刻着象征人类最高智慧的神谕:认识你自己。可见,认识自我看似是一件简单的事情,但要想真正做好,却不容易。

通过自我认知,对自己的人生目标、职业生涯、学业规划以及学习方式、方法、心态等进行适当的调整,才能促进自我成长,拥有幸福的人生。

第一节 正确认识自我

一、自我认知

我国古代著名的思想家、哲学家老子曾经说过:"知人者智,自知者明。"认清别人是一种智慧，认清自己就称得上圣明了。在美国有一项调查，在问及 75 位斯坦福商学院顾问委员会成员，人应该培养的最有价值的品质是什么时，他们的答案几乎一致，那就是"自我认知"。

自我认知是主观自我对客观自我的认识与评价。自我认识是自己对自己身心特征的认识，自我评价是在这个基础上对自己做出的某种判断。对大学生群体来说，弄明白"我是谁""我从哪里来""我来大学做什么""毕业后我要去哪里""我有哪些优点和缺点""有什么兴趣和爱好""有哪些独特的地方""有什么理想和志向"等问题是认识和了解自我最基本的内容。

有些同学可能会感到疑惑：难道我还不认识自己吗？其实是可能的。在心理学里有个理论叫"乔韩窗口"，该理论认为每个人的自我都有四个部分：公开的自我，这部分自己了解，别人也了解；盲目的自我，这部分别人了解，自己却不了解；秘密的自我，这部分自己了解，别人却不了解；未知的自我，这部分是别人和自己都不一定了解。由此可以看出，认识自己的一部分容易，可要认识全部的自己，要看到别人眼里的自己，甚至是未来的自己，不是一件容易的事。那么我们认识自我的意义在哪里呢？认识自己这么难，我们又该如何培养认识自我的能力呢？

每个人都有一个内在的自我，每个人都会有自己的追求，比如说我到大学来干什么，我要成为什么样的人，我的基础怎样，特长是什么等。人对自我的认识是一个不断探索的过程。通过与他人分享秘密的自我，通过他人的反馈减少盲目的自我，人对自己的了解就会更多更客观。可以通过以下三种途径来认识自我：

第一，通过自己与事的关系，即从自己的成败经验中获得自我意识。

第二，通过自己与他人的关系，包括他人对自己的态度和通过与别人的比较获得自我意识。

第三，通过自己和自己的关系，包括客观我和理想我来认识自我。客观我是自己实际观察到的"我"，包括身体、容貌、性别、性格、气质、能力等，理想我是指自己对自己有什么期望。

认识自己也是一个和自己交朋友的过程，当你对自己越来越熟悉的时候，你会发现自己有很多有趣的地方。比如，原来自己有起床气，又或者是自己原来在语言、交流或艺术上有特别的天赋。正确认识自我有助于接纳独一无二的自己，发现自己的特长和闪光点。每个人都有一个内在的自我，每个人都会有自己的追求，比如说我到大学来干什么，我要成为什么样的人，我的基础怎样，特长是什么等。而根据自己的特点来制定规划才是最适合自己的。

案例分享

A同学：以前的我一直比较内向，希望展现自己，获得大家的肯定，但是很多时候又不敢。一次，技术课上老师要找同学讲题目，那时的我心里有些跃跃欲试，于是我就鼓励自己，下课的时候去找老师申请讲题目的机会，课上讲的时候同学们也都很配合，听得很认真。课后，老师也肯定了我，说我讲得不错，从那以后，老师就经常让我在课堂上给同学们讲代码题。也是从那时候起，我才发现，原来我也可以把自己的思路表述清楚，让大家明白，这便更让我坚定了成为一名教师的目标。

富兰克林曾经说过："宝贝放错了地方便是废物。"

来自早期的心理创伤，往往以一种潜移默化的方式影响着我们的认知、情感以及行为。这些早期的心理创伤，我们称为"原始的痛苦"。心理学家认为，这些原始的痛苦与最初被压抑的感受有关。比如，当我们还是小孩的时候，母亲忽视、怠慢了我们，让我们感到被抛弃的感觉。可是我们没法理解这种感觉，只能将其压抑在内心深处。对于痛苦的错误的处理方式，成为我们本能的自我保护手段。

许多人容易被原始的痛苦所困扰，如总认为我没有考好，我不够优秀；我的长相不够好，不漂亮、不高、太胖；我的家在农村，经济条件一般；担忧能否找到理想的工作，不知如何规划自己的人生等。当你怀疑自己时，希望你回去留心观察一下自己，发现自己独特的优点。

回想一下自己在中小学时期的学习和生活，问问自己的学习尽力了吗？我读大学后想要去哪里，要成为一个什么样的人？如果这些问题太过抽象，不妨就选课这件事做一个自我评估。比如我为什么要选这门课？是为了拿学分所以随便上什么都行，还是为了能更好地认识自我并培养积极的心态，或是为了和老师有更多的沟通？

以下是几个大一新生对自己中小学阶段的总结和体悟：

B同学：12年基础教育对我影响最大的就是学习的时候一定要认真完成任务之后再去做别的事情。学习是不可懈怠的，一旦放松对某些题型的掌握，这类题型在后续的考试中一定会出现，这个时候为时已晚，为此你必须付出代价，因此在学习中千万不可心存侥幸。

C同学：首先，学习是永无止境的。要认准一个目标持之以恒地努力下去，不能三天打鱼两天晒网。高中时有段时间我的成绩比较差，想要读本科是一件很难的事情，但后期通过不断努力提高了成绩，慢慢地迎头赶上了，成绩也接近了一本，所以说成功不难，难在努力与坚持。其次，自控力决定高度。我觉得自己最大的缺点就是难以掌控时间，自控力太差，期望在大学期间能改掉这个坏毛病，珍惜每分钟，通过自己的学习让自己更加强大起来。

D 同学：我很少认认真真地对待一件事，也没有把一件事做到完美过，所有的任务都是草草了事，为了应付而去完成。所以我做事也不会去考虑做这件事的目的和意义是什么，就像机器一样，没有一点思想和兴趣。回顾我 12 年的受教育历程，所有我偷过的懒最后都会以另一种形式回来报复我，看着和我高中入学时成绩差不多的同学都考上了不错的大学，而我也只能在最后一年通过努力考上一所二本院校，跟别人的差距也越来越大了。如果我在大学还是像往常一样不去做一些改变的话，我能预测到自己毕业时情况不会比现在好多少。

E 同学：拖延是学习的最大杀手，拖延学习的结果都是以失败结束。我曾经就是因为严重的拖延症，才导致很多计划没有完成；很多任务就是这样一拖再拖，导致阶段性目标完不成，为此我付出了很大的代价。学习中重要的还有坚持，凡是坚持就一定会有收获，量变才会有质变。学习还要注意方法。高中老师看到我学习也很努力，但是成绩就是保持在中等水平，就告诉我学习了新的知识还要复习，如果不复习几天后旧知识又会变成新知识，这样日积月累，学习效果会很差，可能会导致收获与付出不成正比。

在以上大一新生的总结和体悟中，你有没有或多或少看到自己的影子？他们的感悟有没有给你带来更大的启发呢？

第二节　心态改变人生

《礼记·中庸》中记载："知、仁、勇三者，天下之达德也。"在中华传统文化中，知、仁、勇是三个重要的概念，是君子的基本品质。《论语·子罕》中记载："知者不惑，仁者不忧，勇者不惧"，意思是智慧的人能将事理看得很透彻，所以不疑惑；仁德的人心怀天下，不患得患失，所以不忧愁；勇敢的人能勇往直前，见义勇为，所以不畏惧。这是孔子教给学生的人生态度，同学们如果拥有了这样的人生态度，就能成为不惑、不忧、不惧之人，成就自己的幸福人生。

一、拥有积极心态

19 世纪作家狄更斯说，一个健全的心态比一百种智慧更有力量。积极思考的人会在每一次忧患当中看到某种机会，而消极的人会在每一个机会当中看到某种忧患，所以我们要培养心态中积极正向的因素，比如善良、乐观、诚实、勇敢等，要让别人感到跟你在一起具有满满的正能量。拥有积极心态的人关注的不是自己现在怎么样，而是自己将成为什么样，这样即便你起点比较低，学业基础不是很好，但是有了这种追求之后，你就会去努力，让自己做得更好。

 案例分享

　　一位叫塞尔玛的女士陪伴自己的丈夫驻扎在一个沙漠的陆军基地里。丈夫奉命到沙漠里去演习，她一个人留在陆军的小铁皮房子里，天气热得受不了，在仙人掌的阴影下，气温也有 51 ℃。她没有人可以谈天，身边只有墨西哥人和印第安人，而他们不会说英语。

　　她非常难过，于是她就写信给父母，说要丢开一切，回到父母身边去。但父母给她的回信，却只写着令她伤心至极的短短两行字：两个人从牢中的铁窗望出去，一个看到泥土，一个却看到了星星。

　　终于有一天，她的脑海里为之一亮，一切几乎都豁然开朗了，紧皱的双眉一下子舒展开了，发现了问题所在。塞尔玛开始主动和当地人交朋友，她惊喜地发现，他们十分好客热情，很快塞尔玛和他们成为朋友，她的这些好朋友送她许多珍贵的陶器与纺织品作礼物。她带着愉快的心情开始研究沙漠中的仙人掌和各种各样的沙漠植物，她发现这些植物千姿百态，那样使人陶醉；她欣赏沙漠里的日出，感受沙漠中的海市蜃楼；她享受生活给她带来的一切。她发现生活中的一切都变了，变得那样让人留恋，她仿佛沐浴在春光里。

　　回国后，她将这一切写成了一本书，叫《快乐的城堡》，引起很大的轰动。

　　这个案例告诉我们，人有时候会在陌生或者艰苦的环境中迷失方向，陷于沮丧，被恶劣的客观环境打败。但其实，生活没有想的那么好，也不会有想的那么糟，世事难免会有艰难险阻，关键还是看自己的心态。

　　霍金先生在轮椅上度过了他人生的大部分时间，他用自己的智慧、乐观和坚强写下了许多不朽的物理著作。病魔困住了他的躯体，却并没有困住他自由而伟大的灵魂。他并非没有感到过痛苦折磨，只是他更看重自己所拥有的，更重视快乐，所以他才有更卓越的人生。

　　分享一个发生在我们身边的故事：一个男生寝室，有 A、B、C、D 四名同学，A 同学来自外省，与其他几名同学在性格和习惯上有着较大的差异。最开始的时候，A 同学无法融入其他三位同学的聊天，寝室聚餐也不会有 A 同学的身影。后来 B 同学和 A 说，其实寝室都希望 A 能够稍微试着放开自己，尝试着与寝室其他同学交心做好朋友。A 听了这番话后，决心改变自己，于是开始主动了解当地的人文风俗，并在寝室里开始主动寻找话题和其他室友沟通交流。知道 B 喜欢了解历史人物，A 就通

过学习当地的历史文化来找到与 B 的共同话题，并与室友们分享家乡特产。渐渐地，大家发现其实 A 很有想法，而且情商也高，与寝室里的每一个人都能成为无话不谈的好友。A 也发现了原来自己并不是不被人接受，只是很多时候缺了一点主动性，只要真诚、主动，就会有越来越多的人接纳并喜欢自己。

总之，希望大家能够愉悦地完成好每天的小目标，控制好自己的情绪，心情不好时，奖励自己一顿美味的大餐，或买下最近很想看的一本书，一点点积累，一点点进步。当你认识到成长比成功更重要、过程比结果更重要、价值比价格更重要时，你就拥有了良好的心态。这种心态能创造出一种更大的格局和智慧：成功是成长，失败也是成长。

二、培育积极思维

《周易》里记载：天行健，君子以自强不息。意思是大自然的运动刚强劲健，君子处事也应该像大自然一样，自我力求进步，奋发图强，不可懒惰成性。古代先贤告诉我们，人要获得成长和发展，就要积极上进，要培育积极思维。

斯坦福大学的心理学教授卡罗尔·德威克在她的著作《思维模式：成功的新心理学》里提出了两个概念：固定型思维模式和成长型思维模式。她认为，我们获得成功并不是能力和天赋决定的，而更受到我们在追求目标的过程中展现的思维模式的影响。这两种思维模式分别体现了应对成功与失败、积极与消极时的两种基本心态。在书中，作者向我们展示了如何通过改变我们的心态，获得真正的成功和满足。

成长型思维模式认为，人的能力是可以不断提高的，大脑像肌肉一样是可以被训练的；所有的事情都离不开个人努力，而这个世界上也充满了那些帮助你去学习、去成长的有趣的挑战。

成长型思维模式有以下特点：

（1）拥抱挑战。成长型思维相信克服困难和障碍会让人变得更强大。

（2）障碍面前选择坚持。成长型思维模式认为自我的形象并不是与成功捆绑在一起的，失败是学习的机会，不管发生什么，你都会赢。

（3）努力是成长必经之路。努力不是被看作无用的需要逃避的东西，而是成长和掌握有用技能的必经之路。

（4）批评和消极反馈是信息源。由于认为自己处在变化和提高过程中，所以不会把批评看作是针对个人的，而是针对当前事情的。

（5）别人的成功不是零和博弈。把别人的成功看作是灵感和信息来源，不把成功看成是零和博弈。

（6）促进成长。所有以上这些思维方式会把具有成长型思维模式的人带向越来越高的自我实现水平,形成不断学习和提高的良性循环。

而固定型思维模式认为,人的能力和智力是一成不变的,而这个世界上各种各样的考验和挑战就是为了评判你能力如何。

固定型思维模式有以下特点:

(1)逃避挑战。挑战意味着困难,而成功没有保障,为了避免失败影响到自己的形象,会选择逃避挑战,做自己有把握的事情。

(2)面对障碍,容易放弃。障碍与挑战的不同在于,后者可以选择,而障碍是出现在面前的无法选择的情景。固定型思维模式的人会轻易放弃,他们只喜欢有十分把握的事情。如果是非常有挑战性的事情,他们就会觉得自己不聪明或没有天赋,从而也就丧失了兴趣。

(3)努力无用。认为努力是无用的、不会有回报的,聪明的做法是尽可能地不付出努力。如果你有天赋,不用努力也能做得好;如果没有,再努力也没用。

(4)敌视批评。固定型思维模式使人相信任何对你能力的批评就是对你的批评,这会使周围的人慢慢停止给予逆耳忠言。

(5)不能正确看待别人的成功。认为别人的成功让自己看起来很糟糕,会使自己或周围的人相信别人的成功是基于运气或令人厌恶的行为。

(6)失败后会放弃努力。会寻找比自己更差的人,以获得自尊心上的安慰。甚至考虑用欺骗的方法,如作弊,让自己看起来很聪明。

(7)阻碍发展。固定型思维模式的人会提早进入发展的停滞期,从而不能充分实现自己的潜能。

很明显,以上两种思维模式会导致完全不同的行为模式,展现完全不同的个性特征。那些倾向于成长型思维模式的人,更相信能通过自己的努力、良好的策略、他人的反馈和帮助,让自己的能力获得提高。而那些倾向于固定型思维模式的人,在遇到困难时喜欢逃避,不愿意积极思考解决问题的方法,容易满足现状,不思进取。

某同学参加一个全校性比赛,为此她做了充分准备,觉得自己很有信心。她的展示有一部分视频播放的内容,是一段英文讲解。但上场后,由于现场设备的原因,视频没有声音。一开始她慌了阵脚,不知道该怎么应对。环顾现场,大家都在看着这名同学,想知道她要怎么办,而该名同学并没有选择放弃,她灵机一动,拿起话筒,现场为视频配音,一来缓解了尴尬局面,二来充分展现了她的临场应变能力。下场后,评委和同学们都为她的临场反应力"点赞"。她说,只要有一个积极的思维,那么不论遇到任何困难,你都能心中有数,不会惧怕。

这就是典型的成长型思维。如果是固定型思维模式的人,这个案例会有完全不一样的结局。她可能会逃避挑战,放弃努力,最后抱怨设备问题使她遭遇了失败。

所以，在生活中不要随意地否定自己。人们常常习惯于在心里给自己设限，这样做不仅无法释放潜能，反而会使自己产生一种挫败感，导致最后失去向上生长的动力，只能在限定的范围里挣扎。其实，每个人身上都隐藏着巨大的潜能，简单地说，你所能做到的事情远比你想象的要多很多。许多人总是以自卑的心态来估量自己的能力，总认为自己的能力不够，怯于尝试，导致自己潜在的能力无法真正得到发挥。

积极的思维培育良好的心态，所以做人要积极乐观、开心一点，心胸宽广一点，培育自己的积极思维，做一个受人欢迎、让人喜欢的人。

三、学会悦纳自我

你可能家境不好，学习一般，可能相貌平平，也没什么特长，只是一个平凡普通的人，但在人生的道路上我们要学会善待自己，因为成功主要是取决于你后天的努力而不是先天的条件。

那么自我接纳为什么那么重要呢？我们来打一个比方。比如你的闹钟坏掉了，如果想修好它，你要做的第一件事情就是把它拿在手里，稳稳地拿着，这样你才可能仔细地看一看它到底出了什么问题，试试看能不能把它修好。如果你因为它坏掉了，就非常讨厌它、嫌弃它，根本就不愿意碰它，甚至看都不想看见它，就想把它扔到角落里，那样的话，后面所有的这些事情就不可能发生，你就不可能修好它。

所以，当你想改变自己的时候，一定要先接纳自己。如果你这个时候非常地讨厌自己、嫌弃自己，责怪自己，甚至攻击自己，那你的心理能量就会消耗在这些事情上，真正的改变就难以发生。

第三节　增强自我信心

王阳明曾说过："人胸中各有个圣人，只自信不及，都自埋倒了。"(《传习录·卷下·门人陈九川录》)。这句话表达了至少三层意思。第一，人人心中都有个圣人，人人皆可为圣人；第二，人因为不自信，便产生一些不当的观念、行为，导致自己成不了圣人；第三，人如要成圣，必须除掉那些遮蔽良知的观念和行为，一定要自信可及圣人。本节内容希望同学们掌握培养自信的方法，树立高度的自信心，取得学业和职场上的成功。

一、自信催生成功

网上有个热词，叫"佛系青年"。什么是佛系青年？就是崇尚一切随缘，不苛求，崇尚得过且过、不太走心的活法和生活方式的青年人。这种思想看起来好像很符合"清静无为，淡泊明志"的思想，但其实是对追求更好自我的一种懈怠，这与习近平总书记说的"幸福是奋斗出来的"的理念大相径庭。比起佛系青年，我们更希望同学们树立信心，相信未来会比现在更好，同时相信自己有能力去实现这一点。

我们常发现，有些同学到了大二、大三，甚至已经到毕业了，还是不敢公开站起来说话，比较胆小，也不太愿意跟别人交流。事实上这就是缺乏自信心的表现。人生许多失败，不是输给对手，而是输给自己——输给自己内心的恐惧。

有一种说法是，大象很大，但拴住它的却是一条很细很小的链子，其实大象完全有能力把它挣脱掉，它为什么不这么做呢？因为在它还是小象的时候就被这条锁链拴着，它没有足够力气摆脱它，久而久之，就对自己失去了信心，放弃挣扎了。

同学们有没有关注过登山这项运动？对世界上许多登山者来说，不携带氧气瓶登上乔戈里峰是人生第一目标，但一旦到达海拔 6400 米就会因为空气极为稀薄，让人几乎窒息，无法继续前进。但登山家罗塞尔就成功了，他说在突破 6400 米的登山过程中，最大的障碍就是内心翻腾的恐惧，恐惧会动摇本来坚定的意志，转而变成渴望呼吸氧气，最后"缺氧"的念头会让人放弃征服。

我们在生活当中也是这样，很多同学喜欢说自己不行，其实这不过是根据外部因素进行的认定。我们在成长过程当中，也会发现自己对很多事情没信心，认为我胆子很小，我很脆弱，我不擅长表达，有各种各样的借口，不敢设定高远的目标，甚至不敢开口说话。

有位哲学家说，人生就是由一个接一个的渡口连接在一起的，每个人只有做好自己的摆渡人，才能顺利通往下一个渡口。实现这一切的前提就是战胜恐惧。爱默生说："和任何其他事物相比，恐惧更能击溃人类。"加拿大心理学家汉斯·塞耶尔在《梦中的发现》中写道："人的身体及大脑中所包容的能量，犹如原子核的物理能量一样巨大。人类有 90%～95% 的潜能都未得到开发和利用，我们每个人身上都蕴藏着巨大的潜能，这种潜能能让人无所不能。"有一句格言是：相信你能做到，你就一定能做到。

自信，是人最大的潜能。为什么这么说？因为心理学里面的"自尊"，实际上是个体对自己的一种价值判断。自尊表明个体在多大程度上相信自己的能力和价值。高自尊是相对高的、有利的综合性自我评价；而低自尊是相对低的自我评价，希望别人认为自己很好，钦佩自己。一项对来自世界 31 个国家 49 所大学 13000 名大学生进行的大规模国际调查的结果表明：高自尊与快乐有很大关系。大量的研究都说明了低自尊的人更容易抑郁，同时表明高自尊与人的快乐有很大的相关性。

自信是由心灵表现出来的。在培养自信的道路上最大的对手就是恐惧。恐惧会让你退缩，唯唯诺诺，最后的结果便是失败。培养自信最好的方式便是战胜恐惧，获得成功，自信就是成功的累加。

二、如何培养自信

获得自信的方法有很多，我们每个人身上都可以找到自信的存在。但自信不是一蹴而就的，而是一个长期积累的过程。那么有哪些方法可以克服恐惧，培养自信呢？

首先你要正确认识自我，明白自身的优缺点后，要学会扬长避短，选择你擅长的方面去尝试。比如你的嗓音好听，你可以尝试去唱歌，在唱歌上取得成功。如果你觉得你什么优点也没有，别气馁，或许是你还没发现。人各有所长，切忌拿自己的缺点来与别人的长处进行比较，那样无异于螳臂当车，自不量力，你得到的只有挫败。

其次，要增加成功的体验。增加成功的体验正是培养个人自信心的开始。比如，你想方设法练习在公众场合说话的能力。每个人都有第一次说话的时候，都会感到恐惧，但当你一次说话、两次说话、几次体验以后，就会积累一种成功的体验，慢慢你会发现，其实说话并不那么可怕。这就好比我们第一次去滑雪，或者第一次去坐过山车，大家在第一次都会感到很恐惧；但是体验之后会发现，其实我也能行。比如站在你面前的老师，你可能想象不到他第一次走上讲台当众演讲时，也会胆小，也会恐惧。但当他一次次获取成功之后，慢慢发现自己能行，并且明白自己要成为一个什么样的人，就会慢慢有勇气而勇往直前。为什么要积累成功案例呢？心理学家詹姆斯在《心理学原理》中提出了一个关于自尊的经典公式：自尊＝成功/抱负。一次次成功的积累，就逐渐培养起信心，这就是秘密所在。

再次，要勇于突破自我。古往今来，成功人士都有一个共同特点，就是不断突破自我，在突破中培养自信。你不一定要成为行业里的泰斗，不一定要成为腰缠万贯的富人，也许你在校园里、在岗位上，走在街道上都平凡得与其他人无异，但你需要的是在自我的战场上打赢一场场战役。爱因斯坦小时候动手能力很差，一次上手工课，同学们纷纷上交自己的作业——泥鸭子、布娃娃等，爱因斯坦拖延到第二天才上交一把粗陋的小板凳，老师说："我想，世界上不会有比这更丑的板凳了。"爱因斯坦说："有的。"他不慌不忙拿出两把更丑的板凳，说："这是我做的第一把，这是我做的第二把，现在上交的是我做的第三把。"很多时候大家都喜欢躲在自己的舒适圈里，但突破这个圈你就可以探索更广阔的天地。重要的是，在这样的过程中，你的舒适圈的边界不断扩大，你所擅长和自信的领域就不断延伸。给自己一个大的目标，让自己不断地为它努力奋斗，让自己有无限可能。正如米南德所说："谁有历经千辛万苦的意志，谁就能达到任何目的。"

最后，多与人交流，多参加实践。学会在与人交流中更好地认识自己，从而挖掘自己的潜能。自信很多时候也可以源于他人。因为社会关系，我们从大自然雕刻到一半的未完成品逐渐变为尽善尽美的作品并从中获得了自信。以为自己没有舞蹈天赋的同学，可能因为舞蹈老师"你很美，很有天赋，有让人如痴如醉的魅力"这样一句话，拥有成为一名优秀舞者的自信；以为自己没有勇气站上讲台的同学，可能因为一段发自肺腑的话赢得观众雷鸣般的掌声，逐渐拥有更好的演讲状态；以为自己没有写作天赋的同学，可能因为老师选择让他担任某次重大活动的记者和写稿人，激发了自己写作的热情。相信自己和信任他人的过程是相似的：走出熟悉的世界，与各种吸引你的不同类型的人交往，选择向帮助你成长的良师益友寻求建议和帮助。同样，你要学会在行动中不断挑战自己，从而实现自己的潜能。自信来源于能力，而能力往往来自坚韧不拔的实践。心理学家安德斯·埃里克松提出"一万小时天才理论"，这一理论源自他对柏林音乐学院同一年龄段小提琴手的研究，他发现后来成为普通音乐老师的，没有一个人的练习时间超过 4000 小时；成为职业音乐人的，演奏时间都在8000 小时左右；成为小提琴明星的，练习时间超过 10000 小时。

欣赏自己，自我肯定，自我实现，已被证实会产生巨大的影响。我们坚信自己有进步的空间和巨大的潜力，相信自己只要坚持不懈，就一定会取得成功；成功是留给那些有坚定毅力、不断努力和奋斗的人的。此外，自我肯定能帮助我们减少别人的不理解和异样眼光带来的焦虑和压迫感。如果你觉得自己能行，并且相信你一定能做成一件事，就等于已经成功了一半。当你面对困难和挑战时，你不妨告诉自己，大家的智力水平都差不多，别人能做到，我也一定可以的。别人没有详细的目标和规划，我有，这就比别人优秀了。增强自信心也可以通过一个技巧来练习，即想象你想培养什么样的品质，拥有什么样的能力。例如，期望自己变得"积极主动"。你可能会说"自己比较内向，也很普通，不是一个积极主动的人"。当你有了这个想法以后，你要用相反的思维去代替这样的想法："我非常积极主动。"在日常学习和工作中，你要想办法抓住机会来培养自己积极主动的能力，当你变得积极主动后，你就会受到越来越多的关注，你的自信心也就会不断得到提高。

希望每个人都努力地去做一些尝试。参加丰富多彩的班级活动，为自己创设一次极具挑战的机会，展示自己的才华，找到一个证明自己"能行"的大舞台。比如你去公开场合"亮相"一次，做一次演讲，既可以在激情演讲、光芒四射中找到自己的骄傲，也可以从这一经历中反省自己的不足。当取得成功时，哪怕只是微小的进步，都要给自己肯定、表扬和奖励，如给自己买一个小礼物刻上活动名和对自己下一步的期望。

失败并不可怕，可怕的是没有继续前行的勇气。每一次的失败都是自己最好的成长教训。我为什么做不好？是我的原因还是外部环境的原因？偶尔的挫败感是自我反省的一剂良药，我们都会从一次次的失败中寻找到通往成功的正确道路。如果什么都不做，就永远不知道自己要什么；只要勇于尝试，至少能知道自己不想要什么，进而在不断认识自我中增加自信。

案例分享

我是如何通过做成某件事来培养自信的

案例 1：我提升自己自信心的经历，可以从这学期的入党积极分子的演讲开始。我一直都希望自己能加入中国共产党，能成为中国共产党的一员，但又缺乏自信心，觉得自己哪里都比不上别人。这次的入党积极分子的竞选，需要通过演讲进行。我其实特别特别害怕演讲，一上台说话腿就会抖手也会抖，本来我并不想参加的。结果我的好朋友说既然想参加就一定要试一试，不要留有遗憾，然后我就报名了。虽然在准备的阶段还是很焦虑、很害怕、很自卑，但是到后面我就想既然都已经报名了，就不要再想这想那的，现在应该做的事情就是好好地去准备竞选，不留遗憾。所以在每天晚自习下课后，我都会去天台那里练习演讲，一直到四天后的竞选。那天我上台之前虽然很紧张，但是站在讲台上的那一刹那，仿佛就不紧张了。可能是我做足了功课，让我有了信心；也有可能是台下的朋友的鼓励，让我相信了自己，所以我很成功地完成了竞选。此后，我非常开心，因为我发现自己变得更加自信了，不再过度否定自己了。总之，很感谢这次的经历，让我重新认识了自己，拾起来了自信。

案例 2：我原本是一个非常不擅于表达的男生，甚至只要和异性说上一句话都会脸红，身边的人有时候会嘲笑我，说我是个长着嘴巴的"小哑巴"。上了大学之后我决心要改变自己的这一缺点，于是我开始通过各种不一样的尝试来改变自己。从哪里开始呢？既然不擅表达，就先让自己开口说，越是不敢和人讲话，就越要在人多的地方发出自己的声音！于是，我报名参加了新生班辩论赛，在正式比赛前的几十个日夜，我在空教室里反复练习，一次又一次。我还记得第一次在辩论场上发言的自己，手脚发抖根本说不出话。一次不行，那就来第二次第三次，记不清多少次受挫了。有一天一位同学私信和我说"我觉得你说得很好，而且声音也很好听"，在那一刻我感到自己原来也在以自己的微弱光芒引起别人的注意，给别人带来影响。渐渐地，我找到了说话的感觉，变得自信。到后来，我从害怕说话到变成享受每一次可以让自己发言的机会。我开始觉得，每一个可以发声的舞台，都是展

现自己的魅力的地方,与其抗拒,不如享受。后来,学校很多的大型活动都会邀请我作为嘉宾或者是评委到场点评发言。这些经历都是我最宝贵的财富,正是这些经历,让我成为更好的自己。

案例3:回想过往,我与舞台之间仿佛有一层厚厚的隔膜,我习惯当台下默不作声的观众,默默地听,但那个炎热的夏天,好像注定不平凡。演讲比赛如期而至,不过这一次,我决定迈出自己的第一步。初赛那天晚上,我攥紧了手中皱巴巴的稿子,步履沉重地走向赛场。环顾四周,有不少参加过许多次比赛、演讲经验丰富的选手,多数人的脸上洋溢着自信,我不禁低下了头,呆呆地盯着稿子。一开始,一切顺利,我也越来越感到自如。但不知怎的,我的眼睛瞟到了评委席,评委老师们神情严肃,我心头一紧,思绪越来越乱,记好的演讲内容如同散落的拼图。我努力回想着,额头冒出点点汗珠,手心也都是汗水。终于,我想起来了,继续说了下去。台上的五分钟仿佛是一个世纪,是煎熬。从那以后,我凭着努力和自信闯进了一轮又一轮的比赛,每一次演讲我都多一分自信,多一分坦然。每一轮比赛我都精心准备,稿子时常写到凌晨。一遍遍改稿,背稿子,设计肢体动作。从自己的教室到导师的办公室那一段路,不知跑了多少遍。周末也不能闲着,做PPT,找素材,找背景音乐,都由个人完成。几次想要放弃,但都坚持下来了,因为我感受到了为舞台拼搏的乐趣,不自信的绳索慢慢松解。有自信心的人,可以化渺小为伟大,化平庸为神奇。悠悠天地之间,你我微如芥子,行于路上,倘若失去了自信,漫漫人生路,又该如何书写呢?

 延伸阅读

我的人生信条:真实(节选)

季羡林

【阅读指南】

季羡林是国际著名东方学大师、语言学家、文学家、国学家、佛学家、史学家、教育家和社会活动家。该文节选自季羡林《心安即是归处》一书。他的一生跌宕起伏,经历过大喜大苦,而他始终给世人不争不辩、不怨不艾的印象。书中他剖析自己的人生,对自己的处事态度娓娓道来,在浮躁迷茫之时,阅读此书可找到内心的平静。书中他提到,人活在世上,要处理好三个关系:一是人与大自然的关系;二是人与人的关系;三是个人心中思想感情矛盾与平衡的关系。希望大家在阅读此文后不自怨自艾,懂得与自我平和相处,悦纳自我。

【原文欣赏】

我想从认识自我谈起。

每一个人都有一个自我，自我当然离自己最近，应该最容易认识。事实证明正相反，自我最不容易认识。所以古希腊人才发出了"know thyself"的惊呼。一般的情况是，人们往往把自己的才能、学问、道德、成就等等评估过高，永远是自我感觉良好。这对自己是不利的，对社会也是有害的。许多人事纠纷和社会矛盾由此而生。

不管我自己有多少缺点与不足之处，但是认识自己，我是颇能做到一些的。我经常剖析自己。想回答"自己究竟是一个什么样的人?"这样一个问题。我自信能够客观地实事求是地进行分析的。我认为，自己绝不是什么天才，绝不是什么奇才异能之士，自己只不过是一个中不溜丢的人;但也不能说是蠢材。我说不出自己在哪一方面有什么特别的天赋。绘画和音乐我都喜欢，但都没有天赋。在中学读书时，在课堂上偷偷地给老师画像，我的同桌、同学画得比我更像老师，我不得不心服。

……

我认为，一个人一生要处理好三个关系:天人关系，也就是人与大自然的关系;人人关系，也就是社会关系;个人思想感情中矛盾和平衡的关系。处理好了，人类就能够进步，社会就能够发展。好人与坏人的问题属于社会关系。

……

人类毕竟是有思想能思维的动物。在这种极端错综复杂的利益矛盾中，他们绝大部分人都有分析评判的能力。至于哲学家所说的良知和良能，我说不清楚。人们能够分清是非善恶，自己处理好问题。在这里无非是有两种态度，既考虑自己的利益，为自己着想，也考虑别人的利益，为别人着想。极少数人只考虑自己的利益，而又以残暴的手段攫取别人的利益者，是为害群之马，国家必绳之以法，以保证社会的安定团结。

这也是衡量一个人好坏的基础。地球上没有天堂乐园，也没有小说中所说的"君子国"。对一般人民的道德水平不要提出过高的要求。一个人除了为自己着想外，能为别人着想的水平达到百分之六十，他就算是一个好人。水平越高，当然越好。那样高的水平恐怕只有少数人能达到了。

 推荐阅读

第四章　发掘自我，做一个有特长的人

　　兴趣是一个人走向成功的重要先导，发现自己的兴趣并培养它，是一门可以终身坚持的学问。没有兴趣的人灵魂是干涸的，兴趣是让一个人变得丰富的重要方式。本章就将通过对兴趣的全面思考，来阐述如何发现自己的兴趣，并在日常生活中不断训练，将兴趣转化为特长。

第一节　兴趣是最好的老师

　　每个人从小到大都会有很多的兴趣，比如喜欢唱歌、跳舞、旅游、运动，喜欢阅读、写作、演讲等。但兴趣往往不是天生的，会受后天的影响。教育家爱尔维修说："刚生下来都一样，仅仅由于环境和教育不同，有人可能成为天才，有人则变成凡夫俗子甚至蠢材。即使再普通的孩子，只要教育方法得当，也会成为不平凡的人。"当自己产生广泛的兴趣时，就能感到世界的新奇美好和生活的多彩多姿。反之，你对生活冷漠、悲观了，任何事物就都难以激发起你的兴趣。

每一朵花都有盛开的力量，每一个学生都有通过培养兴趣改变命运的可能。大学是培养兴趣的好时期，也是立志的好时光。如果能够结合自身兴趣爱好，确定人生志向，两者就能相互促进，相得益彰。比如一个热爱生活的人，会细微观察生活的方方面面，小到每天的早餐，大到一年四季的安排，通过享受日常生活的点滴，发现自己的兴致所在。如果同学们能够遇到积极向上、自己所"好"甚至所"乐"的兴趣，那将是一件幸福并能充分激发自我潜能的事情。

兴趣有怎样的力量？

一是可以成为你步入事业的向导。

生活中一些事常常就由兴趣而起，以此为契机，假以时日，我们便从懵懂的门外汉到步步精通，从初试牛刀时的屡次试错到有着庖丁解牛般的系统操作，最后成就大业。达尔文从小热衷于收集矿物和植物标本，几乎到了痴狂的地步，这一爱好为他之后撰写《物种起源》和创立进化论奠定了基础。乔布斯大学选修了书法课并对其产生了浓厚的兴趣，他在设计第一台电脑时，就将当年习得的书法知识运用了进去。这门选修课和这份爱好对他成就"苹果"事业提供了益处。

案例分享

A同学从小就对计算机领域产生了浓厚的兴趣。小时候他偶然在电视机里看到了这个让他新奇的玩意——计算机，听着电视节目里的计算机高手"啪啪"的敲键盘声，幻想着自己的网络经历。从那时起，他就立志要成为一名计算机程序员。为此，他早早地接触电脑，自学 Python、C＋＋等一系列基础计算机语言，而作为浙江考生，信息技术这门课对他而言更是如鱼得水，不仅补足了他半路出家落下的基础部分，同时让他有机会向老师请教更为高深的计算机原理。高考后他如愿以偿选择了心仪的计算机专业。在大学里，与其他因为计算机专业热门而报考的人不同，他怀着一颗向往计算机技术的内心，孜孜不倦地学习更为高深的计算机技术。在兴趣的驱使下他不断地努力着，每年的奖学金名单中一定有他，但是他真正的目标是 ACM 金牌。虽然现在的他距离这个目标还很遥远，但只要心之所向，便可素履以往，兴趣是他最好的老师。

二是可以让你发现更好的自己。

也许有人会觉得兴趣爱好只不过是闲暇时用来打发时间的消遣而已，殊不知一个人在做自己不喜欢或者不擅长的事时，往往容易呈现出一种惰性的状态，从而导致做事

效率大幅降低；但如果是自己的兴趣爱好，非但不会认为是负担，反而会动力满满。

案例分享

　　有这样一位学生，初入校园的时候青涩害羞，但她渴望向身边的人展示自己，想要变成一位能够打动别人的"会说话的人"，于是她参加了各种各样的演讲、辩论活动。最初上台的时候，她连说话都哆嗦，可是却从没有想过放弃。在一次次的尝试中，她破茧成蝶，终于练就了能说会道的好本领，之后的大大小小的活动中总能看到她精彩发言的身影。在这个过程中，别人眼里看到的是艰辛和付出，但因为热爱，对她来说更多的是享受。而也正是因为自己的热爱，最终让她实现了蜕变。

　　三是能充分激发你对事物的专注力。

　　美国西北大学凯洛格商学院教授卡斯特说："如果一个人对某一件事、某一个人、某一个富豪或者某一个主意产生了浓厚的兴趣，那么这些就会变得格外重要，把他所有的注意力都吸引过去，占据他所有的思想过程。这时人是清醒的、聚精会神的，整个人是被占据了的，但是这里的被占据状态与被苦恼占据的状态完全不同，这里的被占据的状态具有最高的生命力。"兴趣和刻苦是两种完全不同的东西。比如有两个人，他们都表现得很用功，但一个是兴趣使然，另一个则是埋头苦读，最后我们会发现没有兴趣的人是很难只靠强大的意志力就坚持下来的，其结果也必然有天壤之别。某种程度而言，有兴趣就不需要激励；没有兴趣，再激励也是枉然。

　　四是有助于生成创新的内在驱动力。

　　你取得好成绩的第一因素是你想要取得好成绩，你写出好文章的第一因素是你想要写好文章。成就动机是成就获得中的重要因素。但在成长过程中，大家做很多事却可能是因为外在因素，比如父母、老师或未来岗位上的领导；但很多时候，外在的催促往往是无效的，容易导致当事人因为屈从而妥协或者糊弄。就创新这件事而言，很大程度上更仰仗自发的动力。因为没有多样化的兴趣，思想容易闭塞，视野容易狭窄，思维容易迟钝，很难产生创新的内在驱动力。

案例分享

一场从手办启程的旅途

　　B同学的兴趣爱好是收藏手办和制作一些简单的小手办。最早是小时候爱买玩具玩，长大后对这件事仍有很大的热情，再后来在网上偶然接触到这一圈子，一下子

就着迷了。在他看来，手办不同于普通玩具，它比普通玩具更精致，每一件产品的细节都还原得非常真实，越精细的产品所付出的精力也越大，这其中便蕴藏着匠心制造，从塑料成型到颜色涂装无不需要作者的耐心付出。这种对匠心的追求，对细节的考究和对高仿真模拟现实的热爱，也被Ａ同学运用到自己的专业中去。他会将书中学到的知识或者老师上课提到的技术问题和自己所用的模具相比较，看看书中的知识是否与实际情况相对应。平时在做模具的过程中，如同面对高精细化的手办一样，他注重细节与现实的相似度，并时时刻刻通过多渠道了解各类模具的资讯——可以是书本，也可以是网上。在这个过程中，他精益求精，同时新的技术又激发了他更大的热情。

第二节　如何培养自己的兴趣

兴趣爱好不是天生就有的，它是环境影响和后天培养的结果。青少年时期，是培养良好兴趣爱好的重要时期。兴趣是智慧的火种、求知源泉、成长的推动力，同学们要努力培养自己的良好兴趣爱好，铺筑一条事业成功、生活美好之道。

一是把兴趣跟自己的志向相结合。

兴趣有一个发展的过程：有趣—乐趣—志趣。有趣是兴趣发展的第一步，乐趣是深入认识事物的推动力，志趣是兴趣发展的第三阶段。经历这一过程，就可以形成一种稳定的兴趣。

从古至今，很多名人之所以能成就伟大事业，就是因为他们树立了志趣。司马迁历时13年撰写《史记》，曹雪芹历时10年撰写《红楼梦》，徐霞客历时34年撰写《徐霞客游记》，歌德历时60年撰写《浮士德》。他们能十几年甚至几十年如一日专注于同一件事情，兴趣便是很大的驱动力，而且是稳定而持久的兴趣。

 案例分享

Ｃ同学，在上大学后加入了话剧社，有了第一次上台演话剧的经历，才发觉自己有表演的天赋。两年以来她已经积累了多次的登台经验，从学校舞台到乡镇志愿表演。如今她在社团学长的引荐下，到传媒公司拍摄短视频，甚至尝试直播带货，最终实现能力变现。这样的过程需要同学们大胆尝试，踊跃参与校园活动，在活动的实践中发掘兴趣，蜕变为更精彩的自己。

二是培养兴趣需要满足一定的客观条件。

兴趣发展是受到社会、学校、家庭情况影响的，也受到个人素质情况影响，这些主客观因素能推动或制约兴趣的发展。兴趣能燃烧智慧的火花，能激发求知的欲望，能推动个人成长成才。所以大学生要积极主动地培养对自己健康成长有益的兴趣爱好，这是为自己铺就一条通往事业成功的道路。

 案例分享

D同学，高中以前特别喜欢弹吉他，小学的时候他甚至花零花钱报了吉他兴趣班。但是随着年龄增长，学业负担加重，他渐渐不再有时间去练习吉他，以至于生疏了吉他技法，好在他热爱吉他的心没变。考入大学后，他花钱买了吉他，又因为怕练习吵到舍友，便在校外租房，只为重拾年少时的梦想。有些人很幸运，能够在多年后再次遇见当初的自己，拾起丢失已久的热爱；相比之下，有更多的人，由于生活所迫，放下了自己的兴趣爱好，与梦想中的自己渐行渐远。所以，不论平时多么繁忙，请抽出一点时间做你想做的事，保持对生活的热爱。

三是在实践中发现兴趣。

我们曾经讲到读万卷书，行万里路。从某种角度讲，读书能让你交到好朋友，得到很多智慧，增长很多见识，但要学以致用，才是最好的方式。"行路"应理解为在实践中学习，行万里路跟读书是互补的，读书是静态的，行路是动态的。书中的知识是有限的，只有在行路、眼见、耳视的过程当中，才能够弥补读书的有限性。比如说你亲自去体验书中所描述的情景，你会发现原来书中所说的甚至可能不及体验的万分之一。同时你也理解了作者对这种情景的感受，并同自己的感受加以比较，从而在更深层次上理解情景背后的意义。其实我们应用型人才的培养，也是这样一种逻辑关系：只有进入实践，你才能给自己最多的机会去进行选择。李开复提到自己的一个经验，他说自己曾到卡内基梅隆大学的博士班学习，学校允许学生自己挑选老师。这一机制的建立使得每位老师在第一个月里都使尽浑身解数以吸引学生，他也因此幸运地碰到了自己的恩师瑞迪教授，进而选择了自己的博士论文主题——语音识别。进入大学后，这一自由选择的机会同样向大家敞开，同学们可以自己主动了解不同的专业、课题和老师，从中挑选自己感兴趣的；也可以通过网络搜寻信息、图书馆查阅资料、参与讲座与社团活动、向学长学姐请教及与朋友交流等多种方式探寻兴趣爱好。只有接触了你才有机会尝试，只有尝试了你才有可能发现自己的最爱，并以此为动力，将所爱化为所长。敢于去尝试的都是聪明的人，是最接近成功的人，因为即使这一次失败了，他们也一定会从中得到教训；而那些连尝试都不敢的人，才是绝对的失

败者。希望同学们能勇于尝试，尽力开阔视野，这必将使你受益匪浅，也许在一场勇敢的挑战中就能发现自己的兴趣所在。

四是将兴趣坚持下去并付诸实践。

从一个兴趣的培养到一种能力的培养，还需要更复杂的过程。有些同学，年初列了很多志向和目标，但到了年底发现实现的寥寥无几，为什么呢？他们可能对这些事情失去了兴趣，因为兴趣常常是短暂的，要把兴趣培养成一种能力，需要经过很长时间的坚持。

案例分享

2018 届毕业生 E 同学平时喜欢说英语，认识了一些热爱英语的同学，萌生了创办社团的想法。她觉得一个人可以走得很快，但一群人才能走得更远。喜欢英语的人可以在社团中相互交流，一起练习，也可以帮助英语基础薄弱的小伙伴更快地学好英语。于是她通过组织晨读等形式，不仅增长了学习英语的兴趣，还锻炼了组织能力、人际沟通以及管理团队的能力。

2018 届毕业生 F 同学，在自己喜欢的学院外联部工作期间，通过了解商家的需求点，积极准备各种策划书，说服他们达成合作，通过拉赞助等形式锻炼自己与外界沟通的能力，认识了更多的商家，结交到了企业家朋友，为走向社会积累了经验。在各种社团活动组织过程中，除了付出，更多的是帮助别人以及自己提升能力。

2019 届毕业生 G 同学因家庭原因成为一名美术生，但他从小酷爱主持，在上大学后，顺利通过面试加入校主持队，在学校各大型活动中得到了锻炼。他接受了各类文化的熏陶，锻炼了思辨能力、语言表达能力，增强了心理素质，发展了创造性思维，形成了独特的个人主持风格，给老师和同学们留下了深刻的印象。大学毕业后，他凭借着个人实力成功应聘到故乡的电台做一名记者，圆了儿时的梦想。

五是相信发展兴趣从来都不会太晚。

兴趣是最好的老师，在任何年龄段，发展兴趣爱好都是可能的。事实上，许多人都是在成年后开始追求新的爱好，这些兴趣可能改变他们的生活方式。当你开始追求兴趣爱好时，需要保持积极的态度和耐心以及持之以恒的决心，而随着时间积累，能力和自信心会不断提升，兴趣能给予人幸福感，激发人对生活的热爱，促使人格发展更加完善。

案例分享

　　H同学是一个接触戏剧不到三年的大学男生。他高考完看了张国荣演的电影《霸王别姬》，突然就萌发了学习京剧的念头。进入高校后他一边跟着学校艺术教育中心的老师学习，一边在相关网站与专业学生以及志同道合的朋友通过视频共同研习，逐渐在学校的各种演出中登场。通过一年演出经验的累积，他成功获得浙江省大学生艺术节甲组校园优秀歌手奖。大二时，他在学校创办了青枫戏曲社，从自己爱好唱戏到发展出一批跟着他一起学戏的同学。有了社团，与宁波各大高校戏曲社学习和交流的机会就更多了，这极大地锻炼了他的领导、组织和协调能力。靠着不断接触相关领域的师生，他获得了参与宁波文化馆京剧队学习的机会，师从白海英老师，开始了正规的修习之路。问及学京剧的收获，这位同学说这不只是在生活中增添了一项积极向上的爱好，更使得原本内向腼腆的自己，在收获掌声和赞扬后变得自信而开朗，人际关系也因而更为丰富，各种能力在不知不觉中得到了锻炼提高，生活变得多姿多彩。现在他立志要为京剧艺术在高校的振兴而努力。戏曲一直都被认为是要从小就进行学习的，而这位男生因为强烈的爱好和持之以恒的决心，克服了困难，不但实现了自己的梦想，还成就了更为出色的自己。可见许多看似会限制成功的条件，都是潜意识里自己给自己设定的障碍。只要你的目标足够坚定，大学这个包罗万象、丰富多彩的环境会给你实现一切可能的机会。

　　我们生活在社会这个大环境中，时时刻刻都在受到环境对于我们的影响。在成长的过程中，我们的心态也会随着境遇的不同而有所变化，对某一事物的认识和看法也会逐渐变化，但我们的兴趣和爱好基本是稳定的。

　　作为一名大学生，请尝试回答以下问题：

　　(1)我最喜欢的课程有哪些？

　　(2)我最不喜欢的课程有哪些？

　　(3)我认为比较简单的课程有哪些？

　　(4)我认为比较难的课程有哪些？

　　(5)哪些课程是我想学习却一直没有学习的？

　　(6)我最喜欢的活动有哪些？

　　(7)我最不喜欢的活动有哪些？

　　(8)我比较擅长的课程或活动有哪些？

　　(9)我认为自己有什么特长？

　　以上问题会帮助你明确自己的喜好，回答这些问题一定要遵从自己内心的感受。也许你喜欢或者讨厌哪门课程只是因为不喜欢某位老师的授课方式，这种情况请你

考虑一下，如果换个老师授课，你是否会对该门课程产生不同的感受？

第三节　兴趣与能力相互转化

　　短时间喜欢一样东西并不等同于兴趣，真正的兴趣是一类让你愿意付出时间，付出劳动，并且能够长期从中获得满足和成就感的事物。从心理学来讲，兴趣是人们力求认识某种事物、从事某种活动的心理倾向。而培养一个兴趣并非终点，最终你要将兴趣转换为自己的能力。如何将兴趣转换为能力？那就是实践，将兴趣付诸行动，并坚持下去。

　　在传统儒家的知行观中，"知""行"是分离的，到王阳明才第一次明确提出并论证了"知行合一"。他的这一理论，对我们深入理解知、行的关系有很大的帮助。他曾经说过"行胜于言"，要做到知行合一。毛泽东有一篇著名的《实践论》，里面非常明确地讲到，人获取知识可以从实践到理论，然后再从理论到实践。

　　詹天佑是我国首位铁路总工程师，他负责修建了京张铁路等工程，被誉为"中国铁路之父"。詹天佑出生在一个普通的茶商家庭，从小就对机器十分感兴趣，常常用泥土捏各种机器模型。凭着自己的兴趣，詹天佑留学美国后考取了耶鲁大学的土木工程系，专攻铁路工程。在他的兴趣指引下，他学习刻苦努力，注重实践，最终以优异的成绩和表现回国，为我国铁路事业的发展做出了卓越贡献，也同时演绎了兴趣、能力、事业的完美结合。

　　同学们在进入大学后，可能会参加各种各样的社团、班级、部门活动，从中发现和培养自己的兴趣。但兴趣的发现与培养绝不是点到为止，不转化为能力的兴趣对个人发展的价值极其有限。有的同学虽然兴趣广泛，但同时"朝秦暮楚"，不能持之以恒，这种短期兴趣往往使人无法对一种事物做出深入全面的了解，也就不易转变为能力。一旦到了大二之后，同学们就要努力在广泛的兴趣中精选出可以坚持的，并将其转化为一种能力。这可能是你通过参加一些专业比赛、社会实践活动提升了某一方面的专业素养，也可能是通过做学生干部培养自己的人际交往能力和领导力，还可能是通过某次上台的机会培养了辩论或演讲的能力。

　　在兴趣向能力转化的路上，最忌讳的就是半途而废。现在，请你为自己梳理一下有过多少目标，梳理完后再看看，有几个实现了？是不是大多数人立的大多数目标都倒了？为什么会倒呢？可能是没兴趣了，也可能是坚持不下去了。但也不乏那些坚持了一年甚至两三年的人，我们将这两类人进行比较，他们的收获是不是又会有所不同呢？

正如前文所言，将兴趣转化为能力的关键在于实践，那如何在实践中实现这种转化？

一、在课程的尝试中实现从兴趣向能力的转化

有同学因为对文字、编辑比较感兴趣，选择加入学院报刊编辑部，不仅学会了编辑报纸的能力，还写过影评、征稿文案、学院老师和优秀学长学姐的采访稿等，写作的形式得到了扩展，写作能力大大提升。当看到自己的名字第一次以编辑者的形式出现在报纸上时，他感到很自豪。

在电信学院，同学们大一一进校就会接到一项特殊的焊接任务：动手焊一支温度计，然后自己组装起来；焊接成功后可以用 USB 供电，插在笔记本上。在这一过程中，同学们可以领略到自己动手的无穷乐趣，后面在电路、模电数电、单片机等课程的基础上，重新设计温度计的电路和程序，就逐渐有了一个完整的系统概念。在这之后，有的同学还会自己去找资料自学，将所学融到实际的企业工程项目中去，这种成就感，会让他们对行业和产业的兴趣更加浓厚。

一位计算机专业毕业的学生创办了一家创客公司。回想初入校园，他选择计算机专业主要是出于兴趣，在高中时期他便已经对计算机有了一定的了解和研究，具备了不错的基础。同时，当时计算机行业刚刚兴起，他觉得这个专业拥有不错的就业前景。所以，进入大学后他的专业成绩经常在班级前列，这虽然与他的勤勉有一定的关系，但其实离不开他大学前就已经铺垫好的基础，而最重要的则是他对计算机的兴趣。经过多年的历练后他创建了一家创客社区，这个社区能够实现创意、创造、创业、孵化、产品、市场化全流程。这也是时代给予了他机会，让他看到了"创客"的良好前景，让他有勇气迈出这一步。他认为"创业每一天都有困难，但同时创业也能带给人快乐，所以说创业一直在路上"。

二、在社会的实践中实现从兴趣向能力的转化

社会实践是每位大学生的必修课，在社会实践中大家体验生活、体验社会这本无字之书，这对同学们的成长会有非常大的帮助。通过社会实践，我们能学到很多课堂外的知识，也能把课堂里学到的知识运用到实践中，进一步加深对知识的理解。在社会实践中培养的能力和累积的经验很可能在你未来职业发展的道路上给予你别人所没有的优势。

 案例分享

I 同学是"1949 年职业女性发展轨迹研究团队"的项目负责人。他们的团队在实践期间共采访了 17 位老奶奶，都是新中国成立以来第一批走进社会大生产的女性，她们的职业包括合唱团指导老师、扫盲教师、纺织工人、居委会主任、中医科医生等。他们的团队回顾了 1949 年前夕至 2018 年这近七十年的历史，从中不仅看到女性如何平衡家庭与工作的关系，展现她们从家庭走向工作的心路历程，还目睹了中国几十年来在经济文化方面的沧桑变化。这样的社会实践，对于形成自己更加完善的价值观有很重要的意义。

2019 届毕业生 J 同学，两次前往甘肃支教。在那里，因为严重缺水，即使酷暑，他们可能半个月才能洗一次澡；因为物资极其匮乏，他们只能吃面和土豆。他们为那里的孩子介绍学校，介绍这个国家正在举行的世界级盛会和发生着的大事。支教结束后，他们走访调研，建立贫困孩子资料库，一面以自己的绵薄之力为资料库里的孩子提供每月 100 元的资助；一面联系爱心团体，为孩子们牵线搭桥，争取援助。

2016 届毕业生 K 同学，在大一社会实践中，通过走访村里老人，了解到很多有关村庄的历史故事。他那时想，"我不能让这些珍贵的故事随老人的去世而消失"，于是产生了进一步挖掘并记录的想法。一开始他仅做些简单的文字记录，后来买了相机，把老人讲述的过程拍下来。到大学毕业时，已累计拍摄了 1500 分钟的口述资料。在这个过程中，他逐渐明确了自己的人生定位和方向，因此一毕业就和同学成立了文化传媒公司，专门从事于乡村纪录片的制作。

化工专业 L 同学，在暑期社会实践时去往一所化工企业协助完成企业当年的形象策划、安全生产等文宣工作。其间她自学了许多互联网媒体必需软件和 App 的使用技巧，并对此产生了浓厚的兴趣，回校后加入了新媒体中心，在校期间一直从事相关工作。在临近毕业时，她曾很忧虑，自己的专业成绩不算很好，学校排名也不靠前，面对一个岗位，硕士博士都可能同时竞争，她似乎毫无优势。最重要的是，她对自己的专业也没有十分浓厚的兴趣，在此类岗位即使能顺利就业，似乎也看不到未来愉快的职业生涯。就在此时，一个国企单位突然联系了她，对她的新媒体经历和曾经的实践项目很感兴趣。因为化工企业的宣传有一定的专业性，外包服务往往无法达到要求，他们希望招聘一个既懂专业又熟悉网络企宣的员工。于是这位同学就被顺利录取，既没有丢掉专业，又可以从事她很喜欢的新媒体工作，真是两全其美。与其说这位同学幸运，不如说她在实践中很好地培养了自己的能力并坚持了下来。

三、在各类校园活动中实现从兴趣向能力的转化

兴趣的培养不仅能丰富自己的文化素养，也是一技之长。在由兴趣向能力的转化过程中，孔子的名言给予我们启迪："知之者不如好之者，好之者不如乐之者。"（《论语·雍也》）孔子的意思是说，对于任何学问和事业，懂得它为快乐的人更容易成功。很显然，孔子把快乐看作人生哲学，正确认识人生的目的，进行人生的终生开发，是很有启发意义的。就兴趣向能力的转化来说，我们应该充分体验到拼搏奋斗所特有的快乐，真正感悟苦中之乐，进入如痴如醉的工作境界，达到乐以忘忧、乐以忘己的人生觉悟。长此以往，坚持不懈，就能在潜移默化中不知不觉地激发创造灵感和多种潜能。

 案例分享

M同学，在大二的五四晚会上第一次接触古典舞。当时他还只是众多观众的一员，和其他人一样为台上跳古典舞的学姐们拍红了手掌，惊叹之余脑海中闪过了自己在舞台上的模样。也就是这一瞬而过的念头，在他内心埋下了舞台的种子。大三有了机会，他便毫不犹豫地去报了学校的古典舞社，但因为大三才加入社团，课余时间非常有限，所以他十分珍惜每次练舞的机会。他说："因为是真的喜欢，所以基本功练得非常刻苦，进步也很神速，后来看我跳舞的人都说我的身体柔软得就像从小就练习跳舞一样。"一段男女古典双人舞《惊梦》成为他日后活跃在学校各个舞台上的成名作。大学舞蹈这条路让他收获了很多的掌声和肯定，并让他正式成为了市青年舞蹈团的一员。同时，从与舞蹈演员的交往中，他关注到了他们所拥有的体态之美，于是又端起了相机，开始用镜头记录舞蹈之美的学习之路，研习拍摄技巧。如今，他拥有了自己的摄影工作室。他说自己非常感谢学校，在他想学舞蹈时，有社团教；在他想学摄影时，学校提供了专业设备和摄影棚。任何一个方向、一个技能、一个想法，只要你想学，就可以调用这些资源去实现。关键就在于，你要热爱并且能坚持！

N同学，从小就对唱歌有着相当高的兴趣与热情，总是梦想着有一天能站在舞台上，一展歌喉。但是，高中前他一直有些自卑，不敢上台表现自己，只是在台下默默学习，在无人的地方高歌。上了高中，他终于鼓起勇气，相继报名了多个歌唱比赛。在一次次比赛中，他变得越来越自信，也取得了些许成绩。进入大学，有了更大更广阔的平台，他便参加了校园歌手大赛、元旦文艺晚会、大学生音乐节等活动。盛装出席的他站在舞台上，以自信的笑容，展示自己的才能，并都获得了成功。他更是被活

动中邀请他的嘉宾看中，获得了进修的机会，现在在他面前的是更光明的未来。该同学对于歌唱的热爱，让他在生活中处处刻意培养演唱方面的各项能力，最终能有机会崭露头角。

所以，对兴趣的专注，往往能够带来能力的提升，这样一来，兴趣将不只是兴趣。

四、与志同道合的人相互支持实现从兴趣向能力的转化

留意身边和你有相似兴趣爱好的人，可以通过社交媒体、线上社区、论坛等渠道寻找。在这些社群中，你可以结交到许多志同道合的人，可以共同交流，分享经验，互相激励。当你与志同道合的人共同追求同一目标时，你们可以互相督促，相互支持，赞美彼此的努力，这种互相激励可以帮助你们保持动力，继续坚持下去。比如你热爱足球运动，就可以加入一支球队，与队友一起训练和比赛，共同提高球技，最终成为一支优秀的球队。如果你喜欢阅读，可以组建一个阅读学习小组，与他人分享阅读的收获和喜悦，不断激发阅读兴趣，最终提高自己的阅读能力和知识素养。无论你的兴趣是什么，只要与志同道合的人一起追求目标，相互督促和支持，就更容易完成从兴趣到能力的转化。

 案例分享

有一个宿舍的三个男生，在空闲的时间里会聚在一起，在手机上学习英语单词，并且会相互提问一些英语短语和词组，甚至有个学生主张在宿舍日常生活学习中用英语进行沟通交流。问他们是否因为宿舍内有三个同学要考研，才这么努力学习英语。他们的回答令人意外。其中英语最好的那名同学并不考研，他之所以进行这样的学习，是因为他认为说英语是件很好玩的事情。这个宿舍的同学均考过了英语六级，那个建议日常交流用英语的男同学六级达到 500 多分，目前正在准备向雅思 6.5分冲刺。

 案例分享

来自 O 同学的分享：我从小就对机器人感兴趣。小学时参加了一个机器人制作比赛，我和爸爸一起做了一个小船机器人，当时被放在学校的展览墙上展览，我感到非常骄傲，于是对机器人产生了越来越浓厚的兴趣。

在我高一的时候，我报名参加了世界教育机器人大赛（WER）2017 赛季世界锦标赛。这个比赛是以小组为单位进行的，各组可以在赛前做好充足的准备。我在我们小组里负责制作机器人抓手，提供整个机器人抓手设计方案，我的队友负责编程来实现我的想法。比赛在上海举行。经过两天激烈的比赛和五天等待，我收到了我人生中含金量最高的奖牌，有幸和我的队友一起拿下了一等奖。打这以后，我变得越来越自信，我相信自己的智商，相信自己的动手能力。这次经历让我的学习成绩不断提高。虽然高考失利了，但这并不影响我的自信心，我依然觉得我是一个能者，有能力去很好地解决生活中的问题。

在我看来，兴趣让我结交到志同道合的人，我们一起合作，各自发挥所长，最终一起分享胜利的果实。兴趣还让我越来越有自信，让我成为更好的自己。

 延伸阅读

谈谈同学们学科学的几个问题（节选）

华罗庚

【阅读指南】

华罗庚是数学家、教育家和社会活动家。本次延伸阅读节选自他的《谈谈同学们学科学的几个问题》，该文于 1953 年刊载于《中国青年报》。文中他对于学习科学提出三点要求：学科学需要热诚，更需要持久的热诚；学科学要有雄心，但不能越级而进，更不能钻牛角尖；学科学要能创造，但也要善于接受已有的成果。他强调了"热诚"即兴趣的重要性，更强调了持之以恒将兴趣保持下去，并不断追求深化的重要性。

【原文欣赏】

学科学需要热诚，更需要持久的热诚。

在这样光辉的时代里，每个青年当然都会有学习科学的无比热诚。但我还要提醒大家一句，仅仅有一时的热诚，还是不够的，还需要有连续的持久的热诚。所谓持久，也不是指十天半个月，一年两年；也不是说中学六年，大学四年；也不是说大学毕业之后再干它三年五载，而是说无限期的持久。

如果说科学是有止境的，到达了之后可以休息，那是无稽之谈。科学是精益求精，日新月异，永远前进的。科学成就是由一点一滴积累起来的。唯有长时期的积聚才能由点滴汇成大海。科学本身在经常不断地考验自己，在经常考验中把人类的经验积累起来，这样，才会解决更大的问题，才会更完整地解决问题。

"一曝十寒"固然要不得，就是"一曝一寒"也要不得，我们需要不断地锻炼，不断地提高；我们需要经常地紧张工作；我们需要有持久的热诚。经验告诉我们，在科学领域里，成功的科学家几乎没有一个不是辛劳的耕耘者。不少例证说明，科学上的重要发现，是在科学家脑海中反复深思达二三十年之久方始成熟的。因而要想顺手捡来的伟大科学发明是不可想象的；唯有由持久热诚所支持着的不断努力，才是能有所成就的唯一的可靠保证。

 推荐阅读

第五章　表达自我,做一个有魅力的人

　　倾听他人,表达自己,是一种诚实地交流和展现自身感受的能力;如果你具备了这样的能力,个人的魅力自然而然就显现出来了。每个人都希望自己具有魅力并能够受到别人喜欢,而魅力的基础是学会表达自我,你的人格魅力就是从一些不经意的小细节中表现出来的。如果你具备良好的个人素质、个人能力、个人魅力,在生活中会受人喜爱,甚至受人敬重。

第一节　锻炼沟通能力

一、何为“沟通能力”

沟通能力是在不同场合敢于表达自己的想法并用通畅流利的语言把它说出来的

能力，我们如果具备了这样的能力，在找工作的时候或与不同的人交流的时候，我们就具有了优势。比如，你和一个不擅长沟通的人同时去用人单位面试，你可能因沟通能力通过面试，而不擅长沟通的人，用人单位可能就不会录用。为什么呢？因为在职场中，沟通是一项任何人都需具备的基本技能。如果你的沟通能力差，会导致与同事无法形成良好的团队合作；最基本的沟通都没有，你又怎么去和他人合作呢？训练自己的沟通能力很重要，沟通能力不等于口才能力，一个人光有口才却不会倾听别人的想法，同样是缺乏沟通能力的。会说和会倾听结合得越好，沟通的效率就越高，做事成功的机会就越大。

 案例分享

换种表述，愉悦你我

同学们，特别是女生们，在逛街时，是否留意到这一个小细节：曾经很多服装店会在试衣间写"请不要让口红弄脏衣物"。而现在，很多都改为了"请不要让我们的衣服弄花你的口红/妆容"。换一种表述，就让消费者感觉更温馨。

曾经有人分享过这样一个经历：在酒店退房时，服务员说要检查一下房间，在客人配合等待期间，服务员解释说，前段时间酒店就遇到毛巾、水壶被偷，器械被破坏等。那人听后，感觉服务员仿佛在影射自己，此后便不再光顾这家酒店。此后，他去了另一家酒店，退房时，服务员对他说，请您稍等片刻，我们检查下您是否有贵重物品遗漏在房间。这种表述令他的体验感大为提升。

"三人行，必有我师焉。择其善者而从之，其不善者而改之。"这段话的意思想必大家都知道，而这些发生的基础是沟通——如果没有沟通又怎么知道彼此的优缺点，怎么知道彼此对一个问题的想法和看法呢？我们需要在与不同的人沟通时发现自己和他人的优缺点，经过对比和交换想法，进一步改善自己的不足。无论是个人、团体，还是一个民族或一个国家，都必须善于向他人学习，改变思维方式，精益求精，这样才会进步，有希望，才能在错综复杂的形势下立于有利之地。

人是社会性动物，任何一个人都不能脱离社会而独立存在，有时我们需要彼此的帮助，有时需要向别人邀约，有时需要表达自己的立场，有时需要表示感谢，有时需要解决纠纷，而这一切都离不开自信的表达和良好的沟通。一次愉悦的沟通，是展示自己的最佳时期。所有的关系都需要沟通以维持，缺少沟通就会变成单人自导自演的独角戏。沟通是心与心之间的桥梁，能够维系朋友、家人、伴侣间的感情；沟通是治愈伤痛的良药，有效沟通可春风化雨般抚平伤痕。人与人之间因为常

沟通而变得熟悉，缺少沟通就会没有了默契，曾经深厚的情谊若缺少沟通便会消散。

沟通的重要性不言而喻。有效沟通是针对问题列举原因，双方配合，最终达成共识和相互理解；无效沟通说明两方在一起只能谈论无关痛痒的表面问题，无法直达核心。

案例分享

表达自我，勇做自我

小 A 同学是一名大一新生，一天她找到自己的辅导员，告知自己的困惑：寝室同学每周都要一起去市区购物吃饭，买东西也经常整个寝室一起买，她害怕不参与就会显得自己不合群，于是硬着头皮参与。

在辅导员与她的交流中，她逐渐袒露内心。她表示自己喜欢写网络小说，在网络上的一部小说已经有了比较大的阅读群体，也很受欢迎。她认为课余时间都用在吃喝玩乐上很浪费时间，更希望用在写作上。而且她虽然在家庭情况表上写的是家庭从商，其实家里产业早几年已经破产了。她说自己不敢告诉室友真相，怕她们看不起自己。

辅导员鼓励她试着把这些真实想法告诉室友，也许有不一样的结果。小 A 在辅导员的鼓励下，约了室友，首先感谢室友对她的关心，告诉她们能遇到这么友好的室友是自己的幸运，接着说自己现在是一个兼职网络写手，希望把更多课余时间用在写作上，但也很愿意参与寝室一些重要的聚会活动；同时，她告诉室友，进入大学后，不想再过多花费父母的钱，希望能试着靠自己的努力赚钱，因此也无法加入一些奢侈的消费了。室友们表示非常理解，大家也纷纷袒露了自己的心声。

一个学期后，辅导员在校园里遇到四个女孩手挽手，原来那天是寝室小 B 的生日，她们打算一起去庆祝。小 A 开心地挥着手告诉辅导员，她现在已经是某写作网站的签约作者了，连载作品的反响非常好。

上述案例很好地体现了有效沟通的意义。想要成为会沟通的人，我们需要更新思想，不断去学习。虽说世界上没有两片相同的叶子，也不存在性格完全相同的两个人，每个人都有自己的思维方式和话语体系，但沟通作为全社会的一项共通技能，也有一些共同的原则可以遵循。

二、做好沟通要遵循哪些原则

(一)准确原则

高效沟通的基本原则和要求是准确，这是对沟通内容上的要求。我们在与人交往时，时常会出现两个人的想法不同或想的不在一个频道上的情况，其实双方都没错，就差在双方表达得不够准确，没有说服力，导致双方无法有效交流，不欢而散。准确性原则包括沟通内容的准确性、使用概念的准确性和表达方式的准确性等，这就要求我们不断在对话中提升语言的运用能力。有时不一定要把话说得非常冗长，只要把话说开，进行换位思考。比如，在服装店，你说："姐姐帮我拿一下那个。"这样一句话，就存在着几点问题：(1)"那个"是哪个？第几个？哪一行？这是空间位置上的不准确。(2)"那个"是衣服、裤子，还是帽子？哪个颜色？这是在目标物数量和外观上的不准确。(3)如果销售员姐姐在吃饭，你说帮我拿一下衣服，是现在要拿还是等会儿帮你拿？这是在行为时间点描述上的不准确。这样一来，这句话的含义就变得模糊了。如果改成"姐姐，等下你吃完饭了，帮我拿一下第二行蓝色的卫衣"，就显得精准妥当了。因此在与人沟通的过程中必须掌握好准确原则，这会起到事半功倍的效果。

(二)逐级原则

在与别人沟通时可以用逐级沟通原则，选择从上到下沟通，或是从复杂到简单的沟通。用逐级沟通原则给人的感觉是有秩序、有逻辑，有规律可循，思路清晰明确。比如，在向下沟通时，由于销售经理下面往往还有主管(如负责一方市场的区域主管)，主管下面还有普通职员(如业务代表)，销售经理应设法使主管人员位于信息交流的中心，尽量鼓励他们发挥核心作用。但在实际工作中，销售经理可能会忽视这一点，他会越过下级主管人员而直接向一线人员发号施令。再比如，从说话内容的顺序上，可以从大事情到小事情，或从小问题到大问题，比较有条理性。假如你在一个公司工作，现在公司正在面临危机，老板让你给他汇报公司出现的问题。这个时候你要知道公司现在最需要解决哪个问题，才有可能从危机中走出来，你就应该从大问题讲到小问题，这样老板一听，就明白了。生活中我们要会使用逐级沟通原则。

(三)及时原则

因为信息具有时效性，因此只有得到及时反馈才有价值；不及时的沟通带来的负面效果很多，尤其是在需要你及时回复时你却一再拖延，对方的情绪就会随着你拖延时间的加长而变得越来越糟糕,而情绪又会进一步影响你们下一步交流,最终出现一个恶性循环。及时有效的沟通能够避免出现这样的问题,也能实现沟通的正向价值。

所以说,我们要有及时发现问题、及时解决问题与及时沟通的能力,不管遇到什么事情,都要懂得和别人及时沟通。在我们的生活中,有的时候会因看法不同而产生小冲突,如果我们不及时去解决这些小的冲突,这些冲突就可能演变为更大的麻烦。所以在一个问题上看法不同时,双方都要冷静下来,及时沟通,解决冲突。

(四)独立原则

值得注意的是,沟通从来都不是屈从于他人,或者对他人的逢迎,而是自我的思想与他人的交流过程。沟通的前提是有独立的自我,具备良好的独立思考能力。人要有自己的思想,缺乏独立思考能力的人就好比一株无根之树,空有其形,无法自我供养。作为一个学生,要有自己解决问题的方法,更要有建立在自己思想观念基础上和人沟通交流的能力。

案例分享

如何汇报一次没有完成的工作

小 C 是一名学生干部,最近他有点苦恼,老师将一项任务交给他办,他也认真负责地推进了,但最终这项任务因客观原因无法完成。他感到非常沮丧,便请教自己的学长小 D 该如何向老师解释。小 D 分享了他遇到这类问题时的汇报"公式":一是直接告知结果,二是简明扼要说明失败的原因,三是言简意赅地提出自己为此所做的努力,四是给出一个可能的解决方案。

三、学习沟通的方法

(一)充实自己

有一位学者说过:"如果你能和任何人连续谈上 10 分钟而使对方对你的谈话感兴趣,那你便是一等一的沟通高手。""任何人"的职业及爱好很广泛,对方也许是工程师、律师、教员,也可能是艺术家,无论是谁,你要和他谈上 10 分钟,使他对你的话题感兴趣,这是一件很不容易的事情。而每个人职业性质的差异及社会阅历的不同会影响着他的思维方式。当你希望自己有能力去和与自己差异较大的人进行沟通时,一个比较好的方法是充实自己,拓宽自己的知识面。只有自己的存货够多,面对不同的人才敢侃侃而谈。要有自己的独立思想，不做人云亦云、随风飘扬的墙头草。你的思想是你个人的独特魅力，在时间的沉淀中变得更丰富多彩。一个胸无点墨的人，你不能希望他对任何问题对答如流。因此，我们在日常生活中应广泛涉猎，培养兴趣爱好，多多学习，不断拓宽自己的知识面。那如何充实自己呢？作为学生，你应该充分利用好自己的课余时间，参加各种社团活动，不虚度时光，不荒废学业，坚持下去，你身上的某些东西总能吸引他人注意。

（二）不要自我夸耀

当你做了一件值得称赞的事情，人们自然会崇敬你；但假若你自己夸张地叙述出来，其结果很有可能会适得其反。在商品销售行业，有这样一个共识：金碑银碑，不如消费者的口碑，最好的广告常常是顾客的口口相传，以他们的亲身使用体验对你的产品做出肯定及赞美。人与人在交往中亦是如此，你身上好的品质总会在和他人的相处中被他人发现，自会有欣赏者称赞你。笔者访问的某应用型高校的一位校友，他的行为准则是：低调做人，高调做事。在工作上他永远充满斗志，他也因为努力收获到了很多赞誉。不管是在学生时代还是步入职场后，他对工作的付出人们有目共睹，但是他从来不把努力挂在嘴边，自我夸耀。

（三）说到做到

一个人如果没有信守承诺，即便他巧舌如簧，也无从取得他人的信任。言而有信是沟通的必然要求，说到之后更关键的是做到。无论是与谁相处，是否信守承诺将决定你们的关系是否长久、牢靠。当真遇到不得已的原因而无法履约时，我们第一时间应该做的事情就是提早通知那个在期望你的人，并说出不能履约的原因且表达歉意。失约而又在事后为自己辩解，认为自己毫无过失是不可取的。"不要听信他，这人的话最靠不住。"希望这个人永远不会是你。人的诚信就是自己的无形资产，讲诚信的人会在不知不觉中为自己树立起一块金字招牌。试想一下，你愿意和不讲诚信的人交友吗？如果你有生意订单，你更愿意和什么样的人合作？你是否曾有过因为自己的诚信而得到别人肯定的时候？相信思考完这三个问题，你会明白言出必行、信守承诺的重要性。

（四）忠言未必逆耳

王阳明"责善"指的就是如果真心待人，就要指出别人的过错和缺点，但一定要注意语气、方法，不然就会起反作用。身边时常会有人以"为你好"为理由，说出一些听上去难以接受但又有道理的言语。经过对比，你会发现一些人能以你能接受的方式向你传递有用信息，他们的话你非常愿意听；而有些人的话虽然有用却让人觉得不舒服。我们并非不愿听批评，也并非无法接受批评，有时我们甚至很期待得到反馈，但为何某些批评我们不爱听，为此感到生气难过，甚至感到自尊和自信被打击了呢？那是因为我们欢迎的是那些了解我们、充满温暖和热忱的批评。

逆耳的忠言和悦耳的忠言比较起来，悦耳的忠言也许永远占上风。其实二者的出发点是一致的，是为了规劝听你说话的那个人，给他一些中肯的建议，而二者最大的不同就在于表达的方式。怎样的言语表达才能够既让对方开心地接受，又让彼此的关系不会因为这一次的劝说而陷入尴尬境地呢？方法是：通过赞美和认可对方，使对方放下心理戒备，进而以友善的方式给对方提出"忠言"，并对他予以鼓励；或不谈对方谈自己，给对方一个生动形象的例子，使对方容易接受。

案例分享

一个牧场主养了很多羊，常常被邻居家的狗欺负，牧场主人上门劝说多次无用。后来，牧场主人送了两只小羊羔给邻居的儿子，孩子非常喜欢，为了不让狗欺负羊羔，邻居把狗拴了起来。这说明，劝阻别人最有效的方法就是让对方亲身体验或给对方一个深刻的印象。

（五）避免用唱反调来表现你的聪明

有些人总是喜欢唱反调，争辩时故意持相反的意见。通常这类人有两种心理，一是缺乏关注，二是缺乏自信。这样的人到最后身边的人会离他越来越远，朋友也越来越少。改善的方法就是尊重别人的习惯。日常谈论的话题可能没有绝对的是非，倘若别人问你"我的发型好看吗""我的衣服漂亮吗"，你说："不好看，现在你变得更丑了。"这样的回答必然让谈话陷入尴尬。为什么不试着说："感觉和之前很不一样，一下子看上去不是很习惯，但是很有特点，是一个全新的尝试。"相信这样的回答会让对方更乐意接受，而你也以一种委婉的方式表达了你的观点。记住，不可做一个固执的同事、一个没趣的朋友、一个冷酷的家长或者一个执拗的人。你可以设想一下，如果身边的人对你做的任何事情都抱着否定态度，说你做得不对、说得不好，你会有怎样的内心体验？每个人都想引起他人的注意，但一定要学会用对方法，否则结果会与初衷背道而驰。

（六）要学会赞美

赞美就像是他人生命中的一缕阳光。在教育过程中，奖励的正向作用大于惩罚，称赞的力量也大于批评。学会赞美，要善于找到对方真正的闪光点。当孩子在数学考试中考了 95 分时，家长所持有的两种态度会给孩子心里带来截然不同的感受。一

类家长的反应是："你考得很棒，这个分数说明你平时有在很努力地学习，值得表扬。"而另一类家长会说："为什么其他同学能考 100 分而你只考了 95 分？下次没有考 100 分不带你去动物园了！"如果你是孩子，你会想要家长的哪种表达方式呢？试着以带有赞美的表达来阐述你的意见，即便是你不认同的观点、事物，也试着从中找出可取之处。比如，有些学生领悟力稍差一些，学习比较慢，但很努力，如果老师把学生的努力看在眼里，时不时地去鼓励他，肯定他，学生就会喜欢这个老师，会更努力去学习。有时候一句小小的赞美会有巨大的作用。

（七）学会理解别人

每个人成长的环境不一样，生活经历不一样，会形成与别人不同的性格，因此不可能强求他人完全理解自己，让他人根据自己的意愿做事。这时候就需要我们学会共情和换位思考，多站在别人的角度去思考问题。《论语》里有一句话叫"己所不欲，勿施于人"，也是这个道理。"共情"，通俗来讲就是要试着感同身受，站在他人的立场去理解别人，设身处地地感受他人的内心世界。到了大学会遇到不同地域的同学，他们的生活习惯和饮食习惯会有所不同，这个时候我们要学会设身处地地去理解对方。比如，聚餐时会出现口味选择上的分歧，这个时候通过相互理解，选择一个接受度最高的菜系，这样才能兼顾到最多的人，维护好同学间的关系。在沟通中学会换位思考，学会共情，才能与人建立良好的关系。

（八）学会倾听

托尔斯泰说："与人交谈一次，往往比多年闭门劳作更能启发心智。思想必定是在与人交往中产生，而在孤独中进行加工和表达。"中国也有一句老话："听君一席话，胜读十年书。"但生活中可能就会有一些"只说不听"的人，无论在餐桌、路上或者各种场合，都兴致勃勃地只顾表达自己。这些人妙语连珠、口若悬河，在交流中看似占据主导地位，但恰恰丧失了将机会留给对方的意识。倾听不仅要靠耳朵，更要依靠内心。在沟通过程中，听者就要少讲多听，不要打断对方说话，尽量让对方表达自己的感受。当你学会倾听别人的心灵时，你就是赢家。为什么这么说呢？倾听是沟通中的一个重要因素，会倾听的人更受人欢迎，朋友会更多，因为会倾听的人满足了他人的倾诉欲，使他人觉得受到了尊重，更容易获得好感。反之，多次表达观点会让对方认为你是个过于自我的人，这样的人很难受到别人的欢迎，身边的朋友会越来越少。想要成为一名谈话高手，必须先成为一个能专心听别人说话的人。每个人都会对自己的事情感兴趣，因此你要先让对方谈论一些他感兴趣的事情，自己则做一个倾听者，并且保持微笑状态，这种状态会让别人更舒心。所以卡耐基说："注意倾听，就是对别人最大的恭维。"

(九)学会总结和提炼

泛泛而谈往往会使人捕捉不到重点,学会总结和提炼是有效沟通的一大因素。一般而言,大家多在日常的听、说、看上不会存在问题,沟通的关键是要在这些过程中融入思考。有时有的人不知道如何将自己所想准确表达出来,此时你便可以尝试着引导他加以总结。例如,你听某人一直讲,却摸不着头脑,你可以打断对方说:"不好意思啊,我刚听得有点晕,你能用更简洁的语言再说一遍吗?"如果他表示内容太多,存在困难,你不妨请他做个概括,或就某两三个重要的点加以阐述。同理,当你觉得自己的表达抓不住重点的时候,也可用同样的方法帮助自己进行总结和提炼,这样会帮助你把思想和语言进行概括和精简,会提升你的思维和学习能力。

(十)学会提前做功课

知己知彼,百战不殆。良好的沟通从了解对方开始。你可以在与一个人正式沟通前,试着先从他身边的人那里了解一下他们对这人的评价,做到心中有底,为你与他之后有一个愉快的沟通打下基础。

案例分享

让"良师"成为"益友"

小 E 在刚进入大学时,是一个有上进心却沉默寡言的女孩,她一直认为所谓学习是"一心只读圣贤书"。但在第一学期的期末考和期末论文中,她发现自己的成绩平平,很多困难无从下手,于是她决定在第二学期开始试着改变自己。

第二学期开始,小 E 在每一堂课上都积极与老师开展互动,课后就课上的问题与老师再做交流。课余她一本不落地去图书馆阅读老师布置的推荐书目,并且就书本的收获与困惑向老师请教。在这个过程中,她给老师留下了深刻印象。同时因为与老师交流多了,她对课程有了更深刻的理解和认识,期末考试和期末论文都得心应手,也都取得了高分。

第二节　发现演讲魅力

演讲对培养自信起到非常重要的作用,同样也是与人沟通的重要内容。演讲的

起源可以追溯到人类很古老的历史。原始社会的人类是群居的，一个群体中必然会产生群落的首领，也就是领袖。每个人在群落中都想拥有话语权，于是演讲就产生了。通过在群众面前清晰、有条理且富有感情地对自己想法和计划进行演说来获得大家的信任与支持，只有那些在大家心里产生影响力，传递了领导力、安全感和责任心的人才可以成为群落的首领。因此在遥远的古代，演讲主要是为了获得大家的信任和认可，从而占领一定的政治话语权和领导力。

"便捷的口才将使得你雄辩滔滔，占尽上风"，这是镌刻在 3000 年前埃及古墓上的铭文。不管什么时候，演讲从来都是你的重要武器。卡耐基曾说："和别人进行有效的交谈，并争取到他们的合作，是每一个努力追求进步的人所必须具备的一项能力。"丹尼尔·韦伯斯特说："如果有人要拿走我们所有的财富而只剩下一样，那么我们会选择口才，因为有了它我们不久便可以拥有其他一切财富。"

中国古代有许多关于口才的故事，大家所熟知的毛遂自荐的故事就是其中的一个。

战国时期平原君门客众多。公元前 257 年，秦军包围邯郸，平原君出使楚国求援，但他缺乏合适的门客和他同去。这时一人自荐前往，平原君却不认识这个人，便说："有才能的人如同锥子在口袋中，很快便会显现。我没听说过你，可见你不过如此。"那人回答说："正因为您从未将我这把锥子放入口袋，所以才未显现。"平原君闻此，决定一试，此人就是毛遂。到了楚国，楚王不打算合纵抗秦。正当大家束手无策之际，毛遂持剑跨上台阶，楚王见状，令其退下，毛遂非但没有退下，反而又向前几步，说道："我和你只有十步之遥，你的性命在我手中。"接着毛遂又详细分析了局势，楚王深以为然，遂答应楚赵结盟。

这个故事告诉我们，有效的当众讲话不仅仅是单纯演讲能力的体现，更能让别人愈加清晰地认识你。作为大学生，为何需要提高自身演讲能力？事实上，即使一辈子都不需要正式公开演讲，训练这种能力也可以帮助你培养自信；一旦你可以站起来有条不紊地和大家分享你的观点时，你与他人在沟通中会更有自信和勇气。同时，这一技能也有许多现实的用途：当你进入学生组织，公开竞选时需要这项技能；当你学习专业课程，上台做报告时需要这项技能；当你求职面试，表达自己的观点时需要这项技能；当你去向上级汇报一项工作或向下级布置一项任务，拥有这一技能能帮你提高工作效率，凸显工作成效。但演讲者要面对广大观众，以口头语言为主要形式进行表达，这对很多同学来说都是一件比较困难的事情。本节将向同学们讲解如何培养与提升演讲能力，我们先就演讲的一些基本条件与特性做一些了解。

完成一场演讲的第一个前提是克服自我恐惧。演讲需要你面对众人勇敢地把想讲的话讲出来。当你要进行一场演讲时，倘若害怕失败，便会浑身战栗，畏畏缩缩；倘若渴望成功，便会充满斗志。大家在公众场合说话的时候会产生恐惧，给大家分享几个应对办法：一是通过深呼吸放松身体；二是告诉自己，不但你会紧张，换作别人，这样的处境也会紧张；三是接纳自己的紧张，适当的紧张是很正常的。

完成一场演讲的第二个前提是做好充分准备。卡耐基曾经讲过，充分的准备会让人自信。这好比战场，带着不能用的武器，或者是不带半点弹药，又何谈攻城略地。演讲者提前做好准备，不只是停留在背诵上，更要对演讲题目有充分思考，预先汇集整理自己的思路，尝试在朋友面前或者是自己对着镜子去演讲找感觉，多练几次以后紧张感就会消除。

完成一场演讲的第三个前提是判断适宜的形势。成功的演讲和讲话需要根据场合"对症下药"。1936 年 10 月鲁迅去世，在公祭大会上，著名出版家邹韬奋发表一句话演讲："今天天色不早，我愿用一句话来纪念先生：许多人是不战而屈，鲁迅先生是战而不屈！"这一演讲的高明之处在于：(1)时间已晚，不适合长篇大论了。(2)对于鲁迅先生，确实不是三言两语可以说清，与其说得不好不如不多说。(3)运用了对比和词语变序的方法，称赞了鲁迅先生的人格魅力。

此外，更重要的一点是，你始终要相信，一场成功的演讲，其关键点不仅在于你卓越的技巧，更在于你演讲本身的价值。一方面，你可以始终确信，打动别人的并不是口才，而是真心与真情。因此，一场成功的演讲不仅需要你流利地把自己的想法告诉别人，更重要的是要在演讲中注入自己的感情，用真情实意去打动别人。另一方面，多给自己积极的暗示：确定自己讲的题目是有价值的，确信大家对你的话有兴趣，或者自己有足够的说服力去说服他人。更多地给自己鼓励，这将给予你更多的自信。

作为大学生，日常学习中如何锻炼提升自己的演讲能力呢？

一、利用好课堂这一主要渠道

课堂是我们学习的主要场所，是我们获取知识、凝聚智慧的主要场所。因此，同学们在课堂上可以对教师所提的某一问题及时发表自己的看法。例如，课堂上老师让同学们自我介绍或讲讲自己家乡特点的时候，就需要同学们积极发言，争取用简单幽默的方式进行介绍，这样既能锻炼胆量，也能锻炼口才。另外，你可以每次上课坐在前几排，拉近和老师的距离，这样你会更有发言的欲望，而且与老师的互动也会更多。即便是与专业课知识无关的问题，相信老师也乐意与你探讨，你会在和老师的交流中获得更快的成长。

二、积极参与学院或者学校组织的活动

辩论赛是有效锻炼你当众演讲能力的一个重要活动。在辩论赛中你可以与同伴就某一问题开展讨论，在讨论中你可以发表自己的意见和看法。此外，团队成员之间的沟通与协调也会帮助你吸取其他同学的意见和看法，扩大知识面，锻炼思考能力。在辩论中你可以反驳对方的观点，提出自己的观点。辩论过程会激发你的集体荣誉感，团队合作能力、沟通与演讲能力、查询和搜集信息的能力会得到提高。

 案例分享

2015级 F 同学对辩论赛给自己带来的变化有非常大的感触。在步入大学校门之前，她是一个不敢在很多人面前说话的人，但是她知道，自己不能继续这样下去，必须要做些什么来改变这个状况。于是她报名参加新生辩论赛，之后她开始写稿，反复改稿，在空教室里自己一次又一次地练习，说错了重新来，不通顺的地方一遍又一遍练习打磨。虽然第一次上场面对那么多人她还是紧张，手脚发抖，语无伦次，但是她感受到了自己的变化。她在一次次的说话练习中，不断积累自信。直到一次比赛结束后，有个观众很兴奋地跑来告诉她说："我觉得你说话的时候特别有力量感，声音特别有说服力。"她突然发现原来自己也可以用声音给别人带来影响，于是从辩论赛到主题演讲比赛，从不敢上场到主动争取，从默默无闻到目光汇聚，她成功做到了用自己的声音打动别人，用自己的声音影响别人。

三、社会实践是锻炼沟通与演讲能力的有效途径

社会服务作为高等教育的职能之一，在高等教育服务社会中发挥着重要的作用。作为一名大学生，积极参与社会实践是非常重要的，是锻炼我们沟通与演讲能力的有效途径之一。比如有的同学为了提高贫困地区孩子们的午餐质量，选择走向大街募集捐款，向他人宣传做的是什么样的志愿者活动，目的是什么。这就需要积极与别人沟通，让别人了解情况并相信他们。很多学校的青年志愿者中心会与许多公益机构合作，如定期到地方图书馆给儿童讲趣味故事，陪伴他们成长，这就是一个很好的锻炼自己的方式。试着从与孩子交流开始，因为他们更天真，你也会敞开心扉地去讲，会有意想不到的收获。

四、通过大量的阅读与积累，提高演讲能力及演讲深度

真正好的演讲，要能做到"晓之以理，动之以情"，站在大众与时代的角度为听者呈现多元化、多角度的思想，引人深思，使人意犹未尽。如何使演讲内容富有深度，使我们的能力得到提高呢？大量的阅读与积累便是很好的途径，你可以在阅读中不断地丰富自己、更新自己，开阔视野，提高语言表达水平。大家可以在专业知识学习之余，阅读古书典籍、名人传记，并做摘抄以及写读后感来品味其中的魅力，汲取力量。日常生活中，也可以通过观看学者讲座或大型纪录片来提升我们的语言组织能力和应变能力，并做出总结和思考，将别人的思想转化为我们自身的思想。我们还可以学习演讲大家的肢体语言来提高我们的演讲表现力。通过这些日常的积累，来提高演讲内容的深度。

要在公众演讲中建立自信，必须多多练习，熟能生巧。演讲这件事情开始会让你伤脑筋，但是只要努力多讲，就会越来越自信。经验会带给你自信，而自信是演讲取得成功的一个关键要素。

第三节 培养合作能力

一、团队合作能力

人是社会性动物，每个人的成长都离不开社会因素的制约。我们从出生那一刻起，就与这个世界产生了千丝万缕的联系：从咿呀学语到蹒跚学步，家人给了我们莫大的支持。从幼儿园再到小学、初中、高中、大学，我们会遇到形形色色的人，和他们建立起或亲或疏的关系；我们会遇到各种各样的困难，也会从他人那里获得各种各样的帮助，因此社会交际与团队合作是每个人需要不断学习并提高的生存技能。团队合作能力是一个人的核心竞争力之一，团队合作能力越强，团队默契度和匹配度越高，成功的机会就越大。

案例分享

来自一位足球队队长的感悟

记得第一次与别人在问题发生后进行沟通是在高中。那时候高中学校之间进行足球比赛，我是校队队长，带着同学去其他学校踢友谊赛。我作为队长，负责安排战术和分配每个人的位置。因为是去其他学校比赛，人员配置不够完整，战术安排上就和队员出现了分歧：我给他们安排的位置和战术他们觉得不行，不适合自己，但我依然坚持自己的观点。我觉得问题主要出现在沟通上：队员对位置分配有意见却没有告诉我合理的理由，任凭自己意气用事；而我也没有尊重他们的意见，直接安排了战术让他们听我的。下半场比赛，我和队员们进行了沟通，并听取了他们的建议，调整好每个人的位置，最后在下半场反败为胜！

团队是一个整体，需要尊重每一个人的意见。作为队长，除了考虑比赛如何制胜之外，我更应该重视听取每位队员的意见。我们要以团队为中心而不是自我为中心；缺少合作精神的团队，又有什么发展前途呢？因此，在日后的学习生活中，我也将努力成为一个听取大家意见后再做判断的团队领导者。

其实在我们的校园生活中也会有类似的例子，比如在参加学科竞赛的过程中，一个学院可能会有许多同学参加了某个比赛。很多人面对这种情况的第一反应是：学院内部的竞争压力好大，我们得好好努力了，不能在这个阶段就输给其他人。于是选择自己一个人默默努力，不和他人交流，心中的唯一目标就是让自己拿个好成绩。但是抱着这样想法的同学结果往往不会太好，为什么呢？这类学科竞赛，最终的目的并不是和自己学院同学比，而是要同省内甚至整个中国其他高校的优秀学子竞技，如果一开始就把眼光局限在了初期赛段的同院竞争，无异于让自己与外界断联。不如换个角度，以学院为一个团队，和其他参加比赛的同学多交流，分享经验，共同成长，这样一来，即便你在院赛阶段中失利了，总会有人成功的；那些冲出院赛走向校赛甚至省赛、国赛舞台同学的成绩，其实也有你的一份功劳，也会给你带来骄傲。

曾有人将《西游记》中师徒四人比作"西游团队"，他们能力与性格各异，有很强的互补性，因此优秀团队必须具有以下特点：

一是有共同的目标，这是团队精神上的重要支柱。没有目标的团队像是茫茫大海中无人掌舵的帆船，没有方向。

二是有优秀的成员，这是实现团队目标的根本力量。再伟大的目标理想，没有具有高效执行力和综合能力的团队成员，终是空中楼阁，无法落地。

三是成员之间相互信任，互相协作。团队的魅力就在于让你清楚地知道自己不

是一个人，你的背后有力量，信任的感觉带来的是安全感；协作的好处在于能够使团队内精细分工，提高效率。

四是成员之间各尽其能，取长补短。众人拾柴火焰高，只有团队成员各自发挥所长，优势互补，才能产生"1+1＞2"的效果。

五是成员之间互相激励。每个人的能力不一样，我们要鼓励及帮助彼此，共同进步。

团队合作存在哪些常见的心态上的障碍？

一是成员之间缺乏信任。一个优秀团队的基础条件是成员之间彼此信任，这种信任包括能力、品行、承担责任等多方面。其中最主要的一点是害怕自己成为团队其他人攻击的对象，所以害怕坦诚公布自己的弱点和过失，最终导致巨大问题叠加。

二是成员之间害怕产生冲突。我们常用"头脑风暴"来形容团队产生价值的过程。但是如果团队成员害怕冲突，大家在讨论中都在说一些无关痛痒的话，形成"你好我好大家好"的局面，就很难产生思想的交锋，最终无法打磨出科学成熟的方案。

三是成员缺乏投入。这一问题与前面两个问题彼此相连，团队成员不敢充分表达自己的观点，不敢与其他成员产生思想上的交锋，大家在会议中即使看起来达成了一致，也无法在最终行动时步调一致。

四是成员逃避责任。因为从内心来说，团队成员之间没有达成真正的统一，也没有产生真正的归属感。当任务下达时，很多人不会发自真心地认真对待，抱着完成任务的心态；即使是认真的人，看到同事做了有损集体的行为，也可能出于"多一事不如少一事"的心态选择沉默。

五是成员没有做到以结果为导向。这会滋生出两大后果：一是把个人利益凌驾于集体利益之上，成员之间缺乏互相监督与促进，大家都把集体当作谋取个人利益的土壤；二是抱着"做过就是完成"的心态，对于下达的任务敷衍了事，不求任务完成，只求"打过卡了"。

从这些反面方面，可以推导出一个优秀的团队需要的心理因素：彼此信任、敢于表达观点、积极投入、勇于负责、结果导向。

大学生的团队精神包含哪些要素呢？

一是建立对团队的认知。团队精神的培育对一个良好团队的建立和运转具有非常重要的基础性作用，团队认知是团队精神形成的首要环节。

二是培养对团队的情感。这里的情感主要指的是积极的情绪。积极的情感是帮助个体产生归属感和联结感的重要纽带，这种情感愈强烈，对团队精神的正向作用就愈大，对团队精神的培养起到催化剂的作用。

三是树立对团队的信念。团队信念是团队精神的核心要素，也是培养团队精神的最高境界。信念是认知、情感、意志的统一，是对某一事物极为强烈的确定感和信任感。信念能够让人自觉地确定目标，并支配行动，克服困难，实现目的。具备团队信念，就可以引导大家在开展团队工作时，拥有攻坚克难的勇气和意志力。团队信念对团队精神的培养发挥调控的作用。

四是真正落实团队实践。纸上谈兵是没有任何价值的，只有落到实处，并且真正推动项目的运转才有意义。对同学们来说，培养团队精神最好的路径就是反复实践，在实践中将团队认知、团队情感与团队信念凝固为团队精神。

案例分享

生存训练营

你是否想象过，50元启动资金，在陌生的城市/小镇/乡村生活十天？在某校的某个学院就有这样的传统，每年暑假组建一支暑期社会实践团队（名字叫"生存训练营"），去挑战靠团队的力量，一起感受生存的不易和力量。我们先来看参加实践队伍的同学们的感受：

G同学：生存的意义在于，我们彼此依靠，去迎接质疑和掌声，将我们的善良和微笑传递下去。

H同学：这几天过来，我真的发现在生存的团队中有安全感，有时候经历困境会比经历欢愉更令人难忘，那些在烈日下发的传单，那些一起吃过的包子，那些一起用过的筷子，将终生难忘。

让我们看看，他们做了什么。

某一年这支队伍去了美丽的宁海小镇——前童，在那里挑战靠50元启动资金生存十天。团队由三名高年级带队同学和十余名成员组成。出发前，团队进行了明确分工，他们预先和民宿谈下价格和支付方式，并且了解到前童古镇有墙绘的需求，于是又定向招募了几名擅长绘画的同学参与项目。因为经费有限，常常四五名同学挤一张床、打一块地铺。前几天工作非常难找，天气又十分炎热，赚到钱的同学会主动把吃的分享给他人，并且积极介绍工作、推荐任务给没找到机会的同学。同学们就这样相互鼓励相互搀扶度过了最难忘的十天。到生存任务结束的那天，最终还结余1000余元，他们联系当地镇政府，拟在古镇建立一个流动图书箱，希望把这份爱和热情传递给古镇的孩子们。

作为大学生，如何培养团队合作能力呢？

（1）组织或参与学生会、学生社团或其他学生组织活动。学生组织把高校学生群体中很多积极的、愿意为院校师生服务的一群人聚集在一起，把他们分配到相应的部

门中去,有组织地举办很多活动,完成工作。组织或参与这些活动对于团队合作能力的培养有着非常重要的作用。

(2)组织或参与社会活动。同学们可以充分利用每个学年的寒暑假期,提前在学期末的时候通过学校公众号、学院推送群等途径关注是否有自己感兴趣的企业在假期招收实习生。如果有的话,不妨制作好简历去争取这个机会。通过寒暑假期的锻炼,同学们可以更早更快地融入社会工作环境中,使自己某些方面的能力得到锻炼。如果你在大三时准备考研,我们建议大家在大一大二的时候就要有意识地去参加社会实践和实习;因为如果你没有比较长的实习经历,读完本科再读研究生就意味着连续读了六七年的书,与社会没有任何交集,工作经验上的缺失会使得你在研究生毕业后需要很长的一段时间去适应,去缩小你和那些就业好几年的人之间的差距。因此,社会活动重要且必要,利用好时间,大胆去体验吧。

(3)参加文体活动。建议同学们在大学期间不妨关注一下院校层面举办的歌手大赛、舞蹈大赛、演讲比赛、趣味运动会、班级篮球赛、志愿者活动等,多参与自己感兴趣的文体活动。这些活动既有助于个人才能的锻炼,又有利于团队合作能力以及情商的培养。

大学是你进入社会的前一个锻炼场所,因此我们要抓住各种机会去锻炼自己的团队合作能力。

作为大学生,有哪些提升团队合作能力的实用技巧?

(1)如何组建一个高效学习小组?进入大学后,同学们会面临两种情况:一是课堂上老师要求组成学习小组研讨问题并最终形成报告;二是自身想要组成学习小组,共同研讨进步。怎样组建小组、挑选成员?从规模人数上建议4～6人为一组,因人数过多容易造成团队管理上的困难。在小组长人选上,建议选择态度积极、学习能力强、性格开朗、组织管理能力强、集体荣誉感强的学生。在性别搭配上,建议可以男女生混搭,因男生普遍重理性思维,女生普遍重感性思维,彼此协作有利于优势互补、共同进步。

(2)如何组建一个科创团队?科创比赛是培养同学们专业能力、实践能力的重要渠道,同时也是提升同学们团队合作能力的重要方式。很多同学都有参与科创竞赛的想法,却苦于不知道如何组织一个科创团队,在此建议同学们,建立一个完整的科创团队要有下述几类成员:一是专业型。科创团队的核心是专业能力和创新能力,专业能力过硬的同学在团队中起到技术支撑作用。二是演示型。科创成果往往需要良好的表达和演示来将它呈现出来,所以建议团队招募具有良好语言表达能力和文字撰写能力的同学加入。三是政策型。科创竞赛,特别是一些创业类的竞赛,涉及许多与企业、国家专利及比赛本身相关的政策问题,有同学对这一方面非常了解,有利于提高整个团队的运行效率。

 案例分享

从书友到书社

小I同学是一名以理工科为主的高校的中文系学生，他有一个烦恼，就是认为学校的人文氛围稍有欠缺。他渴望可以找到和自己一样热爱阅读文学、哲学、社会学等人文类书籍的同学，他把这种思想告诉老师，老师鼓励他可以试试从读书会开始。小I第一步先是与身边几名志趣相投的同学组成一个读书小组，大家每周约定阅读书目和交流的时间地点，慢慢地通过同学带同学的方式，他们的队伍逐渐壮大；接着他们依托新媒体平台招募成员，同时邀请不同老师进行专题讲座和研讨，读书会的形式越来越多样，吸引的同学越来越多，从小小读书会正式成为了一个书社。大家聚在一起，缘从书起，但并不局限于读书，更重在分享心得，开阔眼界，碰撞出思想的火花。小I考入了某"211"大学历史系研究生，毕业那年他和首批书友会成员一起为书社捐赠了一个书架，希望将这份书友情传递下去。

 延伸阅读

修辞学(节选)

[古希腊]亚里士多德

【阅读指南】

亚里士多德是世界古代史上伟大的哲学家、科学家和教育家，可以称为希腊哲学的集大成者。本延伸阅读篇目节选自他的《修辞学》。亚里士多德的《诗学》和《修辞学》汇集了他主要的文艺理论观点。在古希腊，修辞学主要说的就是演说的艺术。亚里士多德在《修辞学》中提到了演讲的三大原则：人格诉求、情感诉求和理性诉求。

【原文欣赏】

演说者要使人信服，须具有三种品质，因为使人信服的品质有三种，这三种都不需要证明的帮助，它们是见识、美德和好意。演说者所说的话、所提的劝告之所以有差误，是由于他们缺少这三种品质或其中之一二。他们由于缺少见识而提出不正确的见解，或者虽然有正确的见解，但由于邪恶而不肯把他们的见解讲出来；或者虽然有见识，人品也好，但由于不怀好意而不肯把他们所知道的最好的劝告讲出来。此外，不需要有别的品质。所以任何一个显然具有这三种品质的人，必然能使听众信服。我们可以从美德的分析中获得方法，使我们显得有见识，有品德；因为我们可以用使别人显得是这样一个人的同样方法使自己显得是这样一个人。我们将在讨论情感的时候讨论好意和友爱。

　　情感包括所有使人改变看法另做判断的情绪，伴之而来的是苦恼或快感，例如愤怒、怜悯、恐惧和诸如此类的情绪以及和这些情绪相反的情绪。每一种情绪都应从三个方面来分析，例如对于愤怒，需分析动辄发怒的人处于什么样的心情，他们惯于对什么样的人发怒，在什么时候发怒，如果我们只知道其中之一二而不知道所有这三个方面，我们就不能激起愤怒的情绪。同样的办法适用于其他的情绪。我们曾经在上述部分提出一系列命题，现在也将照样做，并且按照上述办法对各种情绪进行分析。

 推荐阅读

第六章　修炼自我，做一个有能力的人

不积跬步，无以至千里；
不积小流，无以成江海。

——荀子

　　2016 年，教育部就建设高水平本科教育和人才培养质量提出了"四个回归"要求：回归常识、回归本分、回归初心、回归梦想。推进"四个回归"，把人才培养的质量和效果作为检验一切工作的根本标准。其中第一点回归常识，教育的常识就是读书，要围绕学生刻苦读书来办教育，引导学生求真学问、练真本领，对大学生要合理"增负"，真正把内涵建设、质量提升体现在每一个学生的学习成果上。本章节将从创新学习方法、提升专业能力、培养复合能力三个方面来展开论述，通过方法引导和案例分享，帮助大学生们迅速适应大学的学习，只有在校园里掌握了真才实学，未来才能在职场上建功立业。

第一节 创新学习方法

案例分享

大一第一学期走过的学习弯路，后悔莫及

来自一名大四学长的劝诫：我是一名大四临近毕业的学生，作为"过来人"，深知要很快从高中生转化成一名合格的大学生是一件比较困难的事情。高中的老师或许会说，"你们在高中好好学习，到了大学就可以放松了"；家长们或许会让你们误以为大学是一个自由的场所，学生可以尽情玩耍放松。但事实上恰恰相反，在大学，学习也是重中之重，每到期中或者期末，都会有一些考试来测试你的知识水平，因此你一刻也不能放松。后悔莫及的是，大一上半学期的我基本是"躺平"状态，逃课倒是没有，但我大部分时间都在寝室，很少去图书馆，上课的状态也很散漫，走神是常发生的事情。第一学期的期末考试成绩彻底"震醒"了我，我不幸挂科了，整个寒假都过得不安稳。新学期开学后，新课程也没法专注听讲，直至补考结束。幸运的是，补考通过了，不用进行课程重修。我意识到自己不能再这样颓废下去了，开始制定自己的学业和职业规划，还为自己制定了短期小目标让自己充实起来。后来，通过不断的努力，我收获了很多意想不到的惊喜，还获得了校级优秀毕业生的荣誉。但是，大一第一学期的浑浑噩噩，让我花了翻倍的时间去奋起直追，而且在我的成绩单上那门通过补考的课程只能标注60分。我真心希望学弟学妹们能够早早认识大学学习与高中学习的异同点，找到适合自己的学习方式，在学习上少走弯路。

一、学业借鉴与期待

在有关大一新生上大学之前良好的学习经验与失败的教训的问卷中，我们发现了一些共同的学习经验，如勤奋，努力，认真上课，温故而知新；有目标，有效规划时间，自律，脚踏实地，成功贵在坚持等。

失败的教训有：不擅长制定计划，执行力差，自控力差；贪玩、懒惰、不自律等导致高考失利。

在学习经验的借鉴方面，同学们的答案有：制定计划，严格执行；养成一个好习惯；学好专业知识，发展兴趣，拥有一技之长；多看一些文史哲的书籍，增长智慧；参加

社团，培养人际交流的能力。

这些长期积累下来的学习经验对大学的学习同样有用，但大学学习的内容、方式、方法等需要改变，大家总结梳理出了如下几点，值得参考：一是上课认真听讲很重要。有的同学上课不认真听讲，认为课程很简单，自己都懂了，不认真记笔记，结果导致课程内容不理解。二是上课积极发言是很重要的。你的参与度越高，你的专注度也就越高，相应地你就会拥有更多的自信心和成就感。三是要了解教师，适应教师的教学思路和教学方法，这样才有利于课堂内容的吸收。四种利用各种途径提高自己的能力与水平。大学除了在教室里上课，还会有很多实习实践的机会，这也是你将知识转化为能力的重要途径。另外，要学会充分利用学校资源，尤其是发挥图书馆的作用，毕竟大学的图书馆有"半个大学"的称号。

二、课堂学习与考试

大学的课堂教学与学习方式有自身的特点，比如分大小班教学；上课方式有讲授式也有讨论式；专业内容丰富，老师上课更注重专业的研究而不会拘泥于教学方式，更多采用的是启发式教育，因此课前预习和课后总结就显得尤为重要。课堂氛围更加自由，学习完全靠自律，老师不再一味地强调纪律，但是如果要取得好成绩，就必须去上课。课堂还是启发思维、促进自己多元化成长的地方；老师会在课堂上阐述他的观点，给你引导、指点，会推荐课外阅读、参考资料等，因此还要做课堂笔记，参与课堂活动，多提问题多交流，要学会"追"着老师走。

大学知识的深度和广度都增加了，自学的自由度也在增加，总而言之自主学习是大学生成才的重要环节，凡事要依靠自己。

大学还涉及不同的学科领域，有很多的专业课程、社团、研究机构，使你有机会接触到各种各样的知识，因此你需要掌握新的学习方法，以适应大学的学习。学校每学期会开设各种各样的课程，你可以根据自己的学习计划来选择课程。学校开设的每门课程都有详细的课程大纲，你要在了解这些课程以后再进行选择。每门课程设立了学分，学生要通过考试来得到这些学分。每个专业都规定了必修、选修课以及要达到的毕业学分要求。大学强调的不仅是"学会"，更重要的是"会学"。

"学会学习"是适应大学学习生活的关键。"会学习"的学生能够更好地适应大学生活，自信心也因此提升。一个"会学习"的学生应具备自主学习的能力，善于安排自己的时间，同时具备快乐学习的能力，能从学习本身获得兴趣与快乐。与为了应付考试而学习的方式相比，大学具有不同的教育评价方式和学习体系，因此在这样开放和综合的环境下，如果一味地使用应付应试教育的方式来学习，只会以"不挂科"为目标，无法成为一个"会学习"的人。

 案例分享

A同学，刚进大学时懵懵彷徨，不适应大学生活，前期"创造"了多门课程挂科重修的惨烈历史。大二后，他意识到这不是自己想要的人生，痛定思痛，给自己的大学生活彻底洗牌，走上了考研之路。亡羊补牢，为时未晚，从清晨到深夜，从酷暑到寒冬，他没有一天懈怠，终于如愿考上了研究生。

B同学，高考失利读了专科，但他内心一直想成为一名教师，所以就为自己确立了继续升学的目标。专科毕业后他读了本科，之后又考上全日制研究生，到某高校教务处任职两年后，又努力考上博士，现如今成为某高校的专任教师。

C同学，以优异成绩进入大学，却始终无法找准自身定位，在犹豫和虚度中迷失了自己，最后没能顺利毕业。

这些故事，有的令人高兴，有的令人痛心，我们深感在开学初就引导同学们寻找正途并帮助同学们做好规划，探索最好的自己的必要性。有的同学通过老师的引导和帮助，能够快速适应大学生活；而有些同学可能经过很长一段时间还没有理出头绪，无法调整精神状态，更有甚者由于开始的不适应，变得落后、被动，每天放纵自我，直到一张退学通知书摆在他面前时，才后悔莫及。所以大学生在一年级时，一定要快速完成这种转型，这对今后的健康成长以及顺利完成大学学业至关重要。

大学与中学的区别，除了表现在学习方式方法的不同，还表现在作业与考试方式的不同。大家对考试并不陌生，在中学有时候甚至一天三考，可以说我们是在考试中长大的。进入大学后，考试仍然是检查知识掌握程度和能力水平的必要手段，但是在大学里的考试次数相对较少，内容也比较散，一些学科偶尔会有单元测试，但更多的课程只有期中、期末考试，甚至有些科目到课程结束才组织考试或考查。考试间隔时间比较长，所以平时学的知识就容易遗忘，再加上大学考试的科目繁多、范围广，从专业核心课程到基础通识课程，考试形式各不相同，分开卷、闭卷，有单元、期中、期末测试，还有论文、案例与项目分析、演讲答辩、团队合作等，赋分方式也各不相同，所以课外还需要花一定时间来完成相关的作业、复习、阅读等。

 案例分享

有位老师分享了这样一个故事：有位同学因为平时不好好学习，经常旷课，到了退学的边缘。大四临近毕业的时候这位老师所教的课他仍没有重修合格，而这位老师的这门课程是决定他能否继续留在学校学习以及毕业的关键。当这位同学意识到自己不可能通过这门课程的考试时，他含着眼泪找到这位老师，请求老师能"放他一

马"。老师看了他平时的表现及作业情况和屡次的考试情况,认为他顺利通过考试是不可能了。老师送他出门,这位同学竟然向老师跪了下来。老师很无奈地告诉这位同学:你有这样的决心,为什么不用在平时的学习上呢?哪怕有一半这样的勇气也不会落到这样的田地。

这个故事是很悲伤的,希望它能为你们每个人敲响警钟。请大家审视一下自己,在平时的作业中是应付了事呢,还是认认真真地对待每一次作业?学生应该明确自己的目标,根据学校学分要求,认真对待课后作业,进而打牢自己的专业基础,而且需要独立思考,独立完成任务,以提高自己的学习能力。

所以,要完成大学的课程考试,尤其是一些难度比较大的课程,就需要在平时的课堂学习中及时理解,及时复习巩固,然后在期中或者期末考试之前,再进行整理学习。另外,在大学里要考一个高分可不是一件容易的事,重视平时作业是学好一门课并顺利通过考试的基础。

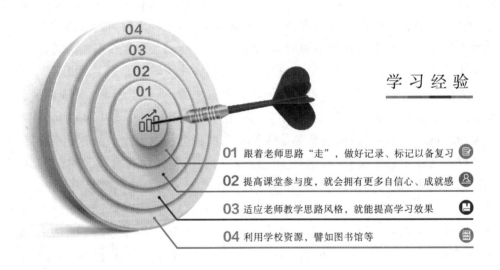

学习经验

01 跟着老师思路"走",做好记录、标记以备复习

02 提高课堂参与度,就会拥有更多自信心、成就感

03 适应老师教学思路风格,就能提高学习效果

04 利用学校资源,譬如图书馆等

三、课外阅读与实践

一项针对地方本科近万名大学生课外阅读情况的调查发现,只有不到 10% 的学生每年课外阅读的书在 20 本以上,10 本以下的占一半,还有超过 16% 的学生基本不读书。很多高校会向新生提供大学期间的课外书推荐书单,希望大家在开始大学生活时制定一个课外阅读计划,这是开阔视野、增长知识的重要途径。

"读万卷书,行万里路",一名合格的大学生应当懂得充分利用大学的图书馆资源，它是学习知识的重要来源，在这里除了获取专业资料以外，还可以阅读中学时期来不及看的各种书籍。各位同学在过去三年的高中阶段，阅读了多少课外书？在刚刚结束的暑假当中，你们又阅读了多少课外书？我们现在处于信息爆炸时代，随着信息网络技术的发展，特别是移动互联网的发展，我们已经进入了一个碎片化阅读的时代，不少人成为"手机阅读控"，阅读一本完整的书已经变成了一件很奢侈的事情。此外，大学学习离不开参加各类实践活动，除了在课程学习时将理论与实践结合，参与实验、实习及实训等课程外，大学生很重要的一种经历就是参加各种社会实践活动，在实践中历练自己，在实践中增长才干。

你是否想过这样一个问题：不管你考到哪一所高校，同一专业的同学高考分数都差不多，基本是在同一起跑线上，但为何到毕业时会产生巨大的差距呢？这种差距不仅仅是知识上的差距，更是一种认知和理念上的差距，还是一种习惯和思维的差距，能力和视野的差距！差距产生的关键原因在于毕业时各方面处于劣势的同学在大学期间无法很好地适应大学生活，无法制定并执行一份适合自己的学业与职业规划，无法将所学的知识应用于实践并转化为自己的能力。

巨大差距?

不管你考到哪一所高校，同一专业的同学高考分数都差不多，
基本是在同一起跑线上，但为何到毕业时会产生巨大的差距呢？

很好地适应大学生活

执行好学业与职业规划

知识 习惯 思维 视野 能力 理念 认知

有这样一个同学，在进入大学时，就马上意识到在大学期间自主学习和做好规划的重要性，及时制定了一份学业与职业规划。他加入了自己喜欢的学生社团组织，积极参与各种社会实践活动，在广阔的舞台上历练自己，很快适应了大学的生活；平时一有空余时间都会泡在图书馆里看书学习，养成了良好的阅读习惯；还积极向老师申请国外交流机会，请教申请国外名校留学的建议。机会总是会留给有准备的人，现在这位同学已经穿梭在英国某世界著名大学的图书馆和教室中了。

一位学长在与大一新生交流中,谈到要明白什么更重要:

(1)方向比努力更重要。所谓方向不对努力白费,只有明确了自己的目标与方向才能真正地激发自己的潜能,事半功倍地取得成功!

(2)努力比聪明更重要。在任何一所大学校园里,从来不会有人去质疑一个格外用功的人。很多同学一进入大学校园就认为自己已经被锁进了保险柜,甚至沾沾自喜地认为自己的未来一片光明,殊不知人生的每一个阶段都需要努力。我们无法选择起点,却可以通过努力改变命运!科学研究表明,大部分人的智商基本在一条水平线上,未来的成功与一个人的努力有很大关系。纵然我们已经通过了高考这场人生大考,但只有继续坚持不懈才不至于让自己淹没在时代的大潮中。

(3)自律比自信更重要。大学与中学最大的一个区别就在于大学生活对自律的要求更高。自律不仅体现在学习的主动性,更体现在生活的规律性。在大学生活中,更要学会管理时间,按时作息,才不至于被优秀的同学甩得太远;优秀的人比你还努力,与其盲目自信,不如时刻做到严于律己,脚踏实地。

四、国内考研与国外升学

根据教育部发布的 2023 年全国硕士研究生考试权威数据,全国报考人数为 474 人,比 2022 年增长 17 万。通过近年来数据可以看出,考研人数持续增加,竞争愈发激烈,考研录取率在 25% 左右。录取率因各个学科、各个大学而异,一般来说,热门专业的录取率相对较低,录取率可能在 10% 以下,不过也有一些专业的录取率较高,可能在 50% 以上。此外,本科生毕业后出国申请留学的比例逐年上升。不论是国内读研还是国外留学,都需要认真规划和准备,在本科期间选择适合自己的学习方式提高自己的学术能力和专业水平。

国内考研和国外升学有很多不同之处。一是考试内容和考试形式不同。国内考研需要参加全国性的考试,考试内容主要包括专业知识,考试形式为笔试和面试。而国外留学的申请过程通常需要通过语言考试和 GRE/GMAT 等标准化考试,考试内容主要包括语言能力和逻辑推理能力等,考试包括笔试和口语考试等多种形式。二是申请材料不同。国内考研主要看考试成绩,当然也需要准备成绩单等材料,还有一个政审的环节,会来所在高校考察你的思想政治素质。而国外留学申请则需要准备更多的材料,如个人陈述、研究计划、成绩单、推荐信等,申请人需要全面展示自己的学术背景和研究经历。三是申请时间和流程不同。国内考研报名一般在每年的 9 月底进行预报名,10 月份正式报名,12 月份全国统一考试,次年 1—2 月初试成绩公布,3 月份国家线公布,3—4 月份参加各个学校的复试,一般复试后一周左右会公示拟录取名单。而国外留学申请通常需要提前一年开始准备,包括语言考试和申请材料准备等，每个学校和专业的申请截止日期不尽相同。

因此，如果有国内考研或国外留学的目标，大学期间的学习准备方面也有不同之处。国内考研的重点在于专业知识，因此在准备过程中应该注重对本专业课程知识的掌握和复习，同时也需要保证政治、数学、英语水平过关。对于国内考研来说，适当参加培训班和模拟考试也是有帮助的，可以更好地了解考试形式和出题规律，提高应试能力。而国外留学申请则需要更全面地展示自己的学术背景和研究经历，因此在准备的过程中需要注重英语水平的提高、研究经历的积累和展示、个人陈述及研究计划的准备等方面。

 案例分享

圆梦 211 重点大学

1.人生的"第二场高考"，考研开启新征途

青春的花样年华，有人选择得过且过，有人选择磨砺自己。某地方高校汽服专业的 D 同学选择了后者。在今年的考研大战中，他是机械学院第一个成功申请到武汉理工大学"突出创新能力"计划的同学。他成功"上岸"知名 211 大学车辆工程专业，开启了新的人生篇章。

源于对专业的热爱，想深入学习专业知识，也想在专业领域有所造诣，他在大一刚入学时就萌生了考研的想法。他说："想考入名校，通过考研认识更优秀的人，接触到更好的平台，给未来的自己增加竞争优势。"

2.考研是一座峻峭的高峰，向上攀登的艰辛是难以想象的

"考研期间我觉得最大的困难就是需要战胜自己的惰性以及调节自己的心态。"对此他有一套方法："我想这是大多数人都会遇到的问题。我比较特殊的一点，就是我心态比较好，不会有很大心理波动影响到自己的状态。我在考研期间一直坚信自己一定可以考上；我一直鼓励自己，相信自己一定可以到达成功的彼岸。"他提到运动也是一个很好的调节方式："当觉得自己状态不佳时，我就会去操场上跑几公里。当情绪用运动发泄完时，自己的状态也变得更好了，学习的效率也会变得更高。"

3.考研是一条充满荆棘的路，但那些经历却是成长的宝贵财富

"我在考研期间最难忘的事情是申请报考武汉理工大学'突出创新能力'计划，并且那段时间也是考研的冲刺阶段，一边要准备考研复习，另一边还要准备'突出创新能力'面试的内容以及学习专业英语。我到现在还记得那个星期六早上'突出创新能力'计划的线上面试。因为在大学期间没有进行过线上面试，缺乏经验，不了解具体情况，加上我是校外申请，不占优势，如果被'刷'，不仅白费了大量时间，也影响到考

研进度，所以我心理压力很大，也很煎熬。不过，苍天不负有心人，最终我还是顺利通过了面试。在此，我也十分感谢院长、辅导员以及班主任对我的鼓励和帮助，没有他们的帮助也就没有今天的我。"

"还有一件让我难以忘怀的事，是从9月份开始，每天傍晚拿着小马扎在楼梯间背诵专业课知识。楼梯间是一个背书的好地方，不影响其他同学学习。楼梯间的光线暗，而且冬天的楼梯间，冷风阵阵，但是很庆幸我坚持下来了。现在回想起来也非常感谢那段时间的自己没有放弃。"

他学习成绩优异，在校表现也十分突出，获得过很多学科竞赛的奖项，以及2021年学校第五届"最美青春·感动校园"十佳大学生等一系列荣誉称号，拥有多项实用新型专利。

然而他也曾碰壁，也曾在申请奖项时落选了。那段时间，他也曾怀疑自己，也沮丧过。但是，这样的情绪并没有影响他很久。他知道这不是意志消沉的时候，还有更重要的事情等着他去做。他不断疏解负面情绪，调整好心态，全身心投入考研当中。同时，老师对他的帮助也是很大的。他十分感谢辅导员牛老师在那段灰暗的时光里对他的开导和帮助，让他重新看到了自己，重拾了自信。也正是自信的力量和对心态的及时调整，让他克服了这些困难，他说，"相信自己才能创造出自己的辉煌"。

4.经验分享

(1)关于择校

"可以去研招网把相关学校罗列出来，在报考院校专业课相同的情况下，按照几个梯度给院校排一下序，这样的话，可以给自己留有备用方案。"

(2)关于作息安排

"调整自己的生物钟，把学习时间分配到效率最高的时间段，在最佳学习状态下学习，会比一整天都学习要高效得多。"不要熬夜，身体健康是非常重要的。

(3)关于英语学习

"坚持每天背单词，保持对单词的敏感度；加强阅读理解，尝试学会剖析长难句，提高翻译能力，尽量在全文理解的情况下去做题；总结归纳作文模板并且背诵，注意培养语感，写出高级的句子。"

(4)关于数学学习

"需要有自己的笔记本用来记录错题和知识点，方便日后的回顾学习。课程学习，推荐武忠祥、张宇、汤家凤、李永乐等老师的课程，以及B站等网站上别人总结的实用技巧和方法。"

(5)关于专业课

"汽车理论这门课主要就是理解加上背诵，主要以背诵为主，再结合一定的计算和画图；还有就是对待真题的态度，真题很重要，'刷'几遍都不过分，万变不离其宗。如果能够把真题钻研透彻，那么高分也离你不远了！"但是他也补充说："也不能全部依赖真题，课本也是不能忽视的。如果全部理解并且背诵了课本的知识，那汽车理论肯定不会差。专业课还是要讲究全面。"

坚持不懈，反复练习，全面考虑，归纳整理，才能将课本知识内化为自己的知识，并有所提升。

 案例分享

与股神巴菲特当校友

E同学于2018年在某地方本科高校毕业后赴美留学，于2020年在美国内布拉斯加大学取得会计学硕士学位。2019年硕士在读期间被普华永道会计师事务所录取，2020年回国，现就职于德国大众汽车金融（中国）有限公司。

大一期间——认识自我，找准定位

进入陌生的环境，怀着初进大学校园的喜悦和对未来的无限憧憬，以饱满热情全身心认真对待每一天，认真学习每一门课，在与同学横向比较的过程中，找到自己的优势与长处，同时深刻认识自己的不足；在与学长的交流中找到学习方法，并制定学业规划。结交良师益友，从富有经验的老师处不断获取知识和建议。积极参加社团活动，通过学生会等平台锻炼自己的能力并贡献自己的力量。

大二期间——发挥特长，储备能量

时刻牢记学习是学生最重要的工作，只有不断学习才能取得好的成绩，才会有发展自己的基础。借助学院独特平台，成为外教助理，成为外教老师和同学们之间的桥梁。在学生干部工作中锻炼自己的表达能力。在作为外教助理的过程中，提高了英文的听说读写水平。学有余力之时，积极参加学校、学院所组织的各项活动，同时还学习第二外语德语，不断为自己储备通往社会的能量。

大三期间——订立目标，为理想奋斗

大三时清晰了自己想继续学习获得硕士文凭、走出国门深造的目标。这一年也是专业课最繁重的一年，需要投入更大的精力去平衡课内学业和课外为去美国读研究生的准备（准备托福、GMAT美国商科研究生入学考试）。有了大一大二打下的学业成绩基础，大三面对更大的学业压力就不会很犯怵。只要肯投入时间和精力，就不会在多项任务摆在面前而不知所措。大三期间担任学院学生会主席、校广播台副台长、校长学生助理，保持良好的综合学业成绩，参加科研院所实习与银行实习，考托福和GMAT，获得中教和外教的推荐信。

大四期间——上好"最后一课"，为新里程的出发做准备

心态上不放松，行动上不迷茫。大学的最后一年仍以端正的态度对待余下的每一门课，为在校学习画上完美的句号。这一年大家都很迷茫，都在为走向社会而不知所措。同学们在找工作、国内考研、考公务员、考编制以及出国读研，都面临着很多选择。路毕竟只能走一条，因为我大一大二打下了基础，大三做足了准备，大四申请美国大学的研究生并得到录取就水到渠成了。内布拉斯加大学地处美国中西部腹地内布拉斯加州，被誉为"美国公立常青藤"，是股神巴菲特的母校，诞生了三位诺贝尔奖得主。这一年里完成自己的学业，把学习经验和学生干部工作经验传递给学弟学妹，为毕业一个月后飞往美国的学习和生活做行前准备。

回看过去四年本科经历，我认为最重要的是：端正态度（对学习、对生活，尤其是初入大学定力不强的时候），抓住机会（学校、学院为你提供的各种机会），交良师益友（有困惑一定要和老师交流，向老师、向优秀的学长学姐学习），尽早树立目标，做好规划（虽然计划赶不上变化，但是计划会让你从容应对变化）。虽说想努力什么时候都不晚，但不要白白浪费最适合努力、最没有后顾之忧去努力的宝贵的大学时光。

第二节　提升专业能力

专业能力是学生就业的硬实力，也是用人单位非常看重的能力。很多毕业生被企业认定为专业能力不合格，一是在校期间学到的以书本上的理论知识为主，很难直接应用到工作中去；二是学生非常缺乏实践经验和创新能力，不适应企业需求和工作岗位要求。如何提升专业能力？至少有四大法宝。

第一大法宝是学好专业课程。

专业课是为培养专门人才设置的获取专业知识和专业技能的核心课程。我们都有着十多年的学习经历和经验了，对于课程与课堂是再熟悉不过了。课上怎么样才能有高效率、好效果呢？专业课程要学的内容比较多，所以那些熟悉的学习方法，包括课前预习、认真听讲、勤记笔记、课后复习、动手动脑等，仍然是十分重要的。

在中学的课堂里，各门课程基本是以知识积累为主，目标是通过高考选拔。到了大学，虽然不同的专业学的东西差别很大，甚至完全不同，但是有一点是相同的，也是非常重要的，那就是大学专业课程的学习应该是从理论知识到理论实践相结合的学习，是从积累知识到掌握能力的学习。

大学的课程难易程度因学科、教师和学生的不同而有所差异，以下是一些一般被

认为比较具有挑战性的大学课程：工程学科中的高等数学、物理学和计算机科学等课程通常会较难。自然科学和医学领域中的生物化学、分子生物学、解剖学和生理学等课程也常被认为难度较高。社会科学中的经济学、政治学和社会学等课程也具有挑战性，因为这些课程需要学生具有逻辑思维和抽象思维能力。艺术和文学领域中的部分课程很有挑战性，因为这些课程需要学生具备高度的创造力和审美能力。无论学习什么专业哪类课程，都需要付出大量的努力和时间，需要具备良好的学习策略和技巧。

不同的专业可能需要不同的学习方法或策略，因为每个专业都有其独特的要求和挑战。以下是一些不同专业可能需要的学习方法或策略：

科学类专业通常需要大量的理论知识和实验技能，学生需要花更多的时间在阅读科学文献、实验室实验和数据分析上，同时需要掌握科学写作和演示技能。艺术类专业通常需要创造性思维和审美能力，学生需要更多地进行实践和创作，并在视觉和表达方面获得经验。商科类专业需要商业思维和分析技能，学生需要在商业实践和分析方面进行大量的实践，并掌握商业写作和演示技能。工程类专业需要科学和技术知识，并能够解决复杂的设计和工程问题，学生需要进行大量的实验室实验、设计和建模，并掌握工程写作和演示技能。

总之，不同的专业需要不同的学习方法和策略，因此学生应该根据自己的专业需求和个人学习风格来制定学习计划，并不断调整和改进自己的方法和策略。

以具体的专业为例，比如理学的金融工程专业，某高校明确该专业的人才培养目标是培养有数学建模能力、数据挖掘能力和软件开发能力的金融工程应用型人才，那么同学们就可以依照这三项能力，来梳理我们的课堂学习。一是如何习得数学建模能力？首先，学好数学基础课是前提；其次，通过"金融数学基础"课程打通数学和金融之间的隔阂，通过"数学模型""金融数学建模"课程为投资组合优化奠定基础；最后通过"金融数学基础""金融计量""金融时间序列分析""金融工程实践"等课程培养将金融问题转化为数学模型的能力以及运用数学工具解决实际金融问题的能力。二是如何习得数据挖掘能力？通过"模拟交易与技术分析""证券分析"等课程熟悉金融数据获取与历史数据分析方法，通过"MATLAB高级编程技术"课程熟悉金融数据分析流程及数据预处理，通过"交易策略与资金管理"等课程形成挖掘金融数据并进行投资决策的能力。三是如何习得软件开发能力？重视面向过程和对象的两种基本编程思维训练，通过"面向对象程序设计""MATLAB高级编程技术"课程奠定良好的编程基础，通过"程序化交易"课程培养将金融问题程序化的能力，最后在"量化交易"课程中按照金融业界要求综合提升以上编程能力。这就把专业能力的培养贯穿到了专业课程群中，具体落实到了每一门课程上。

大家可以结合自己的专业，对照专业的人才培养方案和目标，查看一下自己要学的课程，也试着在课程与能力之间梳理出这样的一个逻辑架构出来。之后，我们就能够紧紧围绕专业能力的提升，也就是未来就业竞争力硬实力部分的提升，对将要在课堂上学习的内容有清晰的认识，就会对课堂学习的目标更明确，对每一门课程、每一堂课是否达到了既定的教学效果了然于心，达到事半功倍的学习效果。

第二大法宝是参加学科竞赛。

学科竞赛是高校创新人才培养的有效补充，进入大学后，大家可能发现怎么会有那么多的学科竞赛：按级别分，有校级、市级、省级、国家级、国际级；按主办单位分，有教育部门主办的，其他政府部门主办的，有各类学会和行业协会主办的，也有校企合作举办的；按类别分，有综合竞赛类的，如中国国际"互联网＋"大学生创新创业大赛；有公共课类的，比如大学生英语竞赛、大学生数学竞赛；有更具专业性的竞赛，如大学生结构设计竞赛、大学生广告艺术大赛等。有的同学们可能会感到迷茫：我精力有限，参加什么竞赛更合适呢？现在的学科竞赛以"互联网＋"和"挑战杯"系列为龙头，这类综合性竞赛更加鼓励同学们跨学院跨专业组队，实现强强联合、优势互补，这样才能有更强的竞争力。如果选择专业性竞赛，尽量选择权威性高的竞赛，可以听取专业核心课教师的意见，也可以参考中国高等教育学会发布的全国普通高校学科竞赛排行榜，里面列有多项竞赛，都是官方认定且比较权威的比赛。但是大家一定要记住，不要为了参赛而去参赛，更不要单纯为了哪个容易获奖就去参赛，我们还是要结合专业、特长和兴趣爱好，达到"以赛促学、以学促能"的目的，提升专业能力，最终提升自己的就业综合实力。

跟大家分享一个问鼎全国"互联网＋"大学生创新创业大赛金奖和最佳创意奖的项目。该项目名为"夏小满——文博历史新表达的创新者"。夏小满是一个以广告学专业学生为主组成的原创设计团队，面向4～12岁儿童，打造原创博物馆文创IP，一直努力探索怎么活化博物馆历史并使其容易被小朋友接受。采访团队主要成员时，他们说参加比赛3年了，一路走来，他们做过很多调研，有过无数次尝试，过程中积累了太多太多的东西。比如有一次和敦煌文创商店谈合作时，当时那边的负责老师开玩笑地说："敦煌这边有这么多沙子，你们有没有什么办法把我们的沙子卖出去？"沙子怎么卖？！回来以后他们就开始头脑风暴，也做了很多奇奇怪怪的设想，最后设计了一款带书签，又能用来装五色沙做纪念的沙瓶，这款沙瓶目前在敦煌文创商店卖得很好。我们认为，他们通过竞赛，把学到的知识、掌握的技能运用到了实践中，又在实操中进一步提升了以广告设计能力为主的专业能力。我们希望，有更多的同学积极投身学科竞赛，不断提升综合实力。

案例分享

以赛促学，以学促能

回首四年奋斗历程，F同学先后参加过"互联网＋"大赛、机械创新大赛、工训赛、数学建模大赛等，获得六项省级学科及创新创业竞赛奖项、十余项市级及校级奖项。"还好当时没放弃。"F同学感慨地说。竞赛之路，考验的不仅是专业知识，更是过硬的心理素质。大一时，由于刚踏入大学，他并没有找到方向。直到大二才真正接触到比赛，但那时并不顺利，没有团队，没有经验，也还没接触到专业知识。很多同学在这个阶段可能就已经因为还没接触专业基础知识而不敢进一步尝试了。F同学说其实完全可以边做边学，"以赛促学"，比赛是让他快速汲取专业知识的最好途径。经过一段时间的锻炼，他慢慢掌握了许多专业知识：从实物模型的三维设计，到螺钉螺母的实物装配。他也收获了一支稳定的团队，一切都开始变得得心应手。别人学习时，他在学习；别人休息时，他在图书馆、实验室继续奋斗。经过大一大二两年的积累，从大三开始，F同学在多个省级学科竞赛中收获了累累硕果。这些专业学科竞赛不仅促进了他本科阶段对专业知识的学习，更成为他考研初试和复试的"助推器"。竞赛所获得的种种经历和锻炼提升，逐渐演变成了他在考研过程中的优势所在，也是他考研成功不可或缺的因素。参加竞赛不只是对知识的透彻理解，也是对知识的综合应用，在语言、逻辑、想象力以及数学思维等多个方面实现触类旁通，对专业学习和综合能力提升有很大促进作用，同时也能够增强自信心，提升抗挫折能力、耐心和毅力。

四年来，F同学几乎所有的时间都用在了学习和钻研上，在学校的每一天，他都在为未来更高层次的发展积蓄力量。他非常感谢学校在专业学习方面给他的支持。他说："学校的材料成型及控制工程专业偏向机械方向，我觉得非常好。它不像其他学校的材料专业会具体划分到一个小方向，比如热处理方向、焊接方向等。这样一来，可供我们自己选择的方向就有很多。大学四年，我们不仅能学到材料的专业知识，比如金属学与热处理，还能学到机械的专业知识，比如数控机床、3D打印。"对于未来，F同学的目标是在求学的道路上一直走下去，在自己的专业领域继续发光发热。如果有能力，他希望能回馈母校。

第三大法宝是做到科教融合。

科教融合是培养创新性人才的有效途径。这是从本科生所需要具备的基础科研能力培养入手，将老师的科学研究成果变为课堂教学的内容，通过老师讲课、师生研讨、学生探究的模式推进研究型教学，同时鼓励大学生通过导师制、科研小助手等多种方式，积极参与到教师的科研项目中去。

科教融合教育模式旨在将科学和教育相结合，提高学生的科学素养和综合能力。在这种模式下，大学生可以积极参加科技创新活动，如科技竞赛、科研项目、实验室实践等，提高自己的科研能力和实践能力；可以选择跨学科的课程，扩展自己的知识面，培养综合能力，同时可以结合不同学科的知识进行创新性思考；可以参加各种科普活动，了解前沿科技，加深对科学的认识和理解，同时可以将科学知识应用到日常生活中。可以通过社交媒体、学生组织等渠道倡导科学精神，传播科学知识和理念，帮助更多人了解和关注科学，促进科普教育的普及。

科教融合的理念下培养出来的大学生具有以下特点和优势：

综合素质高：科教融合强调全面发展和综合素质的培养，培养出来的大学生具有丰富的知识、广泛的兴趣爱好、良好的思维能力和创新能力等多方面的综合素质。

跨学科能力强：科教融合注重不同学科之间的交叉和融合，培养出来的大学生具备多学科知识和技能，能够跨学科综合运用知识解决问题。

实践能力强：科教融合注重将理论应用于实践，培养出来的大学生具备实践能力和应用能力，能够将所学知识运用于实践中，解决实际问题。

创新能力强：科教融合强调创新和创造，培养出来的大学生具备创新意识和创造能力，能够发现问题、解决问题，创造新的知识和价值。

国际化视野强：科教融合注重全球化和国际化，培养出来的大学生具备国际视野和跨文化交流能力，能够适应全球化的发展趋势，参与国际竞争和合作。

总之，科教融合的理念下培养出来的大学生具有多方面的综合素质和能力，能够适应社会的发展和变化，具有较强的竞争力和发展潜力，在今后工作中能够胜任开创性工作，很受社会和企业欢迎；同时，如果他们选择考研，在面试环节也更容易受到导师的青睐，并能更快地适应从本科生到研究生的转变。

第四大法宝是产教融合。

我们如果想真正掌握一样技能，一定要在"做中学"，这才是最快的最有效的学习方式。产教融合就遵循"做中学"的原则，这样的教育模式特别适合应用型人才的培养，尤其是工科类人才的培养。大家可能觉得"产教融合"这4个字还是有点抽象，那具体怎么做呢？

产教融合教育模式主要包括以下几个方面：大学生可以通过在企业进行实习，了解企业的运作模式、业务流程和组织结构，熟悉企业文化，获取实践经验和工作技能；大学生可以参与企业提出的项目，与企业员工合作完成项目，提升自己的项目管理能力和团队合作能力；大学生可以与企业共同使用实验室，参与企业的科研项目，深入了解前沿科技，提高自己的科研能力和创新能力；大学可以与企业合作开展校企合作项目，共同研发新产品，开发新技术，促进产业升级和创新发展。

产 教 融 合

约翰·杜威

美国著名哲学家、教育家、心理学家(1859年10月—1952年6月)

做中学

"知"和"行"是紧密相连的，没有行就没有知，知从行来。
只有从"做"得来的知识，才是"真知识"。

下面以宁波工程学院机器人学院为例，谈谈怎样通过产教融合提升专业能力。这个学院的课程中融入了大量企业生产一线最前沿的技术知识，以案例化、项目化方式进行教学，大部分科目都用项目来检验，而不是通过传统的考试。大一大二学年通过学习数理基础和通识教育来开发学生的数学分析和工程设计能力；大三大四学年通过来自企业的项目，在企业研发人员和专业教师共同指导下，深化实践动手能力；学生没有暑假，因为暑假都是要用来参加竞赛或者下企业的。一位沈同学说，他们的项目小组成员坚持"笨鸟先飞"计划和"与手机分手"计划，进了教室就跟自己的手机"分手"十几个小时，在项目设计阶段废寝忘食。目前，部分师生在孵化器中设计和研发的产品已经变成了量产的市场产品。

案例分享

G同学的英语学习经历

G同学是一名大三学生，学习的是电气工程与自动化专业。下面是G同学的学习情况介绍：

一开始我其实对英语没有什么兴趣。我高考英语90分出头，一般般，我们寝室的120、130分都有。我觉得我和别人学的差不多，怎么我就那么差，所以我甚至有点反感英语。我记得大一刚来学校的时候，大家都说四级很好过，但是我不太相信，所以我"刷"了第一张四级卷子，当然，没有及格，而且离及格很远，印象里差了30～40分吧。我那时候很慌，我怕我过不了。所以我开始背四级单词，刚开始真的很痛苦。

我用"百词斩"背单词，当然是遇见一个不会一个，但还是坚持了一段时间，也有了一定的单词基础，我就开始"刷"卷子了。在我"刷"卷子的过程中，我碰到好多我背过的四级单词，真的，我现在都还能想起来当时的心情：每看到一个自己认识的单词，我就特别特别开心，做完那张卷子之后，我瞬间就很想背单词了，特别特别想。现在想想，这就是及时反馈，我背的单词给了我反馈，让我知道我在进步，我在成长，这让我有动力继续学下去。每天背每天背，我成长很快，也因此我的第二个及时反馈来了：我发现我"刷"卷子的分数一天比一天高，笔试除去作文和翻译497分，及格298分，我及格了，我很开心，我感觉我看到希望了，我开始期待第二天的卷子。那几天，我每天都在进步，300—320—340—360，就这样，我成绩基本稳定在360左右。这时候，长期反馈来了，我们班搞了个四级模拟考。我记得我得了355分，班里第三。我超过了那些高考120、130分的人，而他们在担心自己能不能过。最后四级我考过了，而且是519分，比425多了将近100分。我现在做试卷毫不夸张地说就是享受，这是我能乐此不疲去学英语，去"刷"英语试卷的重要原因。我现在甚至渴望六级考500多分。这样回头看看，其实一开始都很痛苦，但是我通过及时反馈在中期坚持下来了。到后期给我的都是长期反馈，那就更能坚持下来了。到现在我已经不需要什么反馈了，我已经对英语产生了兴趣。

 案例分享

专访考研分 400＋的 H 同学——足球小子"踢"进 985 大学

班级：国际商务；

考取专业：体育教学专业；

在校期间参加各种省内足球赛，获中国足球协会室内五人制初级教练员证书。

明确方向，勇往直前

小 H 同学的考研目标起初并不是很明确的："我的考研准备是从大三年级搜集资料开始的。由于疫情待在家中，自己空闲的时间比较多，就寻思着上网查询一下考研的相关信息。"

在考研的院校选择方面，H 最初是希望选择一个熟悉一点的学校，然而对于最后选择了一所高水平"双一流"大学，他说："起初对自己的实力没有把握，所以先买了书复习，然后再根据复习情况改变选择。"

与选择考研院校时不同，H 同学对足球以及体育的选择始终都是坚定的。他说："我是校足球队的一名队员，在足球队中挥洒了三年的汗水，我迎来了大三人生抉

择的分叉口：是选择一心考研还是选择其他人生路？在征询父母、老师、同学的意见后我最终选择边考研边训练并且参加省比赛。"最终他选择报考了体育教学专业。

朝夕不倦，持之以恒

H同学的整个考研复习过程持续了五个月。他在暑假回到家中就开始了正式复习，并且对整个课本内容进行了梳理。暑假在家两个月的时间里，他把三门专业课中最难的一门——生理学完完整整地复习了两遍，同时也将运动训练学梳理了一遍。所以，他对自己的复习进程非常有信心。没有谁的幸运是凭空而来，只有当你足够努力你才会足够幸运。这世界不会辜负每一分努力和坚持。

劳逸结合，不留遗憾

考研注定是条艰苦的路，所以在备考期自我调节是非常必要的。而对H同学来说，最好的调节方式就是踢球。根据他自身的复习情况及目标院校的难度，通过权衡，他认为自己有能力平衡好踢球和考研的关系。他在考研期间仍继续踢球的另外一个重要原因是两年前他在省比赛中受伤，缺席了几乎所有比赛，这回他希望可以弥补之前的遗憾。同时他也希望自己可以给足球队的学弟们树立榜样，希望他们也可以在搞好学业的同时把球也踢好，为学校争光。

全力以赴，有志竟成

不开口，没有人知道你想要什么；不去做，任何想法都只在脑海里；不迈出脚步，永远找不到你前进的方向。因为H同学已经有了一个清晰的奋斗目标，他对自己的要求就比较高，同时他也有着明确的学习计划。在前期的复习备考阶段，不论是在家还是在学校他都能保持每天九小时左右的学习时间；在后期随校队参加省足球比赛及最后冲刺阶段，他能保持每天十二小时的复习。"早上、下午还有晚上，三个时间段每个时段四个小时。早晚专业课，下午政治、英语。专业课最重要的就是在前期一定要树立好框架性目标，后期就不断往框架里面填充内容，这样的话自己背起来就比较轻松。特别是像文科的课程，其实就是一个不断重复的过程。"

学长寄语

"我希望同学们在考研当中，不管是在选择自己目标院校还是在复习的过程中，一定要对自己有信心。要达到自己的目标，信仰是精神支柱，信念是奋斗航标，信心是力量源泉。"

第三节　培养复合能力

案例分享

I同学是一名某地方应用型本科大学的学生，主修计算机科学，但对于其他领域也有浓厚的兴趣。在大一的时候，他参加了学校的创新创业比赛，荣获一等奖。这次比赛让他看到了自己的潜力，也让他意识到自己需要更全面的知识和技能来实现自己的梦想。在接下来的几年里，他积极参加各种不同领域的课程和活动，包括艺术、哲学、心理学等。他也参加了许多志愿者服务和实习机会，这让他获得了更广泛的社交和工作经验。此外，他还加入了学校的科技创新社团，学习了更深入的计算机知识，掌握了更多的技能，同时还学会了如何更好地开展团队合作。

在大学生涯结束时，他成为一名名副其实的复合型人才。他不仅掌握了计算机科学的专业知识和技能，还具备了良好的团队合作能力、领导能力、沟通能力和社交能力，这些都为未来的职业生涯奠定了坚实的基础。

一、何为复合型人才

复合型人才是指具备多种技能、知识和经验，能够在不同领域、不同情境下有出色表现的人才，主要特征是学科交叉、技术集成、文理兼容。这种人才不仅仅具备专业技能，还具备广泛的知识和能力，如创新能力、领导力、沟通能力、团队合作能力等。他们能够在复杂的环境下独立思考、解决问题，并能够与不同背景的人进行有效的沟通和协作。

复合型人才具有多个领域知识和技能，并能够将这些知识和技能应用到实际场景中，取得了不俗的成绩。复合型人才在不同领域、不同行业中都具有重要的作用，能够推动社会和经济的发展。

有复合能力的大学生通常具备以下几个特征：具备跨学科视野，不仅了解自己专业的知识，还能够跨越不同领域进行学习和探索，可以看到不同学科之间的关联性，并且能够运用多学科知识解决问题；具备实践能力，不仅仅在理论上掌握多个领域的知识，还能将这些知识应用到实际问题中去，能够通过实践来验证和巩固自己的知识；具备创新思维，能够从不同领域的知识和经验中获得灵感，从不同的角度来看待问题，并且能够提出创新的解决方案；具备团队合作能力，能够在不同的团队中协作，与跨越不同领域的人进行交流和合作，通过团队合作来实现目标；具备自我学习能

力，能够自我驱动地进行学习，主动获取新的知识和技能，不断提升自己的能力。

　　综上所述，有复合能力的大学生通常具备跨学科视野，具有实践能力、创新思维、团队合作能力和自我学习能力等，这些特征能够帮助他们在未来的职业发展中更加出色地展现自己。

二、大学对复合型人才的培养

　　各国高校都非常注重复合型人才的培养，在课程设置、学术研究和学生活动等方面采取了多样化和跨学科的措施。例如，在美国许多大学提供了跨专业选修课程和多种交叉学科的学习机会，鼓励学生在不同领域探索、交流和合作。在欧洲，许多高校也采取了类似的措施，推行多学科融合、学生交流和合作、提供实践项目和创新创业等方面举措，以培养具有多学科背景、跨文化沟通能力、实践经验和创新思维的复合型人才。

　　国内的高校同样注重复合型人才的培养，采取了多种措施。如建立多元化的课程体系，学校为学生提供广泛的学科选择，让学生在课程上能够获得全面的知识和技能，并充分利用跨学科教学、实践教学和创新创业教育等方式，培养学生的创新意识、实践能力和领导力。提供多样化的学习机会，学校鼓励学生参加各种形式的学习活动，如学术讲座、文化活动、社会实践、志愿服务等，让学生全面地了解社会和文化，开阔他们的视野，丰富他们的经验。培养学生的人际交往能力，让学生积极参与校园活动，拓展社交圈，提高人际交往和协作能力。培养学生的思辨和判断能力，学校通过讨论课、辩论赛、案例教学等方式，让学生学会思辨、判断和分析问题，从而提高他们的逻辑思维和判断能力。开阔学生的全球视野，学校为学生提供国际化的教育环境和学术交流机会，如国际课程、国际交流项目等，让学生在全球视野下学习和交流，增强他们的跨文化交流和领导力。此外，中国政府还制定了相关政策，鼓励高校和企业合作，为学生提供更多实习和实践机会，让学生更好地接触职业市场和行业现状，培养实践能力和适应职业发展的能力。

📚 案例分享

　　宁波工程学院在 2018 年成立了机器人学院，由学校和李泽湘教授团队共建。2022 届 97 名应届毕业生，有 20% 进入国内外高校继续深造，就业学生平均年薪超 13 万元，其中 6 位同学进入创业团队，毕业时天使轮融资 450 万元，估值 3000 万元。这些学生具有多种专业复合，"硬技能"与"软技能"并重，人文科学、社会科学与自然科学结合的综合实力。这一切源于机器人学院作为学校新工科教育改革的试验田，在复合型人才培养方面做了积极探索。

一、多学科交叉、跨专业融合

机器人学院围绕宁波市智能制造示范区建设的需求，设置了机械设计与自动化、工业设计、电气自动化、网络工程4个专业，分属于不同学科，在人才培养的过程中，4个专业相互交叉融合。具体教学中，由相关专业的教师构建形成课程组。同一门课程的学习中，由2~3位不同专业背景的教师来共同教授，1位教师也可以参加多个不同的课程组。这种以课程组为载体的模式，实现了"教师跟着课程走"的跨学科专业交融。

二、先问题、再实现的教学模式

问题不是教材中现成的，也不是由教师提供给学生的，而是在教学过程中，教师先要求学生在生活和实习实践中去寻找发现问题，再由学生去找到解决问题的方案。由此开展以问题为导向的教育教学活动，培养学生用设计的思维去发现问题、用系统的思维去分析问题、用工程的思维去解决问题的三大能力。

三、项目化的教学体系

学院根据智能制造领域复合型人才的培养需要，把一些冗余的课程进行合并，以项目化的形式，重新架构知识体系和课程体系。目前学院的专业课程、数理课程、毕业设计等都是以项目化的形式呈现和开展。如专业课程的项目以实践专业的原理、定理相关应用为主；数理课程主要通过验证性项目的形式去验证相关基础理论；毕业设计的项目主要来自宁波一线企业。通过项目化的教学，变被动学习为主动学习，实现了从"要我学"到"我要学"的转变。由此掌握的知识是内化的，掌握的技能可以迁移到今后的职场。

三、个人如何培养复合能力

在大家的祖辈和父辈年代，专才是优势。随着社会的发展，对复合型人才的需求越来越多。对大学生来说，提升自己的复合能力非常重要，可以使我们在学业和未来的职业生涯中更加成功。大学生要有成为一名复合型人才的目标，在具体的实践中，不能光靠学校的被动培养，一定要主动朝着复合型人才的方向前进。以下几个举措有助于我们培养自己的综合素质和能力，成为复合型人才，更好地适应未来的职业发展和社会发展。

一是广泛涉猎知识领域。在认真学习专业知识之余，同学们要努力扩大自己的知识面，涉猎语言、文化、科技、艺术等其他领域的知识，提升自己的创新能力和综合素质。比如，有一位大学生小李，他是学计算机科学的，但他对音乐也十分热爱。他加入了学校的合唱团，学习音乐理论和演唱技巧。通过这种方式，他不仅提升了自己的音乐素养，还学会了更好地与人合作，培养了自己的文艺气质。

二是多元化学习。积极参加学校或社会组织的学习活动、讲座、会议等，拓展自己的知识面,学习多元化的知识和技能,不断提升自己的综合素质和竞争力。

三是参与实践项目。同学们要积极参加学生社团、实习实践、创新创业、志愿服务等组织或活动,不断挑战自我,锻炼自己的领导能力、团队合作能力和创新能力。

四是提高语言能力。语言是一门工具,多掌握一门语言,我们未来的工作和生活就拥有更多的可能性。大学期间,一定要学好英语,还可以利用课余时间去学一门自己感兴趣的二外,这不仅可以提高自己的语言交流和沟通能力,还能开阔自己的国际化视野,为未来的职业发展打下基础。

五是发展积极向上的兴趣爱好,如写作、拍照、拍摄剪辑、PPT 制作、练习演讲口才、看纪录片、学习编程等。

 案例分享

机械专业的 2022 届毕业生 J 同学签约了新能源汽车行业的头部企业。这得益于项目化教学和科创竞赛。项目化教学使他和不同专业背景的同学们一起查资料、悟原理、挑战项目,把理论知识转化成了实践能力。这些能力又在科创竞赛中不断锤炼,他获得了全国大学生程序设计竞赛铜奖和国际大学生程序设计竞赛亚洲区域赛银奖。他留给学弟学妹的经验是:利用好项目训练和竞赛训练,从中积累企业看重的实践能力。

2022 届毕业生 K 同学在毕业之际选择了充满刺激的人生道路——创业。在校期间,他积极参与了学校组织的创业训练营,得到了李泽湘教授的面授,坚定了他的创业梦想。在训练营中,他找到了志同道合的伙伴,结成了创业团队,明确了创业方向。他认为,大学期间跨专业多学科的融入学习,培养了他的复合能力。他的创业梦想一步步照进现实。

 延伸阅读

自知与终身之事业(节选)

傅斯年

【阅读指南】

傅斯年是我国著名历史学家、古典文学研究专家、教育家。本次延伸阅读节选自他的《自知与终身之事业》。文中他对大家选择职业时的几个误区做了原因方面的总结:一是虚荣心,二是侈养心,并强调自我认知、对自我的剖析对职业选择的重要性。希望此文对同学们完成学业规划、职业规划乃至未来择业有所启迪。

【原文欣赏】

人惟有自知之明，斯宜自度己材，择一适宜之终身之职业。盖终身之事业，必缘终身之职业以生。凡学与术，皆以习久而精。操一业以终其身，与数易其业者，所诣浅深，未可比论。故荀卿云："好稼者众矣，而稷独传者一也……好书者众矣，而仓颉独传者一也。"然世人恒不肯择一职业，终身守之，则亦有故。一为虚荣心所迫，二为侈养心所驱，社会上待遇各项职业，恒有荣卑之差。人不能无动于衷，乃舍其素业，以就其向所不习。"夫人幼而学之，壮而欲行之"，乃姑舍己以从人，"吾未见其尊己也"，是之谓虚荣心。职业无尊卑，而所入有差别。所入多者，可以应欲愿之求；举凡衣食寝处，不妨肆意为之。人见而美之，以为己之所入，不能若人，则姑舍己以从彼；侈养于四体，而薄养于心性。是之谓侈养心。凡此二者，欲解其惑，则亦有说。知职业原属平等，虚荣心斯不足扰，知奉养之俭侈，与心神之局泰无与，侈养心斯无从生。各类职业，原无贵贱之别。苟非不正当之职业，未有不为社会所需要者。惟其皆为社会所需要，自无从判别其尊卑小大。社会上尊卑之见者，妄也。所入厚者，所需愈多，所累愈重，因之心境常不得安。故欲厚其养，惟有减其心神之安宁。心安则养薄，养厚则心促。以心境与奉养之度相乘，任在何人，其积每为一致。于此可知力求侈养者，"狙之朝四暮三"也。

 推荐阅读

第七章 提升自我,做一个有底气的人

习近平总书记在庆祝中国共产党成立 100 周年大会上的重要讲话中指出:"新时代的中国青年要以实现中华民族伟大复兴为己任,增强做中国人的志气、骨气、底气,不负时代,不负韶华,不负党和人民的殷切期望!"青年大学生应勇担时代重任,打好基础,学好本领,做一个有底气的新时代建设者。

本章将以学习力、思考力和行动力"三力"为重点,通过系统化的梳理,从理清概念到反观自身,以"全身自检"的方式来让大家发现自己"三力"中的短板,并提出补齐短板的方法,帮助大家早日成为信心满满、惊艳众人的"焦点"。

第一节　培养大学生的学习力

案例分享

普通本科向"985"高校的进阶路

A同学在上大学之前就为自己的大学生活制定了详细的规划。他以学年为单位进行划分，每个学年都确定目标，并围绕目标做好当月当周的行动计划。他深刻认识到自学能力的重要性，有意识地培养自己的自学能力。以结构力学这门课为例，他常常能用大一的知识解决大二的问题。他认为学习"其实就是把大的知识化成一个个小的知识点，慢慢理解，一个一个攻克，全部理解了之后再串起来就会清晰很多，在运用的时候也会得心应手"。毕业时他成功考取了某"985"高校研究生，实现了从普通本科学校进到"985"大学的跨越，他觉得自己的成绩大部分归功于自己的正确定位及制定了具体的学习计划，确定了奋斗目标。

一、关于学习力

(一)何为学习力

"学习力"一词最早出现在1965年，是美国麻省理工学院佛睿斯特教授在研究"学习型组织"时提出的：组织要有学习力，才能保证学习型组织旺盛的生命力。学习力最初是学习型组织管理理论中的核心理念，自20世纪80年代起逐渐延伸到教育领域，主要研究教学中如何构建学习者的学习力以及促进其有效的终身学习。

因此，学习力是个体和组织的生命力保障。我们经常听到这么一句话"活到老，学到老"，学习是一辈子的事情，而学习的背后，体现的便是一种学习力。学习力是一个相对抽象的概念，可以解释为一个人学习新事物、获取新认知的水平和能力。而这种能力越强，就意味着更多有信心去面对未知的世界。

现在请大家一起来做一个游戏：根据下面的文字描述，试着在白纸上绘出五种不同的"学习力曲线"。

一是蒙智曲线。这类人部分会存在学习障碍，部分学生没有启智，类似于"白丁"。多数人学历短浅，阅读力和思维力没有得到适当启发，通过学习获得和掌握知

识的能力明显不足。

二是早谢曲线。这类人多数在青少年时期受过学校教育，一般取得了高中学历，掌握基础知识或基本技能，具有通过学习获得知识的初步能力。在18～20岁这一年龄阶段，应该是学习力最旺盛的时期，但是在这一时期部分学生学业松懈，学习力下降，如昙花一现，所以称"早谢线"。

三是中庸曲线。这类人多数在获得高中学历之后，学习力继续向上攀登，继而在高等学府深造，并取得相关专业知识、专业技能，以及相适应的高等学历、学位。至此，学习力已经登上一个新高度，但这类人缺乏终身学习的意识和本领，随后学习力便终止了上升趋势，缓慢掉头下行。

四是卓越曲线。这类人离开学府之后，并没有间断学习，具有终身学习意识。在进入社会后，开启"第二次学习"，学用结合，在实践中学习知识和本领，学习力继续向更高的点攀升。在职业生涯结束之际，学习力登上最高点，随后像抛物线那样缓慢下降。

五是睿智曲线。这类人一生当中，学习力始终保持上升趋势，直至生命终结。这是全智人生，也是智慧人生。这类人是出类拔萃的顶尖人才。

当前阶段，你的学习力呈现的是哪种曲线形式呢？古往今来，人类学习力发展的基本趋势是从"蒙智曲线"向"睿智曲线"拉升的过程；学习力的修炼，就是将学习力从"蒙智"向"睿智"的修炼。对于进入大学学习的同学而言，大家基本达到第三个阶段，迈向第四乃至第五阶段是大家提升学习力的努力方向。

(二)为何要培养学习力

你是否有过这样的担心：毕业后拿着简历挤入人潮汹涌的面试大军，但自己却没有能力脱颖而出？你身边是否有这样一类同学：他们平时看上去优哉游哉，但是总能在每次考试中轻松拿下高分。是因为他们天生比较聪明吗？这背后其实是学习力的体现。学习力不仅仅体现在专业课的学习上，更反映在我们对新事物的理解与接受程度上，它关乎你的过去、现在与未来，它陪伴你度过人生。

哈佛前校长鲁登斯坦有句名言：从来没有一个时代，像今天这样需要不断地、随时随地地、快速高效地学习。那种依靠在学校时学到的知识就可以应付一切的时代，已经一去不复返了。哈佛商学院柯比教授认为，以传统的方法去学习，是一个迅速减值的过程，而以学习力去获取知识，则是不断增值的过程。学习需要勤奋，但比勤奋更重要的是——学习力。唯有学习力，才能让你真正提升学习效率，成为学习的主人。其实人才竞争的背后隐藏着学习力的竞争。

过去，一个人80％的知识可能来自学校教育，其余20％来自社会生活。但随着社会日新月异，学校教育可以给予你的已经越来越有限，可能只教给你20％的知识，剩下 80％知识需要在漫长的人生道路中通过不断学习和实践来掌握。我们常说"授人以鱼，不如授人以渔"，在漫长的学习生涯中，学会课本知识是一方面，更为重要的是学会学习本身，特别是对大学生而言，掌握学习方法和养成善于思考的习惯是至关重要的。

对大家而言，你考到了哪一类哪个层次的大学没有那么重要，重要的是在未来的几年里，你会用什么样的方式持续"迭代"。你要始终牢记，学历仅代表过去，学习力才代表未来。能一直笑到最后一定是那些能够持续学习的人。这一定律对每个人都适用，只要坚持学习，必将在自己的人生赛道越跑越远。

1. 学习的动力体现了学习的目标

2. 学习的毅力反映了学习者的意志

3. 学习的能力则来源于学习者掌握的知识及其在实践中的应用

案例分享

复读，是我成长路上的必经途径吗

B同学曾是重点高中里的尖子生，是一个眼里有光的孩子，是全家人的希望；也是一个并不富裕家庭的孩子，是一个高考严重失利的考生。

新生入学后第二周的某个清晨，辅导员刚走进办公室，手机上响起了一个来自江西赣州的电话。会是B吗？

"老师，现在可以和你聊聊吗，我真的受不了了！"。

B告诉辅导员，毕业于家乡重点高中培优班的她，以前的同学几乎都上了比自己更好的大学。出于自卑与不甘，她从入学后就有强烈想要退学复读的念头，但因为家庭经济困难，自己又是村里的第一个大学生，家人对此表示明确反对，双方因此发生了激烈争吵。从此之后，B情绪低落，认为没人理解她，根本无心上课，朋友圈也时常发一些表达想要放弃自己的想法。

随后辅导员与 B 进行了深入交流，发现了 B 身上的关键问题。B 始终认为自己考试发挥失利是一个心结，她迈不过去这个坎，也忽略了自己身上原本所具有的学习力。通过交流，B 正确地认识到大学所能给她带来的平台与资源，而她最大的优势便是从小培养起来的学习力。B 在解开心结后，便开始制定自己的学业规划，下定决心要努力考研来弥补自己高考失利的遗憾。她写了一封《给自己的信》，信中写道："复读只是重复 18 岁的事情，而利用自己的学习力在大学里成长得更好为下一次的跳跃做准备才是明智的选择。"

（三）如何提高自己的学习力

一是不断"磨砺"大脑。科学研究表明，你经常使用大脑的某个区域，它就变得更加兴奋和更容易重新使用。大脑具有令人惊叹的可塑性。比如用过盲人点字法的人，比没有用过的人，在大脑中有更广的用手感知的能力。但这种能力的培养不是一蹴而就的，需要你持之以恒。大家一定都尝试过学习新本领，经过短时间的训练之后你可能会产生一种越学越好的感觉，甚至认为自己"学会了"，但之后你却可能忽然觉得好像又回到了原点，所有的进步都消失了。为什么？就是因为这种短时的记忆没有上升到大脑结构变化，但这些变化对形成长期记忆是有价值的，因此只要一定的时间和积累，本领就能学会。正如《劝学》中说的"积土成山，风雨兴焉；积水成渊，蛟龙生焉"就是这个道理。知识的学习也要注意复习。德国心理学家艾宾浩斯提出了"遗忘曲线"，认为遗忘在学习之后就立即开始了，而且遗忘的进程是不均匀的，最初遗忘的速度很快，后面会逐渐放缓。对大家而言，就需要通过复习不断加深知识在大脑中的印象，不断加深对知识的熟悉程度，这样才会把短时记忆的知识不断编码，进而形成长时记忆，最终真正把知识内化于心，牢记不忘。除了掌握记忆的技巧外，还要多思考。"学而不思则罔"，不思考是不利于学习的，所以最好是学习的时候要多思考一些问题。

二是寻找适合自己的更高效的学习方法。有这样一个女孩，她出身寒门，成绩平平，却在高考时考上了对外经济贸易大学；考研时在备考三个月后，成功考上了北大。她并不天生具有很强的演说能力，却在一季内夺得了"超级演说家"的全国总冠军。很多同学可能也听说过她的名字，她叫刘媛媛。高中时，为了寻找更高效的学习方法，她学习了几十本关于学习方法的书；高考状元到学校做讲座，她追着去后台提问，不断摸索更好的学习方法。大学毕业后，一次她在网上无意中看到"超级演说家"招募海选选手，没有任何演讲经历的她毅然报名。参赛前，她把上一季所有的视频全部调出来进行研究，但登台后依旧不被看好。下台后她用 3 天时间研究数百名演讲者的语气和肢体语言，终于成功晋级。刘媛媛的例子告诉了我们如何培养自己的学习力：通过各种方法和渠道，找到适合自己的高效的学习方法。

三是从需要出发，确立学习目标。大家在平时的学习、工作中，往往需要短时间内获得某种技能，这就是你提升学习力的一个很好的机会。这种学习的好处是既解决了缺少学习动机的问题，又解决了学习动力衰退的问题。具体你可以从三个步骤来做：第一步是选定问题，就是选择一个你需要马上解决的问题；第二步是确定范围，就是确定学习内容和顺序，在选定范围的时候，尽量不要贪多；第三步是实际应用，就是用你的所学内容解决实际问题。学习是一个不断重复，最后形成长期记忆的过程，因此在实际应用中，要从开始的严格套用，到之后不断总结，从结果反馈中进行反思，从而日臻完善。

四是善于使用身边可以利用的资源。丰子恺把人生分为三层：一是物质生活，二是精神生活，三是灵魂生活。作为一名大学生，在你的校园里，有一个巨大的宝库，是你绝佳的学习场所，是你精神生活和灵魂生活的滋养地，这个地方就是图书馆。大学的图书馆就是半个大学，不去图书馆就是一种浪费、一种损失、一大遗憾。读书是最快捷、最有效的养成学习习惯、提升学习力和思考力的方式；读书可以帮助你寻求内心的安宁与平静，读书的过程是心与心的交流，思维与思维的碰撞。我们要利用好图书馆资源，养成读书的好习惯，进行知识的学习。

五是学会依靠集体的力量。提升学习力也可以依靠各种形式的组织，包括班级、学生会、社团等。一个充满学习氛围和竞争意识的组织是一个能使成员全身心投入学习并促进智慧增长的组织。比如，可以与人组建学习组织，互相督促，共同成长；可以加入一些学习的打卡群，找志同道合的同学一起提高某一项技能。大家也看到过很多关于"考研寝室""学霸寝室"之类的新闻报道，究其原因，就是一个学习组织对学习力培养的正向激励作用。

六是找到相应的学习监督机制。在进入大学前的十二年时间里，大部分人的学习都是在父母和老师的监督下完成的。在学校里，有老师辅导我们学习；在家里，有家长监督我们学习。而到了大学里，却完全不是这样了。老师上课模式和教学态度的改变，往往会让一部分大学低年级同学感到难以适应，感到迷茫。对于那些处于迷茫状态的大学生，我们建议可以为自己设立一个学习监督机制。这种机制途径上可以是惩罚的，也可以是激励的，形式上可以是相互监督。例如，对于惩罚监督机制，可以用学习两个小时来惩罚自己在学习期间忍不住玩了游戏；对于激励监督机制，可以用一些自己喜欢的东西来奖励自己在学习上取得的成绩；对于相互监督机制，可以是室友之间、同学之间、低年级与高年级之间的相互监督。

二、自我学习力"体检"

我们对大学生学习力存在的主要问题做了归纳，大家可以对照自检。

(一)主观方面

1.学习基础差，缺乏自信心

这种情况主要是高考生源地及区域教学水平的差异导致的，部分学生各门课的成绩与同班、同专业同学存在差距。以某理工类大学计算机专业学生为例，因为东西部经济发展水平的差异，该专业少部分学生来自偏远的山区或农村，考上大学已经很不容易了，在义务教育阶段很少有机会接触到计算机方面的知识，学习基础比较薄弱，最终影响了学习的自信心。

2.学习不刻苦，缺乏意志力

部分同学进入大学后会因为环境的巨大变化而无法完全适应校园生活，自主性、主动性、自律性缺乏。在学习上，依旧延续着高中的思维模式，面对自由且独立的大学生活，学习上少了老师的催促、家长的监督、同学之间的竞争与鼓励，部分同学在学习和生活上都会逐渐变得懒散，渐渐丧失了方向和目标。这样的同学更容易丧失意志，失去信心，最终与那些目标坚定，在学习、生活、社交等方面有计划的学生的差距越来越大。

3.学习目的不明确，感到迷茫

一些学生表示，自己进入大学之后，各种各样的学生组织与活动让自己应接不暇，常常会陷入一种本末倒置的状态，忽略了学习，找不到目标，完全不知道要干什么。这不仅出现在那些普通大学的学生群体中，也出现在那些重点大学的学生群体中。对未来的茫然，已经是大学生群体中一个普遍存在的问题。

(二)客观方面

1.专业不合适，缺乏兴趣

高考后的又一大关便是填报专业，而高中教育往往不会告诉学生专业选择是什么，该怎么选。因此，很多同学在入学前，并不清楚自己喜欢的专业是什么，所以选择专业时往往由父母做主，或者随大流选热门专业。上了大学后，慢慢发现自己对所学专业不感兴趣，甚至产生厌恶情绪，就不愿意进行自主学习了，学习力也因此受到影响。

2.经济条件不好，自卑消沉

教育部调查显示，高校中经济困难的学生占在校生总数的15%～31%，其中特别困难的学生占比8%～15%。部分经济困难的学生进入大学后，因为消费能力和生活条件的差异，容易产生自卑心理，从而精力无法集中到学习上，陷入了恶性循环。

 案例分享

我的学习力：从一台计算机开始

刚步入大学的时候，C同学在计算机和编程方面完全没有基础，之前也没有接触过计算机方面的知识，对大一第一个学期学校开设的C语言这门课程的学习感到非常吃力。学习中，他感觉跟不上老师的节奏，有时候老师都讲完了一个知识点，自己还停留在上一个知识点上，所以刚开始的时候对这门课特别畏惧。C同学在对待C语言这门课时，尽管刚开始觉得很难，但他没有放弃，课后自己看课本，有问题积极向同学请教。在此过程中，他的内心有一种满足又踏实的感觉。逐渐地，他养成每次上课前提前看课本做好预习的习惯，上课时认真听讲。经过自己努力，他在期末成功通过了考试。

三、给你的学习力"对症下药"

通过上一部分内容的自检，可能你也发现了自己的学习力存在一些问题。对大学生而言，要培养自身的学习力，应转变学习理念：学习不仅是要学好专业知识，更重要的是提升自己的学习能力，从而适应未来多变的社会。

具体可从下述几个方面尝试：

(一)树立新的学习理念

在瞬息万变的信息化时代，大学生必须树立"处处皆学问"的大学学习观。"无一事而不学，无一时而不学，无一处而不学，成功之路也。"作为大学生，要改变"学习是学校之事、课堂之事"的观念，树立起生活实践中无处不学的观念；课堂之外，对身边的人、事、物，处处留心学习。

掌握正确的学习思路。在接受教师传授的知识的过程中，要知其然，更要知其所以然；不仅要接受和理解讲授的知识本身，还要学会老师的思维，积极思考与探究，举一反三，触类旁通，进行逆向或多向理解与探索。

学习力的培养可以看作是一门"沟通"的学问。首先，大家要学会通过与老师和同伴沟通交流，提高学习能力。有的同学害怕与老师沟通，这需要大家克服自己

内心的恐惧，上课认真听讲，积极参与课堂互动与课后交流，勇敢地说出自己的想法。建议大家有想法一定要及时地和你的老师或同学交流，不管你的想法是否正确，至少能得到一定的反馈。人总是在听与说的反复中获得收获。其次，沟通的对象不局限于人，也可以是物，比如教科书、工具书等学习资源。大学的学习不能与基础教育中的应试教育相提并论，大学学习更重要的是专业性学习、兴趣性学习和自主性学习，学习方式较之中学时代也会有变化。同学们要学会运用教材和工具书，建立自己的学习资源包。资源包里包括教师上课用的课件，习题，自己整理的笔记，相关的论文、电子书籍、学术报纸等。作为一名大学生，如果你能学会运用这些资源，从这些学习资源中发现新的问题，产生新的想法，或者获取某种能力，你就学会学习了。

在具备了上述两种沟通技能后，更重要的是将它们有机结合到学习中。学校会给学生提供一些竞赛的机会，这样的机会同学们一定要抓住，因为参与竞赛可以从各方面锻炼你的能力。以全国大学生"互联网＋"创新创业大赛为例，这是一项综合性非常强的学科竞赛，参与这项赛事，你将从选项目为起点，招募志同道合的伙伴，组建创业团队，这是一项大工程。一个合理的创业团队，要有一个优秀的有判断力的领导人，一个能够掌管好公司资金的财务负责人，一个能为公司在市场上扎下脚跟、拓出空间的市场负责人。如果是技术性企业，你还需要一个技术总监。这些事情是课本上学习不到的。

案例分享

从羞涩到积极，我明白了沟通的力量

D刚进入大学时很紧张，自己是第一次到一个陌生的城市独立生活学习，也是第一次体验住宿生活。很快她发现大学里无论是老师还是同学，都格外亲切，私底下都可以成为朋友，甚至有时候就像家人一样。由于内向，她一直对教师有点畏惧，但她不断鼓励自己要走出这一步。她多次利用课后的十几分钟时间，向老师请教专业知识，也积极加老师的微信，请教自己看书时遇到的问题；她向辅导员老师请教评奖评优的政策和考研相关的问题，这些沟通交流都让她受益匪浅。D同学的事例告诉我们，大学里沟通真的很重要，有的事情自己想不明白，便可以请教他人，汲取他人的智慧，可能有的时候别人一点你就想明白了。所以不要封闭自己，要做一个开朗积极、善于沟通的人，这样更有利于自身的发展。

(二)改进学习的具体方法

1.跨专业学习

大家身边应该有这样一类人，他们不仅能学好本专业的课程，还懂得很多其他专业的知识，综合性非常强，甚至能考上跨专业的研究生。其实这背后是综合性思维及综合性学习力的体现。建议大学生将学习视野拓展到专业以外，方法上注重创造与合作的特点。创造性学习不仅局限于学科理论知识的学习，更可见于科研、实验、精工实习、毕业设计等实践应用活动。例如，在教师指导下，从申报开始参与某学术课题，参加实验和各项比赛，这些都是创造性学习活动。鼓励同学们以合作和互动的方式从事学习活动，充分重视同学之间的交流，在团队合作中提高整体成绩。合作对象可以是其他专业的同学，以增进对跨学科跨专业知识的理解，拓宽知识面。

 案例分享

团队合作带来的成长

大一的时候，英语老师要求同学们以寝室为单位，选择经典影视剧用英语进行现场表演，以此作为平时分。要把经典的影视剧用英语加肢体语言表现出来，这无疑是一个巨大挑战。为了呈现出好的舞台效果，E所在寝室六个人共同商议敲定电影选段，合作将台词翻译成英文，互相监督背诵台词，一下课就在寝室里一遍又一遍地演练。大家进行了合理的分工，英语较好的同学辅导基础相对薄弱的同学，彼此之间互相督促。终于轮到E所在小组上台表演了。虽然在未上台之前感觉很紧张，但是上台之后他们表现得很自然，老师对他们的表演予以肯定，同学们也送上了热烈的掌声。E认为这次团队合作为他日后的团队工作奠定了基础；通过积极主动地扮演好自己的角色，承担自己的责任，他成功完成了任务，提高了自己的团队协调能力。

2.沉浸式学习

"沉浸式"是最近网络上流行的一种体验模式，它的目的在于让参与者感受自己处于一个与日常生活完全不同的世界。沉浸式学习的要点是主动深入探究本专业的某一问题，利用教师的指导和课外资料，动手实验和参与实践，完成学习任务。大学课堂上，教师会旁征博引，所以，要善于记录教师讲授的重点和基本结论、典型事例等。大学学习的知识体系更为宏大，知识更为深奥，同学们绝对不能一下课，书本一合就此了事；学会归纳和总结是非常重要的，一定要及时进行复习、回顾和系统整理，将平时零散的知识点串起来，形成完整的知识链。另外，学习也要有"一览众山小"的

眼光和格局。我们鼓励同学们在学习中不仅要从细微处着眼,更要从宏观处着手,把所学知识融入自己所学专业中,想想以后在哪些地方或者情境中可以运用。

(三)把握实践学习的机会

大学中,很多同学有升学或者考公务员的计划,说明同学们都想提升自己,丰富自己,这是积极的,也是值得肯定的。但是为了升学或者考公务员放弃了上课,或者放弃了学校提供的一些实习实践锻炼机会,一门心思应付考试就不值得提倡了。虽然复习时间和复习计划很重要,但是实践学习也是大学阶段非常重要的一项学习内容和要求。大学能提供的实践机会并不多,同学们应该重视每一次实习实训,因为这是夯实专业基础的绝佳机会,是把知识运用到实践中去的重要一步和关键一环。实践学习和项目化学习可能会占用一部分考研或者考公务员的时间,但它们带给你的成长和磨砺在未来就业或者考研复试时都大有裨益。目前很多理工类专业都突出应用型特点,所以同学们不仅要学好知识,更要学好技术,实践学习是很有效的学习技术的途径。在学校课堂上有专业教师传授专业知识,在实践学习中有企业人员传授操控知识和技能。有些同学在大三下学期利用课余时间在企业兼职,利用自己的专业技能做一些小型项目,如人脸识别打卡机、智能玻璃等。经过一段时间的学习和锻炼,这些学生毕业后不论是升学还是就业都比其他同学更具有竞争优势和不可替代性。

案例分享

F 同学的学习之路

F 同学认为大学是真正意义上锻炼一个人独立学习能力的阶段。进入大学后,学习方式从老师监管式学习转向了自律式学习。刚进入大学时他学习并不主动;但在第一学期期末考试之后,他发现了自己与其他同学的差距,才真正意识到大学已是成年人的世界,老师不可能每时每刻都像管小孩子一样管着自己,更多的时候要靠自己主动积极去学习。大学是培养一个人自主学习能力的最佳时期,如果一个人管不住自己,放任自己,那么他很可能会一事无成。他不断提醒自己,学习的过程可能是孤独的,必须依靠自己,很多事情要自己独立完成。他选择课后认真回顾整理老师课堂上的教学内容,把更多的业余时间花在阅读上,不但阅读专业书,也阅读其他学科的书籍,有时他会有一种触类旁通、恍然大悟的感觉。另外,在他遇到自己无法解决的问题时,他便积极主动地向老师和同学求助。他认为,向他人求教也是一条绝佳的学习路径。

第二节　培养大学生的思考力

 案例分享

独立思考下的成长

刚步入大一时，G同学一个人来到陌生的城市，内心充满了陌生和距离感。军训期间，本来自己就不善于表达，也不爱说话，觉得很孤独，感觉和同学相处比较困难。那几个星期G同学想家的情绪异常浓烈，对大学生活突然就没有那么向往了。但是军训结束，真正开始上课以后，G同学在课堂上积极投入学习，与同学们交流，寝室氛围也非常好。每天正常上下课，G同学觉得一下子就适应了大学生活，也成长了许多，和同学们越相处越融洽，觉得大学生活很美好。在这一段适应的过程中，G同学意识到自己已经不是小孩子了，凡事不应该只顾自己的感受，应该学会像大人一样去思考很多事情，学会独立思考是成长的一门必修课。

一、关于思考力

（一）何为思考力

著名经济学家张五常曾说："我的思考方法是学回来的。一个平凡的人能学得的思考方法，其他的凡夫俗子也可以学。"对大学生而言，除了要培养自己的学习力外，还要学会不断思考。我们可以将我们所处的时代定义为"思考力差距化"时代。当今世界，新经济的诞生需要我们切换原有的思维方式，生存空间是为勤于思考的人留存的。孔子说："学而不思则罔，思而不学则殆。"爱尔兰剧作家萧伯纳说："恐怕你们不常想吧，在一年中想两三次的人已经不多，我每个星期总想一两次，所以名闻天下。"爱迪生说："不下决心培养思考习惯的人，便失去了生活的乐趣。"

思考力即独立思考能力，是一个人不可或缺的能力之一。思考力意味着运用自我思维，通过独立思考，做出正确判断，选择合理途径，寻求解决办法，探索问题答案。陈寅恪曾说"自由之思想，独立之人格"，大学生培养思考力即意味着努力成为能够独立思考和深入思考的人，从而掌控自己的学习、工作和生活，具备自我判断和选择的

能力，成为自己人生的主人。具有一定学习力的同学，往往有较强的自主性；看清事实，明辨是非，慎重决定等，都是他们所具有的特质，这些好的品质对于大学生的发展来说是十分重要的。这是从微观方面来说的。从宏观方面来说，培养一批具有较强思考力、学习力的青年才干，有利于推动中国从"创造型"大国迈向"智造型"大国。

（二）为何要培养思考力

大家是否偶尔会陷入这样的困惑：觉得自己空有一肚子墨水，却在需要时什么都倒不出来；明明已经冥思苦想，收集了很多素材，却感到毫无创意。这些问题的答案或许就是：你可能并不知道怎样思考。没有思考力，就无法感受到思考的快乐，无法捕捉一闪而过的灵感，只能被动等待机会的出现。相反，具有思考力的人往往都擅长顺藤摸瓜，探寻问题的根源；能够举一反三，在别人眼里的瓦砾中发掘到黄金，化不可能为可能，或是破解困扰大家许久的难题，或是创造受人追捧的产品，或是创作惊艳世人的文艺作品。

诺贝尔奖曾是许多中国人的梦，虽然莫言填补了我国诺贝尔文学奖的空白，屠呦呦因发现青蒿素而成为第一位获诺贝尔自然科学奖项的中国本土科学家，但诺贝尔奖获奖者在中国依旧是凤毛麟角。反观日本，是亚洲拥有诺贝尔奖得主最多的国家。中国的人口总数远超日本，中国与日本都高度重视教育，为何在这样的背景下，两国诺贝尔奖获奖人数差距却如此之大？答案可能就在于，日本教育更关注培养孩子的观察力和思考力。日本学校给孩子布置的暑期作业，除了常规的基础学科练习题之外，还有一份特殊的作业叫作"自由研究"。这份作业需要孩子根据自己的兴趣点，通过观察、发现、调查、了解、实践等对自己的兴趣点进入深入探索，然后将观察和实践结果整理成报告，开学后不但要交给老师，还要在全班宣读。这项作业需要孩子将很多时间和精力投入其中，可以称为儿童版的"学习研究报告"。

一份调查显示，当前大学毕业生普遍在沟通和合作上存在不足，无法从多角度解决一项复杂的工程，只有约四分之一的学生有能胜任工作的思考与写作能力。在课程中，我们始终在探讨这样的问题：通过大学学习我们需要成为怎样的人？社会需要我们成为怎样的人？成为怎样的人才能让我们更好地被未来社会所接纳和认可？认识自我，实现创新，培养独立的思辨能力，是教育的使命。但究竟如何开展？我们的大学又能为大家提供什么？教育不只是灌输知识，也不局限于解决某一个工程问题，而在于唤醒及激发同学们潜在的能量。苏格拉底曾经在柏拉图的《会饮篇》说过，老师如同一位"接生婆"，倘若"你的灵魂受孕了"，老师将帮助你释放无数的思想。如果将大脑比作电脑，它可以下载、储存很多数据，但前提是要有使电脑得以运作的软件，这些软件帮助这台电脑处理数据；如果缺乏这样的软件，那再多数据、再多资料都不过是一堆代码。大学教育的目的即在于在大家的大脑里安装软件。未来社会需要的不是只有一堆词条和死读书的人，而是能够处理这些"数据"，对这些"数据"进行加工乃至创新的人，这就需要培养"思考力"。

（三）如何培养思考力

首先要打破"思考力是有极限的"的观点。在地球上，人类是最具有智慧的。大脑作为思维的载体，其可以产生的思考力是不可估量的。但有一种错误的观点认为"思考力是有极限的"，这一误区使很多人为自己的惰性找到开脱的借口，不断暗示自己"即使想了也未必会有答案"。为何会有这种想法？很大一部分原因就是他们被所谓的"标准答案"困住了。走出这一误区的方法就是在寻求问题的答案时，不只局限于思考某个"标准答案"，而要学会突破固有的思维模式，寻找更多的可能性。

其次要打破在思考上对他人的过分依赖。有的人会对团体过分依赖，有比较严重的从众心理。通俗来讲，比如有的人会因为对规则的畏惧而不敢闯红灯，但如果很多人一起闯红灯，他就觉得没问题了，他的独立判断的能力就丧失了。有的人在学习中倾向于依赖老师，特别是在大学之前的教育过程中，习惯于全盘接受老师提供的知识与信息；在工作中则完全遵从领导、前辈。很多人只要一听到是"专家"发言，立刻洗耳恭听，思考能力马上"关机"。伟人、权威、长辈的建议当然具有很大的借鉴价值，对我们而言，这种对于权威的崇拜和信任也是无可厚非的。"人像动物一样，也有模仿的本性。对他来说，模仿是一种需要。"但值得注意的是，这种敬畏和借鉴并不意味照搬照抄。在借鉴的同时，要学会放入自己的思考，形成适合当下问题的新思维习惯。有的人则过度依赖经验，他们常认为"一直以来都是这么做的"。鲁迅先生在《狂人日记》中有句名言："从来如此，便对么？"约定俗成未必是真理。这种对经验的过分信任和依赖会让自己心安理得，停止思考，造成人在面对环境变化时不知所措，因无法接受新事物、新思想而丧失应对策略。以苹果手机为例，在它之前，人们不相信手机仅仅靠一个按钮就能控制一切，而乔布斯坚信可以通过一个按键完成所有任务，从而使界面足够简洁、漂亮。当时苹果的设计团队都认为这一想法是异想天开，劝乔布斯说这是不可能实现的。但乔布斯毫不妥协，他坚持要只有一个按键的手机。最终只有一个按键的手机成为现实，也受到了大家普遍的认可，而现在，苹果手机连之前唯一的一个圆形按键都取消了。

最后要培养勤思考勤反思的习惯。思考力的培养不是一蹴而就的事情，它需要反复的锻炼。都说人的脑子是台机器，太久不用就生锈了，思考力就是这台机器得以运转的最好润滑油。我们在成长的路上会遇到各种需要沉下心来仔细思考的问题，大到比如专业怎么选，毕业之后何去何从，人生的规划应该怎么做等，小到今天的作业要怎么完成，这个假期要去哪里旅游，怎么和室友处好关系等。人生处处需要思考，因此大家要养成勤思考的习惯，把思考看作和吃饭睡觉一样平常且重要的事情。

慢慢地，你就会拥有属于自己的独立的思考力。

二、培养思考力需要具备的意识

（一）问题意识

陶行知先生说过："发明千千万，起点是一问。"诺贝尔物理学奖得主戴维·格罗斯（David Gross）说过："搞研究的科学家所能拥有的最具创造力的素质之一，就是能提出正确的问题。"问题意识是触发思考的要素，它以超越现状为目的，可以促使个体主动发现问题、分析问题进而解决问题。问题意识反映了个体思维的深刻性和灵活性，也体现出思维的独立性和创造性。

欧内斯特·卢瑟福是英国著名物理学家，非常重视思考。一天深夜，卢瑟福看到一名学生还在实验室，就询问他：那么晚在做什么？学生回答说还在工作。当他得知学生从早到晚都在工作时，便反问道：那你用什么时间来思考问题呢？由此可见，无论学习还是工作，大家都要学会留给自己足够的时间思考问题。

（二）跨学科意识

查理·芒格说：如果你想成为理性的思想者，必须有跨常规学科疆域的头脑。而这需要了解各学科及相关学科中著名科学家的重要著述，能够将不同学科的思维模式联系起来并融会贯通。这就要求我们需要具备思维的广度。哪怕你目前只钻研某一个领域，但你不可避免需要接触一系列其他学科；你不能局限于某种思维模式，而需要借助不同的思考方式。例如，你要探究人类行为特点，可能从心理学角度出发，可能从文学的角度出发，也可能从哲学的角度出发。诸多角度的贯通与比较，你的思维就会更加严谨。

我们给大家三条建议：第一，关注人文科学的重要性，特别是一些理工科类学生，更需要关注人文科学。托尼·格斯比·史密斯是澳大利亚一家咨询公司的创始人，他在《哈佛商业评论》上发表过一篇名为《想要创新：雇用人文专业学生》的文章。文章中他提到："学习莎士比亚诗歌或者塞尚绘画的学生具有更强大的思维，往往更容易以新颖的角度解决一些传统方法无法处理的问题。""咨询业巨头公司如麦肯锡或贝恩同样青睐拥有人文背景的学生。你可以选择直接招聘这些学生来用，否则就只能向大公司支付昂贵的咨询费用来替你的公司出谋划策。"第二，利用好图书馆，拓展自己的阅读面。读书不仅能让我们学到知识，增加技能，还能使我们改变认知，提高思维能力。在著名心血管研究者刘易斯·库勒的办公室里有成堆的论文、书籍和期刊，你会发现库勒对它们做了很多标注，可见他已阅读完几乎所有期刊的每篇论文。他也经常将一些有趣的内容分享给朋友，分享的内容可能与他的研究领域相去甚远。一次他就与朋友分享了一份关于出生体重的遗传学报告，而事实上他自己的研究领域是心脏疾病。第三，积极与他人开展"头脑风暴"。交流、讨论是思维的碰撞，一场好的讨论甚至争论有益于锻炼思维，提高思考能力。

（三）批判性思维意识

宋代理学家陆九渊说过："为学患无疑，疑则有进，小疑则小进，大疑则大进。"有句俗语说："学源于思，思源于疑。"质疑进而批判地吸收是创新的不竭动力。我们应该养成随时质疑的思考方式，避免轻易地认为那些看起来"理所当然"的事情是正确的。大家在进入大学后可能经常听到自己的老师提到"批判性思维"，也经常会有老师对当今社会批判性思维的缺失深感遗憾。但很多同学可能根本不知道什么是批判性思维，而当下的教育确实也无法给批判性思维下一个完全准确的定义。《批判性思维》一书对其下了一个定义："存在着一种思维，它让我们形成意见、做出判断、做出决定、形成结论。同时，还存在着另一种思维——批判性思维，它批判前一种思维，让前述思考过程接受理性评估。

可以说，批判性思维是对思维展开的思维，我们进行批判性思维是为了考量我们自己（或者他人）的思维是否符合逻辑，是否符合好的标准。"历史学家西蒙·施玛在哈佛授课之后，说有学生抱怨自己在听课之后变得更加迷茫。这在某种程度上体现了大学的意义所在。大学教育并不是让大家简单地接触或接受某一个知识，而是告诉大家现在了解到的和之前所知道的，其实并不那么简单，也并非一成不变。大学教育的目的在于让大家去思考和探究所学知识的根本，去辨析其真伪，形成自己独立的思维框架。

三、培养思考力的核心是具备探究能力

（一）探究能力的概念

大学教育不同于填鸭式教育和应试教育，更多的是自主学习，这就需要大家培养探究意识与能力。美国国家科学教育标准中对探究的定义是："探究是通过多方面的活动，例如通过观察，提出问题，进而浏览书籍和其他信息资源发现什么是已经知道的结论，并根据现有研究成果制定调查研究的计划，根据实验证据对已有的结论做出评价，用工具收集、分析、解释数据，提出解答，解释和预测交流结果。探究要求确定假设，进行批判性和逻辑性思考，并且考虑其他可以替代的解释。"探究能力是 21 世纪人才的必备素质之一。

有种说法把人分为四类:第一类是像老黄牛一样,虽然踏实肯干,却不会思考只会服从,最后往往默默无闻,没有大的成就;第二类是先做事后思考,获得的教训多,这类人往往失败概率大而成功概率小;第三类人是边做边想,在行动过程中发现问题进而寻找改进措施,虽历尽千辛万苦但一般能圆满完成工作;第四类人是先理思路后行动,他们往往八成时间用于思考,剩余两成用于行动,最后事半功倍,一气呵成。德国著名的数学家和物理学家高斯有个著名的故事:他小学时老师让同学们计算从1加到100是多少,没多久高斯就报出正确答案5050。他的方法就是用首尾相加的方式计算,这就是我们所说的"三思而后行"。在做事之前认真观察、仔细思考,找出最省时省力的解决方法,正是我们养成探究思维、培养探究能力的意义所在。

探究思维和探究能力不是与生俱来的,而是通过后天不断努力才逐渐形成的。我们每个人都具备一定的思考能力,但因为成长环境、所受的教育以及后天努力的差异,造成了思考力的差异。

(二)如何培养探究思维、提高思考能力

一是采取科教融合的学习方式。目前部分高校在学校或学院层面已经在尝试构建科教融合的人才培养模式,将本科生导师制落到了实处,鼓励学生在低年级开始进入科研团队,使学生得到更多科学研究的专业训练,提升学生对学科的理解与兴趣,培养学生成为本专业领域专业基础知识扎实、专业核心能力突出、综合素养高的应用型人才。如果你所在的学校没有这方面政策与举措也没有关系,你可以自己积极地去创造这方面的条件。科教融合,从学生层面来说就是要更广泛地参与教师的科研工作。在校期间,一要多与专业教师沟通,争取加入他们的项目,充当小助手;二要积极参加多种形式的科技创新活动和学科竞赛,从而得到科研和实践训练,全面提高实践应用能力;三要积极参与工程试验、企业实习、社会服务等。如果你在毕业后选择考研,你大学期间参加的科教融合活动能为你的复试增添重要砝码;如果你选择直接就业,这些经历也能帮你毕业后快速适应,并胜任企业相关岗位的工作。

二是给自己一点时间去思考。再有营养的东西,吃完只有消化了才会帮助人拥有强壮的体魄,否则只会成为身体的负担,知识的吸收也是如此。大学里我们会不断汲取新事物新知识,如果我们不给自己一点时间去思考,我们就会被知识淹没,进而感到很迷茫,不知道自己下一步该干什么。有的同学觉得自己好像一整天都在学习,却没有任何收获,长此以往,美好的大学生活就被浪费了。大学是一生中的黄金时期,如果浑浑噩噩,不知所措,那么以后当我们需要技能去为我们的生活承担重任的时候,我们就会更加无能为力。希望大家多给自己留一些时间,让自己理清思路。希望大家能够更加清晰地知道自己在干什么,需要做什么,学会规划好自己的人生,按照自己的规划,一步步去实现目标,一步步去提升自己,这样当我们在回首往事的时

候，也不会那么后悔。所以，在大学里与其毫无目标地埋头苦干或者横冲直撞，不如多给自己一点时间去独立思考，清楚地认识自己；迷茫时静下心来好好想一想，认真思考规划自己的人生。

三是学会反省。反省本身对于培养思维、提高思考能力有着重要作用。它有如下优点：(1)加深自己的思维深度。在反省的过程之中，我们往往能对那些反省的事物产生一种新的看法，并沿着这个看法逐渐考虑其原因、内涵、本质等；在这个过程之中，我们可以避免自己停留于表面思考，加深自己的思维深度。(2)增加自己思考的多样性。反省的过程中，我们能以多种旁观者的身份来多角度地看待问题，让事物能有多种呈现状态，突破单方面思考的局限性，最终拓宽自己的思维广度。(3)丰富自己的思维内涵。反省好比一个筛子，能够帮助我们对自己的思考取其精华，去其糟粕。通过一次次过筛，留下的精华会让我们汲取养分，茁壮成长，使我们的思维迈上新台阶。

案例分享

创业，他不走寻常路

H同学的创业之路既出于自己的兴趣，也出于"不走寻常路"的想法，其中的尝试都离不开他不断的思考与反思。大二时，他开始了一段"青涩"的创业之路——在学校销售衣服。刚开始销量节节上升，时间一久却开始走下坡路。谈及这段失败的创业经历，他懊恼地表示因为年轻，所以做事欠缺考虑。"我只是觉得衣服的面料不错，就批发了一些在学校卖，可是没有考虑到撞衫的问题。衣服一共三个颜色，走在路上，大家穿的衣服都差不多，渐渐地就卖不出去了，只能把衣服批发给别人。"首次的大胆创业虽然没有取得成功，但正是这一段经历让他对创业有了更深刻的思考，同时也积累了一定的经验。而他本人也表示一时的失败并不是问题，而不能从失败中总结出经验才是可悲的。

他本身热爱艺术，二十多年来哪怕再忙，也没放弃过对它的热爱，现今艺术不但是他的爱好，更是他的事业。他从做琴行起步，没有传统琴行的名气与品牌，他就尝试不卖钢琴转而出租。这个大胆的想法取得了成效，公司积累了与传统琴行一较高下的资本。做艺术培训，没有生源，他凭借更专业更出色的钢琴教师和丰富多彩的钢琴比赛吸引学生。从创业开始，十几年来，凭借审时度势与独辟蹊径，公司一步步发展壮大，最终成为区域一等一的琴行和培训学校，拥有了二十余家规模较大的连锁店。

第三节 培养大学生的行动力

案例分享

优秀，从行动力开始

刚上大学的时候，你可能会计划着要做很多事情，但往往到毕业的时候你都没有落实原先做好的计划。在I同学看来，光想不做也是枉然，要做成一件事就要从行动开始。她在进入大学时，就立志要不问家里要一分钱，靠自己的收入完成学业。大学的第一个学期，她把主要的时间和精力放在适应学业上，为自己的优异成绩打下基础；后来她在学习上越学越顺，成功获得奖学金。在假期，她开始兼职做家教，同时因为担任学生干部，能力出色，专业能力也过硬，老师推荐她去专业公司兼职。通过多方面的锻炼，她认识了志同道合的朋友，也锻炼了自己的沟通能力，多次参加"挑战杯"等竞赛并获奖，在毕业那年获得国家奖学金。毕业前夕，她自豪地发了一条朋友圈，表示自己靠努力实现了大一入校时的理想。I同学的事例告诉我们，在大学里想到什么就要去做，勇敢地迈出第一步，一旦有了收获，就会更加主动。这样长期下来，就会完成很多事情，拥有多项技能；完成一个个小目标，不断完善自己，这样离我们的人生目标也就更近了。大学里行动力才是我们最佳成果的表现，想到什么事就勇敢去做，不要怕，年轻就是最大的资本。

一、关于行动力

（一）什么是行动力

我们每个人都心怀梦想，然而，梦想实现的过程不是一帆风顺的，也不是一蹴而就的，需要不懈的努力。如何在芸芸众生中脱颖而出？如何让梦想不会成为空想？非常重要的一点就是行动力。

王阳明曾经说过"行胜于言"，要做到"知行合一"。陶行知为了实践这个名言，把名字更改为行知。《吕氏春秋》提到"言之易，行之难"。《尚书·说命中》记载："非知之艰，行之惟艰。"《墨子》有言："口言之，身必行之。"肯尼迪说："最大的危险，就是无

所行动。"古往今来，纵贯中西，名人大家都强调了"行"的重要性，一致认为知道和言辞都不难，难就难在落实到行动上。

所以，什么是行动力呢？行动力是指愿意不断地学习、思考，养成习惯、培养动机，进而获得成功结果的行为能力。具有行动力的人，具备超强的自制力，同时能够突破自己，制定了目标就下定决心一定要去实现。

(二)为什么要培养行动力

第一个原因是，行动力和学习力、思考力不是彼此孤立的，而是彼此促进、相辅相成的。也就是说，行动力的提升可以反作用于学习力、思考力的提升。曾经有种观点被大家广泛接受，就是认为人的大脑在青春期之后是逐渐走向衰落的，但最新的科学研究表明，人的行动是可以改变大脑的，而这些改变并不受到年龄的限制。打个比方，伦敦的出租车司机不得不通过记忆伦敦地图来帮助他们获得出租车执照，如此一来，他们就有更大的大脑区域用于空间或地图的记忆，从而提升自己在这一方面的能力。

第二个原因是，行动力本身就是一项不可或缺的能力。我们经常建议同学们多读伟人传记，因为伟人传记都有着非凡的指导意义和用途，可以给人帮助、指导和鼓励。伟人们为我们树立了可贵的榜样，教我们如何凭借自助的力量，耐心以追，决心以求，坚定不移地实现既定的目标，形成真正高尚和果敢的品格。他们克服困难的故事和历程清晰生动地为我们展示行动力怎样帮助他们实现成功。

案例分享

从行动开始的演讲能力

J同学把提升行动力概括为"敢做、多做、恒做"这六个字。"纸上得来终觉浅，绝知此事要躬行。"行动力就是要学会去做，勇敢去做，而且要立刻去做，从而锻炼自己。

他的这个感悟开始于大二时的一次小组演讲作业。当时老师要求同学们分小组，每组准备一个话题，然后派代表在班上进行演讲，J被推选为他那一组的代表。台上一分钟，台下十年功，这句话一点也不假。虽然只是一次小小的演讲，但是J同学准备了足足两个星期，查阅大量资料，准备演讲稿，对着镜子练习，向寝室同学模拟演讲，演讲后的提问环节也准备了。虽然刚上台时他还是有些紧张和不自信，怕自己讲不好，但是想到自己做了充分的准备，便慢慢进入状态，成功完成了演讲。

通过这一次的演讲经历，J对自己有了新的认识。他意识到一个人要善于把自己的想法大胆地表达出来，也要积极地听取别人的意见。他明白了"敢做""多做""恒

做"的意义。现在他的目标是想成为学生会一名部长，但是想成为一名部长并不是那么容易的，有一个严格的考核过程，有笔试、面试和演讲环节。正是先前的演讲经历，让 J 对演讲和面试已经轻车熟路，再加上"敢想敢做"的性格，他顺利地通过了面试，最后取得成功。新时代的大学生，每个人都应该具备基本的演讲能力，一旦有锻炼这方面能力的机会，一定要善于把握好它。

二、如何培养行动力

(一)培养"先行动起来"的思维模式

改变人生，从行动开始，从此时此刻开始。你是否有过这样的经历：某件事明明下定决心要坚持到底，结果却还是半途而废？这就是因为你只持有坚持到底的想法，却没有落实到具体的行动中去。比如，打算从明天开始每天背英语单词，还不如从今天开始就背 3～5 个英语单词。制定一个具体的计划，然后采取行动去实现目标。"如果你在犹豫某件事情要不要做，那你就去做，至少结果不会比现在更糟。"所以，当我们面临选择和犹豫不决的时候，唯有通过做才能知道这样行不行、好不好。如果同学们敢于去做自己畏惧的事情并获得成功，那么，你的行动力也由此提升。

(二)走出自己的舒适圈

理查德·布兰森说："欣然突破极限，这是测试自己的最佳途径。"纳尔逊·曼德拉说："我认识到，勇气并非意味着没有恐惧，而是你能够战胜它。"每个人都会有不同的舒适区，在舒适区之外，往往就存在强烈的焦虑和恐惧。也许你也曾设立过目标，并期望在某一方面获得成就，但一味待在舒适圈，这些目标就会逐渐模糊，最后你与它们渐行渐远。艾玛·玛德琳曾提出了"改变窗"这个概念。何为改变窗？即"以不同的方式进行思考、感受和表现，这将从本质上改变我们的神经系统，由大脑向身体发送不同的信息，又由身体向大脑发送不同的信息"。这就意味着你要创造某个可以被称为"改变窗"的重要时刻，在这个时刻试着勇敢地去"违背"往常的自己，为自己创造机会去做不曾做过的决定和行动，从而来克服你以往的恐惧、焦虑和情绪负担。在这一过程中，你将要进行有意识的转变，甚至展现自己与过往常规中完全不同的个性，打破曾经的界限，进而探索一个全新的自我。

(三)要敢于克服恐惧

要切实行动起来需要具备行动的勇气和意志。《论语》说："知者不惑，仁者不忧，勇者不惧。"戴尔·卡耐基在《人性的弱点》一书中说："大胆地去做自己害怕的事情，并力争得到一个成功的记录。"人在某些时刻,特别是感到自己好像走到穷途末路的时候,会产生一种绝望的情绪,认为未来毫无希望可言,继而就会产生消极、焦虑的负面情绪,对未来将要进行的事也会联想到失败和痛苦。比如一名同学高数没考过,他的脑海中就会充斥着恐惧的幻想,觉得补考依旧会重蹈覆辙,进而有可能毕业也出现问题。对于一个生性腼腆的同学而言,他在大学期间可能无法很好地交友,继而对自己的人际交往能力产生怀疑,甚至对毕业后自己的工作和家庭生活都产生消极的联想。当然这种恐惧在一定限度内是有好处的,比如你将面临一场考试,一点紧张和焦虑将督促你去复习;但如果这种恐惧已经上升到让你焦虑,喘不过气来,那对你的行动是有抑制作用的,有必要去克服。

(四)要敢于涉猎各个领域

我们跟一些人力资源经理交流后,发现他们希望招收到的学生会吃苦,遵守纪律,态度好,心态好,知识面广,专业能力强,忠诚度高并且拥有责任感,尊重别人,善于沟通,能团结协作、积极主动等。而这些素质,同学们仅仅凭借课堂是学不到的,大量的内容要到社会实践中去学习,到企业里去学习,到平时的社团里去学习;需要大家在平时活动中学会与人沟通、与人交流,在与人的沟通中培养理解和换位思考的能力。步入社会后,不难发现,仅仅习得某项专业技能是远远不够的,在不同领域的涉猎才能发挥意想不到的作用。同时,我们建议大家培养一种兴趣并长期坚持;做一个会坚持、会吃苦的人,那么你就离成功又迈进了一大步。

(五)寻找适合自己的领域去行动

我们建议大家多去涉猎不同领域,但绝不是让大家违背自身特点盲目尝试。著名心理学家厄廷根曾和同事一起对柏林两所大学的168名大学生开展实验。通过实验他们发现,那部分用到心理比对的学生更有干劲,并立刻投入行动去实现自己的愿望。投入行动的积极性取决于他们从一开始认为自己取得成功的概率大不大。如果基于过去的经验他们觉得某件事存在成功的可能性,那么他们从事这件事的动力就比其他人有明显的提升。通俗来讲,比如你是一个很擅长体育的人,尤其在游泳方面有过人的能力,但是你在音乐方面的才能可能非常有限。现在让你每天花四个小时用于钢琴的练习,并且为自己树立目标,要考入音乐学院,这样的理想或者预期是可行的吗?这显然并不是一个特别好的选择。但如果让你去加入学校的游泳队,或者树立考取体校这样的目标,你的训练积极性就会大为增加。并不是所有的努力都是有意义的,关键还是要看你这个目标或者愿望达成的可能性高不高。因而,正如我们在前面提到的,希望大家可以充分地认知自我,对自己有一个合理的评判,树立一个合乎自身特长的目标,这样将更有利于激发你的行动力。

（六）注重社会实践与积累

"勤劳的人能致富，因为把握了时间这笔自然的财富！当他的沙漏流出沙子，他会像数星星一样，弯腰去捡起沙子，通过不懈的劳动，一颗颗捡起。"生活中最伟大的成果往往是通过简单的手段，通过发挥普通的品质获得的；它不是一朝一夕取得的，我们必须一步一个脚印去实现。我们要收获必先耕耘，最值得等待的果实经常成熟最慢。"读万卷书，行万里路"，社会实践与课堂学习同样重要：通过学习我们获得知识，通过实践我们获得能力。

新时代的大学生社会实践有着更加丰富的内涵和形式，如志愿服务、专业服务等社会服务模式，按年级分层推进、实行项目孵化的创新创业模式，挂职锻炼、实习实训等见习实习模式，专题调研、科研调研等社会调研模式，还有锻炼意志力的生活磨砺模式，都是社会实践的创新形式，都对大学生的成长成才有着重要的作用。大学生在社会实践的过程中，还可以紧密结合自己的专业。比如，有信息科学专业的大学生面向中小学学生开展编程公益教学，越教越好，得心应手，还走出了国门，利用孔子学院搭建的平台，在线上向格林纳达等国家的小朋友提供教学服务；再如学文化管理、城市管理的学生利用给自己的专业优势，开展地方非遗文化的传承项目，也开展得有声有色。可以说，这样高质量的社会实践同步提升了学生们的学习力、思考力和行动力。

案例分享

读研？就业？参军？——毕业生的 N 种选择

案例1："军旅生涯给了我们顽强的意志，部队养成的集体观念也让同是军营出来的我们成为考研路上志同道合的伙伴。"相同的入伍经历让四个同学很快就聚到了一起，共同立下了考研的目标。在这个四人小分队里，K 同学作为三年省政府奖学金获得者，在学习上起到了榜样作用；L 同学性格内向，善于收集考研学习资料；M 同学则把从老师和考研学长学姐那里得到的经验进行提炼分享；O 同学性格开朗幽默，能够充分发扬乐观精神，调节学习压力。正是在部队中培养的团结拼搏精神，让四人互相扶持，同甘共苦，为同一个目标而战斗。四个退伍大学生考研齐"上岸"一度成为校园美谈，在广大学生中产生了积极影响。

案例2：某寝室 6 个小伙子，4 个成功考研"上岸"，1 个以国考同岗位综合成绩第一考上公务员，1 个进入世界 500 强企业工作。在 4 年中，他们 6 个人相互帮助，相互鼓励。全寝室没有挂过一门课，而且他们的成绩在专业中始终保持前 10%。他们

并不是"书呆子"，寝室中的每个人都是体育健将，有院足球队队员，也有院篮球队队员。闲暇时，他们会一块出去吃个饭，一起看看电影。

案例3：2021届毕业生P同学获得了7所世界百强名校的"offer"，读书期间他学习刻苦，成绩优异。大三学年加权平均学分绩点4.20，大四学年加权平均学分绩点4.14，先后获得省政府奖学金、国家奖学金、特等奖学金等，并且连续四年荣获校三好学生、优秀团干部、优秀学生干部。他还曾在第十三届世界无人帆船锦标赛(WRSC)中获得三等奖，以及单项最高分的好成绩。

案例4："到西部去、到基层去、到祖国最需要的地方去。"2018年，本是Q同学忙忙碌碌找工作"进军职场"的时候，他却毅然选择了到西藏参军。最艰苦的地方，难不住最坚强的人。从第一次走巡逻路，面对毒虫、毒蛇袭扰的束手无策，到后来可以轻松面对，甚至帮助新同志解决问题，所遇到的一切困难，都成了他不断进步的养分。他曾荣获军事技能比武综合成绩第三，获评优秀义务兵，获嘉奖一次，担任尖刀班副班长，作为优秀大学生士兵成功考取陆军工程大学继续深造，成为部队干部重点培养对象。

案例5："每个人的青春只有一次，而我坚信来到阿克苏奉献青春是我无悔的选择。"2020届毕业生R同学参加了新疆专招计划，成为一名援疆大学生干部。在校期间他是一名品学兼优的学生，学习成绩名列前茅，在班里担任班干部。目前，他在阿克苏库木巴什乡从事基层的党建和综治工作，已经以村党支部委员的身份解决了当地群众的很多难题，与群众打成一片。"扎根新疆，为民族团结发展贡献力量。"谈及未来，他充满希望。

案例6：更多的同学选择毕业后在自己的专业领域内发光发热。2019届电子专业毕业生S同学毕业后选择干自己的老本行，他成功进入浙江移动信息系统集成有限公司担任项目经理一职。工作以来，他负责的项目广受好评。"90后"的他在毕业后，用两年时间成长为国有企业的青年业务骨干。

 案例分享

立足专业，回馈社会

2018届毕业生T同学是贵州苗寨里走出的大学生，毕业后开发地方产业，助力家乡脱贫的想法便在他脑海里生根发芽，他将目光投向苗寨传承千年的古老手工

艺——蜡染，2018年7月创办成立了一家文化公司。通过行业联合指导、非遗人才培养、非遗时尚产品打造、电商营销等举措，他创办的公司逐步成长为一家蜡染文化创新型电商企业，推动了非遗工艺生活化和发展可持续化，带动家乡就业1000余人，为脱贫攻坚和服务乡村做出了突出贡献。

荣获市十大创业新秀称号的U同学是省级优秀毕业生，曾担任学院学生会主席，先后获得"校一等奖学金""建设集团奖学金"等，荣获"优秀学生干部"称号。2011年毕业后开始创业，白手起家创立了宝塑贸易有限公司，确立"互联网＋改性塑料"思维，推动研发创新，生产新型可降解塑料——光降解塑料。公司年产值达7000余万元，成为当地赫赫有名的企业。

看了这些案例，相信你一定有所收获，可能也有很多想法和打算吧。那么，打算什么时候开始行动呢？让我们来回顾一下几个关键点。首先，要有达成目标的强烈愿望。其次，为了实现目标，需要从小事做起，而且要马上行动起来。宁可少做一点事情，也千万不要"从明天开始行动"。只要你能够从小的行动开始，踏踏实实地积累和坚持，就能改变自己的人生。

 延伸阅读

读书杂谈（节选）

鲁　迅

【阅读指南】

鲁迅是我国著名文学家、思想家、革命家、教育家、民主战士，新文化运动的重要参与者，中国现代文学的奠基人之一。本次延伸阅读节选自鲁迅的《读书杂谈》，该文收录于鲁迅1927年所作杂文集《而已集》中。文中鲁迅以朴实的语言告诉大家读书没有妙法，也没有捷径，唯有实实在在地读。他谈到读书有两种目的：一是职业的读书，一是嗜好的读书。希望此文对大家读书能力乃至学习力的提升有所帮助。

【原文欣赏】

说到读书，似乎是很明白的事，只要拿书来读就是了，但是并不这样简单。至少，就有两种：一是职业的读书，一是嗜好的读书。所谓职业的读书者，譬如学生因为升学，教员因为要讲功课，不翻翻书，就有些危险的。我想在座的诸君之中一定有些这样的经验，有的不喜欢算学，有的不喜欢博物，然而不得不学，否则，不能毕业，不能升学，和将来的生计便有妨碍了。我自己也这样，因为做教员，有时即非看不喜欢看的

书不可，要不这样，怕不久便会于饭碗有妨。我们习惯了，一说起读书，就觉得是高尚的事情，其实这样的读书，和木匠的磨斧头，裁缝的理针线并没有什么分别，并不见得高尚，有时还很苦痛，很可怜。你爱做的事，偏不给你做；你不爱做的，倒非做不可。这是由于职业和嗜好不能合一而来的。倘能够大家去做爱做的事，而仍然各有饭吃，那是多么幸福。但现在的社会上还做不到，所以读书的人们的最大部分，大概是勉勉强强的，带着苦痛为职业的读书。

现在再讲嗜好的读书罢。那是出于自愿，全不勉强，离开了利害关系的。——我想，嗜好的读书，该如爱打牌的一样，天天打，夜夜打，连续地去打，有时被公安局捉去了，放出来之后还是打。诸君要知道真打牌的人的目的并不在赢钱，而在有趣。牌有怎样的有趣呢，我是外行，不大明白。但听得爱赌的人说，它妙在一张一张地摸起来，永远变化无穷。我想，凡嗜好的读书，能够手不释卷的原因也就是这样。他在每一页每一页里，都得着深厚的趣味。自然，也可以扩大精神，增加智识的，但这些倒都不计及，一计及，便等于意在赢钱的博徒了，这在博徒之中，也算是下品。

 推荐阅读

第八章　管理自我，做一个最好的自己

你是否有过这样的苦恼？无法坚持早起，无法戒掉游戏，总是放不下手机，经不住一些诱惑而放下书本，无法坚持背英语四六级单词、古诗词，背来背去都是前十几页，等等。不要害怕，不是你一个人有这样的烦恼，很多人都深陷这样的困境；不是因为你天生在性格或能力上有什么缺陷，只是因为你还没有学会管理自我。

第一节　成功始于自我管理

自我管理对成功实现目标非常重要。儒家经典之首《易经》第一卦中就讲："君子终日乾乾，夕惕若厉，无咎。"意思是说君子既要勤奋不息又要随时反省，只有保持居安思危的警惕性，才能在面临诸多危险时保住平安。

500多年前，王阳明先生曾说过，修静，以入心境；意诚，以树心正；谨独，以严心之律。王阳明先生的谨独其实就是自我管理。

王阳明先生提倡通过静坐法来达到心中的宁静，即以坐入静。静坐只是古人修身养性的一种形式，你可以静坐，也可以平躺或者保持任何你觉得舒适的姿势，关键是要学会如何放空自己，以心为镜，观照自身。

阳明先生的一生都在"致良知"，流言蜚语、中伤诬告、功名利禄的诱惑都不能影响他的追求，因此最终达到"吾心光明"的境界，这是以道德管理的最高境界管理自我。阳明先生的一生都在倡导"知行合一"，他认为事情不分大小，不管难易，都要踏踏实实去磨炼，总能达到光明的彼岸。阳明先生的自我管理法一样适用于实现规划，让你在面对艰难险阻、心生疑虑、停滞不前时豁然开朗。

我们再来看看，18世纪美国的本杰明·富兰克林是如何通过强大的自我管理，使自己从一个只上了两年学的印刷厂学徒工，成长为著名的科学家、发明家、政治家、外交家、哲学家、文学家和航海家的。他的自我管理包括品德管理和时间管理两部分。

在品德管理方面，本杰明·富兰克林提出"13条人生准则"并严格执行，终身恪守，给后人留下宝贵的精神财富。他的13条人生准则如下：

(1)节制：食不过饱，饮酒不醉。

(2)寡言：避免无益的聊天。

(3)秩序：工作时间要合理安排，生活物品要放置有序。

(4)决心：决心要做的事应坚持不懈。

(5)俭朴：不要浪费。

(6)勤勉：每时每刻认真做有用的事。

(7)真诚：不欺骗人，思想、说话、做事都要公正。

(8)公正：不做损人利己之事。

(9)适度：避免极端情绪。

(10)清洁：身体、衣服、住所都力求清洁。

(11)平静：遇事不惊慌失措。

(12)贞洁：不伤害身体或损害自己以及他人的安宁和名誉。

(13)谦虚：仿效耶稣和苏格拉底。

在时间管理方面，本杰明·富兰克林制定了翔实、充实的时间表并严格执行，仔细检查，每日反省。

日本社会学家横山宁夫提出，最有效并持续不断的控制不是强制，而是触发个人内在的自发控制。一个人的学习和成长一定是在自我驱动下、自我管理中实现突破的。我们发现，古往今来，成功人士都具有相同的特点：自制力强，自控力佳，不易受到外界因素的干扰；忍耐力强，不易被挫折击败；做事情有计划；情商高等。具备这些特点，我们可以统归为自我管理能力强。

　　大学是人生发展的黄金时期，是世界观、人生观、价值观定型的时期，学会自我管理对大学生尤为重要。你要学会自己做决定，每一个决定对你的前进步伐都会产生影响，自己的路由自己去规划、去改变。学会自我管理，要学会端正态度，培养好的习惯，并为之坚持。一件事，不要推托自己不会做，而要学着去做。

　　有这样两名同学，一名同学在步入大学后，也曾迷茫过，逃过课，整天在宿舍待着，和舍友一起打游戏。但时间一长，他对自己的态度感到不满，决定改变自己，于是每天在手机上把自己一天要做的事列举下来，今日事今日毕。为激励自己，他加入学院的团学部门工作。最初担心自己会做不好，也曾被拒绝过，但他始终秉持一个理念，不会的东西尝试去学，坚持下来，最终获得了成功。另一名同学在进入大学之后经常会出现这样的情况：开始时感觉一下子空下来无所事事，后来慢慢感觉想做的事很多但不知从何做起；一打开书就打瞌睡，忙着处理各种微信消息，一空闲下来就想着玩游戏，考试到了临时抱佛脚。

　　两名同学有截然不同的状态，说明我们只有在大学期间开展有效的自我管理，学会合理管理自己的课余时间，学会做到不被各种外界因素干扰而专注学习，才能取得成功。自我管理有很多内容，如学业管理、时间管理、情绪管理、健康管理等，可从习惯养成、自我反省、监督评价、不断改进等环节入手。

 案例分享

　　A同学分享了了一段关于高职考的经历：我是职业高中通过单考单招上的本科，而想上本科，需要在1万人里面排进前200，过程一点也不比高考简单。我能成功，虽然有一点运气加成，但也并非偶然。

　　在刚进职校时，老师就说过，职高不是低人一等，它也是一种机会。我中考成绩不好，离普高差了几分，最终选择了职高。入校之后，班里一部分同学自暴自弃，但我没有，我在开学前，就向比我高一届的学生借了高一的数学书。我很喜欢数学，所以我对自己的要求就是数学成绩不能差。开学后，我在数学课上积极回答问题，课后认真完成作业。这是我对自己的最低要求。结果是好的，我的数学成绩很不错，并成为数学课代表。在高二时，参加了数学"假日杯"竞赛。在此期间，我每天去补课，学习课程后面的内容，并完成作业。当别人在随便应付时，我在认真答题。我对自己的要求是，可以少做题，但每一题都要认真做。最后的考试中，尽管我没有答完题目，但我将会的题目都答上了。结果不负期望，我拿了一等奖，收获了人生中第一份奖金。

　　高三也是最苦的时期，每天在题海中挣扎，那本专业理论书早已被翻得破破烂烂。老师还会对我们进行默写练习，一字一句地默写过去。当时我对自己的要求是，

每天看专业理论书 1 小时，可以在睡前看，也可以在午休看，但必须看满 1 小时。我用这最笨的方法，最终取得了一个不错的成绩。在高职考时，我超常发挥，尽管专业理论成绩一般，但我数学很好，成功将分拉了上来。这也和我考前一个星期的良好心态和作息有关，不空想，多做题，偶尔用听歌来放松自己。

第二节　如何进行自我管理

有效的自我管理很重要但也很难，需要自我管理的内容包罗万象，可能需要你用一生去"修行"，才能达到最后的"吾心光明"。本节主要讲述一些常用的自我管理方法与技巧，重点介绍制定计划、管理时间、管理健康、管理情绪、养成习惯等内容，帮助大家更快地适应大学生活，更好地在大学学习和生活中把控和经营自己，顺利实现学业与职业目标，为自己的未来发展打下良好的基础。

一、制定计划

计划就像一座桥，连接着你现在所处的位置和你想要去的地方；计划是一张清单，清晰地列出一段时期内要完成的任务；计划具有提示作用，可以通过定期回顾来查看工作进度；计划还能提升工作效率，帮助理清思路，配合目标，找到实现路径。没有计划，目标就不可能实现。制定计划时，我们需要注意以下三个方面的要求。

第一，制定计划要翔实。目标如果没有细化成具体可操作的计划，不仅实现不了目标，而且会导致学习工作抓不住主次，往往造成时间浪费，徒劳无功。计划一定要具体化，要将目标转化为每日或每周要完成的事项。你可以准备一个记事本或者电子记事本，把任务详细地列出来，每完成一项任务就对自己说"我很棒"，每完成一个阶段的计划，就犒劳一下自己。当你看到本子上的任务完成后被一项一项地划去时，会有"每天进步一点点"的成就感，这种成就感可以产生自我激励的心理功效，更加有助于控制计划开展的进度。

第二，制定计划要能比较准确地预估时间。如果预估的时间不合理，计划就难以完成。如果每天都提前很长时间完成任务，虽然会有更多放松的时间，但可能导致最终完不成目标。如果每项任务都延迟完成，每天都完不成当天任务，就会导致事情越堆越多，影响下一步计划，造成恶性循环，最后就容易让自己丧失信心，彻底放弃计划。

第三，制定计划要分清轻重缓急。分清事情的轻重缓急是制定计划的核心技巧。

一定要排列出优先顺序，千万不要眉毛胡子一把抓。如果在无关紧要的事情上花费的时间和重要的事情一样多，你的时间肯定会不够用；一定要集中时间和精力做对主要目标最有价值的事情。时间精力有限的情况下，要舍得放弃对实现主要目标不是特别重要的次要事情。因此，编排出待完成事务的次序并加以执行非常重要，也便于你检查目标的完成度。

判断任务的轻重缓急也不是一件简单的事情，我们可以用"时间管理矩阵"来帮助我们进行判断。

	紧急的	不紧急的
重要的	优先级 A（重要而紧迫） 举例：准备参加一场重要的考试，准备参加一项重要的学科竞赛	优先级 B（重要但不紧迫） 举例：提高演讲和辩论的水平，增加人文历史类书籍的阅读量
不重要的	优先级 C（不重要但紧迫） 举例：朋友邀请你参加聚会，学生会通知参加一个你不感兴趣的讲座	优先级 D（不重要也不紧急） 举例：跟朋友聊微信，逛街，玩游戏

我们用 A、B、C、D 的顺序来标注事情的轻重缓急：A 代表最高级，表示必须立即执行并优先完成的事情，依次下去，D 代表最低优先级，表示你愿意去做但也可以不做或延后再做的事情。通过时间矩阵，我们会发现，最重要的事情往往不一定是最紧急的，最紧急的事情往往不一定是最重要的。最紧急的事情肯定要第一时间完成，这种事情只占少数，在这之后，重要的事情应该放在紧急且不重要的事情之前。比如，在你刚开始晚自修的时候，QQ 有新消息，你的高中同学来找你，咨询你一件事情。这时你可能会放下书本，第一时间回复他。接着他又问你大学新生活适应得如何，你们可能就开始闲聊，甚至回忆了难忘的高中时光，其间还可能回复一些其他消息，时间不知不觉就这样过去了。回复 QQ 消息与你今晚要完成的学习任务相比，可以作为不重要也不紧急的事情，你应该放到最后来完成。学习期间，大部分的 QQ、微信消息不管是否重要，一般都不是很紧急的。你可以试着提前告诉你的同学或父母，每天晚上六点半到九点半是你晚自修的时间，一般情况下不看手机；你可以在这个时间内将手机调至静音甚至切断网络，等到晚自修结束以后再去处理手机里的重要信息，并尝试在半个小时内处理完。

我们应该立即处理优先级 A 的事情，同时问一问自己，真的是重要且紧迫的事情吗？然后我们要把主要的精力和时间集中放在优先级 B 的事情上，因为这些事情虽然短期内不会见效，但是具有长远的影响。我们要尽量减少优先级 C 的事情，因为它们很容易迷惑我们，让我们误认为"紧急"和"重要"相关，结果忙了半天却一点效果也没有。我们在学习、工作的时候，尽量不去处理优先级 D 的事情，因为这些事情是用来打发时间的。掌握了这些原则以后，你按优先级顺序写下需要完成的各项任务，并坚持不懈地去完成。如果一天内或一周内无法完成所有任务，但你完成了最重要的那些事，你还是会有成就感的，对实现目标也有很大的帮助。如果没有按优先次序列计划表，你可能连哪一项最重要都没有搞清楚，而且会倾向于先完成简单的容易的，有可能导致最重要的事情一直被抛在了后面。

 案例分享

B同学在大学期间成绩优异，但毕业进入社会后，却发现自己的个人生活管理能力和工作能力都不够强。拖延任务、迟到或者忘记重要会议的情况经常发生，为此他感到很沮丧，也很迷茫。此后，B同学开始寻找一些办法来提高自己的自我管理能力。他开始阅读一些关于时间管理、目标设定和计划制定的书籍，并且积极地把这些技巧运用到实际生活中。

一是制定详细的工作日程表。每天早上他会把当天要完成的任务列出来，按照重要性和紧急程度排序。这样一来，他就可以更加有效地利用时间，避免拖延。

二是学习设定目标。他意识到明确目标对开展计划和组织行动的重要性。他将长期目标分解成短期目标，并且为每个目标设定具体的行动计划。他相信只要一步步实现这些小目标，最终就能够达成长期目标。

三是学会保持积极心态。他学会与内心对话，并且定期进行自我反思。他试图把焦点放在解决问题上，而不是抱怨或者沮丧。这样一来，他能够更好地面对挑战，并且以更加积极的心态去迎接未来的挑战。

几个月后，B同学发现自己已经变得非常有条理、高效和积极，完成了许多重要的任务，赢得了同事的尊重和信任。最重要的是，他对自己更加自信了，因为他知道自己正在不断地提高自己的工作和生活能力。

二、管理时间

你是否经常觉得时间不够用？是否觉得忙得不可开交，还有很多事情你想去尝试去挑战，但是又无法挤出时间？尤其是你在关注某个目标时，恨不得一天24小时变成48小时。但是，时间是最公平的，每个人的一天都是24小时。事实是有的人比你更忙，却完成了更多的工作。这些人并没有比你拥有更多的时间，也不是做事速度比你快多少，而是他们会管理时间。研究表明，善于管理时间的人，会更有自控力，会更快乐、更高效。

戴尔·卡耐基说过，人无法使时光倒流，也不能使时光变得缓慢，但我们却可以

控制它的"流向"。通过时间管理，让时光流向更有意义的地方。

通俗一点的理解就是：时间管理就是用有限的时间办更多的事情，用最少的时间投入取得最好的结果。学会管理自己的时间，也是顺利进行自我管理的重要组成部分。

现在，我们通过学习以下几个妙招，来更好地掌握时间管理方法。

第一，时间管理需要设定科学有效的截止时间。如果你天天在做紧急又重要的事情，证明你是个临时抱佛脚的人，什么事情都拖延到最后期限来完成。有些人会在截止时间一经确定就行动起来，有些人则会拖延，只有在倒计时开始后才开始行动。这里有个设定截止时间的小窍门。当一件事情有明确的截止时间时，我们不要将其定义为一个遥远的截止时间，而是要找到另一种定义时间框架的方法：要使自己觉得截止时间很近了，让自己有"马上行动起来"的紧迫感。例如，假设现在是 11 月份，你要在明年 1 月份提交挑战杯初赛的报告书。如果你把截止时间设定为明年 1 月份，就会觉得"明年"很遥远，可以慢慢来；你要是换个想法，把截止时间设定在这个冬天完成，要在这学期期末考试前完成，这样会更有紧迫感。再比如，下个月有某门考试，你把截止时间划分到"下个月"，你就会潜意识里觉得不是这个月的事情，立即行动的积极性就不高；如果你将截止时间看作仅仅"不到四周时间"，你把计划立即付诸行动的可能性就会更高。

第二，时间管理务必要减少手机使用时间。手机是一个时间"强盗"，不管是打游戏、看网剧、刷抖音还是其他各种消遣，都容易让人放不下来甚至上瘾。你原来只想玩一会儿手机来达到放松的目的，后来可能变成一个晚上都在玩手机，甚至发展为课堂上也在玩手机，浪费大量的时间，最后在懊悔中睡觉，第二天起床又继续玩手机。

如何戒掉手机瘾呢？假如你玩手机主要是打某个网络游戏，你可以创新性地给这个游戏换个名称，给它取名为"让我荒废学业的坏游戏"。以后每当你开始打游戏，你就对自己说，我又在玩"让我荒废学业的坏游戏"了。你把网络游戏换成了容易引起大脑产生"回避反应"的名称，不停地暗示大脑你在做"坏事"，这样做就有助于你逐渐远离游戏。你可以通过养成其他良好的习惯来替代你想要摒弃的坏习惯。比如你原来睡前会在床上玩一两小时游戏，现在你可以替换成睡前听书、背英语单词。这就是养成一个取代游戏的好习惯，使自己无暇玩游戏。

第三，时间管理需要掌控任务量。特蕾莎·阿玛贝尔（Teresa Amabile）是时间管理的专家。她曾经读过成千上万名职场人士所写的工作日记。阿玛贝尔指出，如果你不认真掌控自己的工作量，那么任何时间管理技巧都帮不了你。

这里介绍一种"奶酪分割法"，通过化整为零，把事情变得更易于处理。面对必须做的任务时，你可以试着把这些任务进行适当分解，把一件看似巨大的任务分解成一个个小的部分，就好比一块被切成小块的奶酪，吃起来就会更方便一些。比如你想复习完一本书，这是较大的任务，会需要很长时间。你可以把任务进行分解，每天看完30页应该是可以的；假如看完30页需要一个小时，那么每天学习一个小时。这样做有一个好处就是，那些需要很多时间来完成、让你烦恼的大事情，被拆分成很小的任务量，使事情看起来更容易且便于行动了。

第四，时间管理需要培养良好习惯。什么是习惯？你每天起床，不用任何人提醒，都会刷牙，这就是习惯。而幼儿要父母帮助刷牙，或者稍大一点后，还是要在父母的提醒下才想起去刷牙，这就是还没有形成习惯。可见行动的不断积累与重复，会变成习惯，变成潜意识里就想做好的事情。如果我们把能促进规划实现的一些行为转变为自己的习惯，那么自我管理会变得非常简单。

怎么养成良好的习惯？就是要不断强化同一行为，坚持到底。有人觉得坚持很难，真的难吗？坚持看高数教材很难，坚持跑步很难，可是坚持看小说和坚持吃甜品就显得容易很多。因为前两者使你不快乐，后两者使你快乐。快乐与否，是你能不能坚持下来的关键。如果人感到快乐，就会主动接近这个行为，这称为"接近反应"；如果感到不快乐，就会回避这个行为，这称为"回避反应"。我们只能坚持自己喜欢的事情。比如，我们觉得背单词很快乐，我们就能坚持背单词。如果觉得背单词不快乐，只是为了应付四六级考试，那么你是在坚持你认为正确但并不快乐的事情，你很容易中途放弃。因为不管多么正确的事情，如果它使你感到不快乐，大脑会不由自主地产生"回避反应"。所以坚持下去的关键，是要想办法让做正确的事情变得快乐起来。

怎么让做不喜欢的事情变得快乐呢？不知道大家有没有过这样的经历：本是一门你不喜欢的功课，成绩也不好，突然有一天换了一个老师，青春洋溢，笑容可掬，你非常喜欢这个老师，不知不觉中这门课的成绩提高了。这就是因为你喜欢这个老师，大脑产生了"接近反应"。让不喜欢的事情变快乐有很多办法。还是拿背单词举例，你可以选择一个更舒适愉悦的环境背单词；可以找一个喜欢的同学相约一起背单词，也可以利用一些背单词的App，让背单词变得像打游戏一样好玩；你还可以在每完成一个阶段小目标时，犒劳一下自己。请记住，"就算痛苦，也要靠毅力和干劲坚持下去"是退而求其次的方法，最好的方法是努力去做正确的事情并使自己感到快乐。

我们要从培养小习惯入手。小习惯更容易坚持，一旦实现了目标，就会让大脑感到愉悦，并且让大脑产生自信的记忆。比如就从营造寝室的良好环境做起，脱下的鞋子要摆放整齐，寝室的垃圾要按要求分类。你会觉得这个太简单了，这与完成我的学业规划、人生规划有关系吗？当然有关系，重点不在于你做了什么，而在于你遵守了与自己的约定，大脑就会有记忆。当你做其他更复杂更重要的事情时，大脑就会产生"我这次也能做到"的自信。

第五，时间管理需要学会说"不"。你是否有过这样的经历：下午没课，你已经背上书包，打算去图书馆看书了。室友说，时间还早呢，先一起玩两局游戏，再一起去学习吧。你不好意思拒绝，放下书包，坐到了电脑面前。过了一会，室友说时间差不多了，去图书馆吧。此时你正打得酣畅淋漓，眼看着室友出门了，你却坐在椅子上，玩了整整一下午的游戏。

很多同学会走入"不能拒绝"的时间管理误区。同学请你帮个无关紧要的小忙，邀请你一起打游戏、逛街、参加某项活动，你明明没有时间，也没有多少兴趣，但是真的不好意思拒绝。原因可能五花八门：比如不知道如何开口拒绝，同意比拒绝更容易，担心拒绝之后影响与同学的关系，想证明自己是一个受欢迎的人，等等。

实际上，这些无关紧要的小事，对于对方来说，同样无关紧要。你拒绝和他一起游戏，而是去了图书馆，他可能会佩服你的学习毅力，甚至向你学习，也放下游戏去图书馆，并因此而感激你。也许你拒绝他的时候，他会有一丝丝不满，但是在一起学习和生活的过程中，你始终怀着一颗真诚的心待人处事，你永远是受欢迎的。在他有重要的事情需要帮忙的时候，你能积极伸出援手，你们的关系会越来越好。如果就因为拒绝一次闲聊、一件琐事，"友谊的小船说翻就翻"，你需要重新审视的是，这样的朋友值不值得深交。

因此要学会说"不"，回到重要的事情上来。尤其对于自控力较弱的同学，一定要学会说"不"，才能更好地避免受外界的影响。不要在不假思索的情况下随意答应别人的请求或要求，也不要碍于面子勉强同意。要问问自己，我想做这件事吗？我有时间做这件事吗？

因此，进行时间管理也并不是一件很困难的事情，最重要的是养成一种习惯，让自己快乐地执行，因为坚持下去的关键，不是去强迫自己做正确的事情；比起强迫自己，让这件正确的事情变得快乐起来，我们更容易坚持下去。在大学期间我们应该好好学习专业知识，同时充分利用时间去学习课外的知识和技能，不要拖延，更不要对自己说"明天开始我要怎么怎么做"，想要努力的时候就要从今天开始，从现在开始。

三、克服"拖延症"

首先，为什么会拖延呢？常常有同学将"我有拖延症"这句话挂在嘴边。但值得关注的是，绝大多数情况，拖延并非时间不够，而是在时间方面做了一个选择，选择避开自己不愿意做的事。而这些不愿意做的事，往往可能要付出更多努力，其中原因，归根结底可能就是自我的惰性。而很多人还为自己的懒惰找各种各样的借口。在大学里很少有人会每天管着你，所以想要做成一件事，需要远离三种最常见的借口。

第一种借口："今天没状态。"这是很多人喜欢用的借口，但大家不妨反思一下，当你在状态时是否行动起来了？在此建议大家，不要过度强调你的现有状态，以免陷入无限循环的焦虑中；要通过自己喜欢和适应的方式调整状态。当真的感到疲倦的时候，可以试着通过运动放松一下，看一场自己喜欢的电影或者听听音乐。要注意不要熬夜，饮食要均衡，调整好自己的睡眠时间和工作时间等。

第二种借口："我的脑子不行。"有的同学会以自己不够聪明或者能力不如别人作为借口。尽管我们跟某些优秀的人相比会存在差距，但关于智商，大家容易进入一个误区：高估别人而低估自己。但研究表明，我们大家之间的智商差距并不大，而且智商对"持之以恒"的作用不大。因此，即使你资质平庸，但只要对待某一任务或者工作专心致志，持之以恒，久而久之你可能会比某些聪明却从不懂得坚持的人做得更加出色。我们建议大家，在学习、工作、生活中，都要培养积极的态度，更多地去考虑"我怎样才能有效地做成这件事"，而非"我为什么总是做不成这件事"。

第三种借口："我的运气不好。"有的人心中会有"低概率思想"，认为自己坚持之后得到自己想要的结果的概率是很低的。并非自己不够努力，而是客观因素导致自己失利，这在归因上就出现了问题。有的同学考试受挫就说题目太难，比赛失败归因为对手太强大，某项事情不得志归因为自己运气不好等。长期抱有这样的思想会导致他们对很多要做的事情丧失激情和耐心。运气确实客观存在，但千万不要本末倒置，过于依赖于运气。大家应该首先着手去做，而不是一开始就认为自己运气不好，然后什么事都不做，那等来的结果必然是失败。在此我们与大家分享几个解决方法：相信因果法则，付出和收获之间是呈正相关关系的。你不付出，就必然不可能有完美、令人满意的结果。只有周密的计划和充分的准备，以及根据事情的变化做出判断和调整，才是通往成功的阶梯，一味地怨天尤人只是浪费时间。不要抱有不切实际的想法，而要脚踏实地地坚持下去；坚持并非一日之功，坚持在于我们能不能日复一日把事情完成。

"明日复明日，明日何其多。"很多人深陷拖延症的泥潭。当有一项需要较长时间注意力的任务时，或对某项任务产生畏难情绪时，或潜意识里想逃避某项工作时，我们就会想先休息一下，放松一下以后再开始，或者违背原先的计划顺序，想先完成简单的任务，这就是在拖延时间。"我知道我现在应该做什么，但我还有一件事要先做"，你可能就有拖延症。

那么，怎么才能战胜拖延症呢？

一是设置截止时间。研究表明，被告知时间节点的学生，比完全由自己掌控时间的学生，学习任务完成得更好，因为清晰的时间节点可以让你对目标更负责。二是限制你的分心。比如，在寝室学习，你会受到玩游戏的室友的干扰而无法集中精力，那么立即去图书馆或自修室。如果在图书馆和自修室学习，你总是时不时去看手机，那么暂时关闭你的手机。三是发现所面临的挑战。有的时候，要完成过于简单或过于无聊的任务，积极性会不高。如果这些任务是必要的，你可以尝试增加一些挑战和乐趣，让自己完成的时候更有成就感，你就会更愿意去完成它。四是奖励自己。尝试将每项任务视作挑战，完成时就会有成就感。可以在任务开始前允诺自己一个小奖励，但必须在任务完成之后立即兑现，这样你的大脑会愿意帮你摆脱拖延症。

四、管理健康

照顾好自己，对每个在外求学的大学生来说是很重要的。要顺利完成大学的学业，需要健康的身体状态，包括身体健康与心理健康。我们应该怎么做才能保持自己的活力和乐观的态度呢？要保持你的身体和精神的活力，首先需要解决思想问题，自己的身体要自己负责。其次你要有规律的生活，比如睡眠、饮食、娱乐等都要适当。最后，生命在于运动，你需要保持日常的体育运动，保持好的状态，从而取得成功。我们的身体也需要休息。缺乏休息，不仅抵抗力会下降，也会影响我们的学习。身体休息的关键是睡眠，良好的睡眠是我们健康的最重要保证。你是自己身体的专家，要学会按自己的习惯安排作息时间，不要盲目从跟别人的。如果你希望自己的学习获得成功，那么就保持锻炼，好好休息，保持身体的活力。

案例分享

C同学想要锻炼身体，刚好另一位室友每天都早起晨练，于是C让室友早起时叫她。前几次C还都依赖于室友喊自己起床，但早起几次之后发现早起没有那么困难，且一天都很充实，也不会犯困，自己逐渐养成了生物钟，现在C已经自然而然养成早起锻炼的习惯。就是通过室友这个比较亲近的对象的监督，两人在监督中互相促进，约束各自行为从而养成良好的习惯。

五、管理情绪

心理学把情绪定义为人对客观事物是否符合自身需要的态度体验以及相应的行为反应，是对喜、怒、哀、惧等一系列主观认知经验的通称。生活中我们会体验到积极情绪，也会体验到消极情绪。积极的情绪能使我们保持愉悦的学习状态，学习效率也必然比较高；积极情绪使人精力充沛，充沛的精力可以让人更积极地面对生活、学习，更勇于接受各类挑战。当我们体验到消极情绪时，就需要努力去调节和控制情绪。

情绪调节是个体对情绪的生理唤醒、认知、体验及对外部行为表达进行控制和调节，以实现个人目的、适应社会现实的动态过程。简而言之，情绪调节是个体管理和改变自己或他人情绪的过程。我们可以通过深呼吸、自我暗示进行内部调节，也可以通过与朋友谈心、爬山、阅读等人际的、自然的、社会的、文化的活动来进行外部调节。

情绪管理的正确方法不是压抑情绪，而是在觉察到负面情绪后，及时做出合理的调整，做到合理掌控情绪。所以，学习如何管理好自己的情绪，也是大学期间十分重要的学习内容。

首先，要学会觉察到自己的情绪。只有觉察到自己内心的情绪，才能知道如何应对。可以通过描述事情，即把引起你情绪的事情或情境像讲故事一样描绘出来或写下来，来察觉情绪。要学会辨别自己的情绪。要知道自己的负面情绪是什么，究竟是愤怒、悲伤、委屈，还是恐惧。

其次，要探究情绪背后的原因。觉察、辨别情绪能帮助我们适度地缓解情绪，但并不能疏导情绪，这个时候就需要我们知道情绪背后的原因。

我们的认知往往和我们的经历息息相关。所以，了解自己以及自己的认知是非常重要的；试着扩展自己的认知，学着从多角度去看待同一个问题，情绪会获得一些改善。

再次，学会表达和释放情绪。情绪的表达对象可以是他人、自己，也可以是环境。谁让你产生了这个情绪，你就对他说出来。很多时候，个体需要把自己真实的情绪感受说出来。如果不表达不沟通，压抑自己的情绪，容易导致出现严重的心理问题。

情绪管理就是善于自我体察、调节和控制情绪，对生活中突发事件引起的反应能适当地进行排解，能以乐观的态度、幽默的心态及时地缓解紧张的心理。情绪商数简称 EQ，也叫情商，是一个人管理自我情绪以及管理他人情绪的能力指数。

大学生常见的不良情绪有自卑、过度焦虑、愤怒、恐惧、抑郁、嫉妒、冷漠。坏情绪比好情绪更容易传染，消极情绪不仅影响自己的学习和生活，还很容易影响到周边的同学，给别人也带去负面影响。如何消灭坏情绪呢？大家可以试试几个办法。

第一个是注意转移法。把注意力从导致你情绪不佳的事情上移开，比如换个环境，找人聊点别的话题，做自己感兴趣的事情，让自己摆脱坏情绪的阴影。第二个是合理发泄法。比如向朋友倾诉，大哭一场，在空旷的场所大喊出来，去跑步，吃一顿美食，等等，但一定要注意时间和地点，否则会影响他人，带来不良后果。第三个是自我激励法。尤其是到了情绪低谷，遭遇挫折失败、感到信心不足和自卑失落的时候，我们都需要自我激励。第四个是自我暗示法。告诉自己"我要开心""我要快乐"，这是对待挫折和逆境时的一种积极乐观的态度。你的大脑其实很好"欺骗"，暗示多了，就会成为潜意识，这也是信念的力量。第五个是转换认知法。有个很经典的"卖鞋"故事：某个地方的居民没有穿鞋习惯，男女老少一律赤脚，推销员 A 觉得很沮丧，因为大家都不穿鞋子，根本没有市场前景；推销员 B 却觉得很高兴，因为大家都没有鞋子穿，这里大有市场。同一个诱发事件，在不同的人身上会产生不同的情绪，起源于不同人的世界观和对事件的评价不同。通过转换认知，消极情绪可以变为积极情绪。

第六个是放松训练法。可以通过学习腹式呼吸法、渐进式肌肉放松法、想象放松法等方法进行放松训练，最为方便的是直接放一段优美的音乐，静坐冥想。

下面分享幸福研究专家肖恩·埃科尔提出的提升情绪的几种方式：

(1)记下3件你感恩的事。

(2)给你关心的人发送积极乐观的信息。

(3)沉思2分钟。

(4)锻炼10分钟。

(5)花2分钟写下在过去的24小时里你经历过的最有意义的事。

(6)与你社交网络中的某个人取得联系。

最后一项被证明是提升情绪的最好方法。所以，永远不要因为"太忙碌"而花掉了应该留给家人和朋友的时间。

案例分享

我是如何克服社交恐惧的

D同学：当我还是一名准大学生时，我是一个内向、不擅长与人交流的人，我也常常为此感到自卑和不安。为了解决这一问题，我在暑假找到了一份导购员的兼职工作，因此改变了很多。作为导购员，需要主动与客户进行沟通和交流，帮助他们找到适合自己的商品，提供优质的服务。这对于内向的我来说是一种很大的挑战，但我决定全力以赴，把这份工作做好。我通过观察和学习，熟悉产品，提高服务技能，主动与客户建立联系，进行沟通。虽然一开始不自信，但随着不断地练习和尝试，逐渐克服了内向的缺点，变得更加自信和外向。随着时间的推移，客户对我的服务和专业知识赞赏有加。在这段经历中，我不仅获得了一定的经济收入，还学到了很多实用的交际技巧，改变了自己内向的性格，提高了自己的沟通交流能力。

E同学：我想分享下克服社交恐惧的经验。一是写情绪日记，这是一种性价比极高的方式，通过记录自己的情绪从而更加了解自己的情绪，甚至通过分析，可以发现自己的潜意识。二是尝试提升自己，无条件接受自己，无论好坏，接纳自己的全部，客观对待自己的缺点，不要总觉得自己很糟糕，要用发展的眼光看待自己，相信自己会慢慢变好。三是学会直面恐惧，不要逃避社交。运用心理学上的暴露疗法，意识到想要克服社交恐惧必不可少的就是直面恐惧，只有直面恐惧，才能慢慢与它和平共处。

第三节　加强监督与评估

当大家完成一份适合自己的职业和学业规划书，又学会了如何给自己设定一个个小目标，并尽可能做到"学习成果可视化"后，在执行过程中加强监督和评估就变得尤为重要，这也是自我管理中不可或缺的一部分。

如果规划不能正常执行，那么目标就无法顺利实现，所以我们需要对规划的执行效果进行监督评估。如果实施效果不好，就需要找深层次的原因，发现偏差，及时查漏补缺。如果证实规划有效与正确，那么就更应该坚持不懈将规划执行到底。

我们在执行计划的过程中会不断成长，所以我们的阶段性目标也会随之改变。要定期将反馈纳入计划中，在不断的信息更新中识别下一步计划，在不断学习的过程中监督、评估并更新自己的目标。

监督和评估可以来自他人，也可以来自自我。

一、寻求他人的监督评估

他人的监督评估也算是自我管理吗？当然是。首先，大学与中学很大的一个不同是，大学期间你的班主任、授课老师、父母不再像中学时代那样紧盯着你了，你极有可能需要主动去寻求他人的监督和评估。其次，他人的监督评估只是给你一个反馈，是否接受，接受多少，如何根据反馈内容着手改善，都取决于你，都是自我管理的重要内容。

大学期间最好的监督评估应该是来自老师和同学。记住，良师益友是一笔宝贵的财富，可以优化你的学习，促进你的成长。如果学校有落实各专业、各班级学业规划的指导教师，那么你很幸运。每半年汇报一次，与指导老师交流，根据老师的建议适当调整，老师每年跟踪回访，必然大有效果。如果没有，你可以主动去邀请你的专业辅导员、班主任或喜欢的任课教师来做你的学业规划指导师，请他们对你的表现提出建议或批评，在你行动时加以监督。一般来说，老师们都喜欢积极主动的学生，也愿意分享他们的经验，帮助你成长。此外，同辈压力也可以转化为我们的优势。目标基本一致的同学、室友之间可以组建一个团队来维护彼此的目标，互相帮助和监督。可以定期举行"问责会议"，进行批评和自我批评，彼此提供支持和正面压力来保持规划实施。在这个过程中，同学监督评估你的执行进度，你也可以监督评估他们，向他们提供反馈意见，通过他人反省自己，提供反馈与接收反馈一样对你有帮助。

在他人对你的监督和评估中，一定要学会接受他人的反馈。有时反馈并不是以恰到好处、令人愉悦的方式呈现出来。对于打击我们信心的反馈，我们可能很难听得进去。所以，最好寻找那些能真心实意帮助你提高，同时又比较客观公正，能对你成长帮助很大的人来组队互相监督，让他们给你提意见和建议。如果找不到这样的理想评估者，那么就试着改变你自己。

在听取他人监督和评价的时候，我们很容易被"热认知"和"冷认知"两类不同的反应带入歧途。热认知由情感引起，因为有太多的自我情感，导致听不进别人的反馈。冷认知与我们的注意力、记忆力和判断力相关，也容易引起错误的认知。比如，有人对你的课堂进行反馈："你应该好好准备一下的。"你可能会觉得"我的表现有这么差吗，他是不是故意找我的茬"？这就是热认知的结果，情感占据上风，不能理性对待别人的意见。你也可能觉得"我本以为他会做些正面评价"，"他可能对我讲的内容不感兴趣"，"看来，我要提高演讲水平了"。这是冷认知的结果，虽然做了一些理性的分析，但是得出的结论不对，没有往别人说的"应该好好准备"这个方面去反思和改进自己。知道了这两类认知形式，有助于你客观准确地接受别人反馈的内容，你就能找到改变自己的途径，积极倾听他人的意见，逐步完善自我。

你还可以尝试用心听事实，把事实和意见区分开来。认真思考反馈者的动机：是真心想帮助你，只是方式方法上有点不恰当；还是仅仅想显摆一下权威性，真的是在胡说八道。如果你确实做错了，要克制不愿听批评的情绪，接受批评。如果你完全不同意反馈者的评价结果，那你也能从中了解事实，收集信息，发现问题。

案例分享

　　F 同学：在专升本备考阶段，我和一位学长在扇贝 App 里组队打卡背单词，有问题也会及时向他请教。他以自己的经验开导和鼓励我，给我正向的反馈与评价，并与我分享备考经验，给我提供一些小方法，如做笔记、整理错题、草稿纸怎么书写等。在他的监督下，我养成了良好的学习习惯。

　　G 同学：我在准备四六级考试时，自制力较弱且容易拖延，决定找一位志同道合的朋友作为监督者。我选择了在专业上有相同兴趣的好朋友，每周我们约定固定的学习时间和地点，在一起学习，并相互监督和鼓励。有了好朋友的监督，我可以更加专注于学习，减少分心和拖延，考试成绩也有了显著提高。

二、加强自我监督评估

自我监督评估是更为直接的自我管理。《论语·学而》记载："曾子曰：'吾日三省

吾身，为人而不忠乎？与朋友交而不信乎？传不习乎？"曾子是孔子弟子中最重修身的一个人，他通过"一日三省"的方法，找到自身的不足之处，并及时加以改正，不断地完善自己的人格。日本社会学家横山宁夫说："最有效并持续不断的控制不是强制，而是触发个人内在的自发控制。"做到自我反省这一点非常不易。因为很多人能很快指出别人身上的问题，却很少反观自我，找到自己的缺点。有时候即使知道自己的短板在哪里，但是为了所谓的面子和自尊，也不愿意进行自我反省和自我批评。

一个人真正提升自己的机会更多在于对事情的总结和复盘部分。有些人认为，记个流水账式的日记，就是总结或复盘。缺少思考的总结复盘就是没有反思的自我评估，不可能有持续性改进。自我反省式的监督评估是对"知行合一"思想很好的诠释和贯彻。

认知心理学中有一个概念叫"元认知"，就是对认知的认知，是个体对自己的认知加工过程的自我觉察、自我反省、自我评价与自我调节。元认知（meta cognition）的概念是由美国心理学家弗拉维尔（J. H. Flavell）于 1976 年提出的。个体通过自我监测和自我控制两个过程实现对认知活动的调节。自我监测是指个体获知认知活动的进展、效果等信息的过程，自我控制是指个体对认知活动做出计划、调整的过程。张宏如、沈烈敏于 2005 年发表文章称，元认知的运用能够促进学习，提高学业成就。大学生在实际学习中应从提高元认知水平入手，加强自我监督与评估，进而提高学习效率。

要经常对照职业与学业规划书，关注偏离方向的计划执行，不断强化和完善自己的学业目标、职业目标和人生目标，发挥自己的最佳状态，成就最好的自己。

 延伸阅读

学生的精神（节选）

陶行知

【阅读指南】

本延伸阅读节选自陶行知《学生的精神》，该文是体现陶行知教育思想的名篇，著于 1925 年，为陶行知因全国教育联合会事宜到湖南后的所想所得所言。文中陶行知直言，许多学生和教育有一个通病就是"自满"，鉴于此，他对学生的精神提出三点要求：一是学生求学必须要有科学的精神；二是改造社会必须要有委婉的精神；三是应付环境必须要有坚强人格和百折不回的精神。望本文对同学们树立个人理想、确定大学目标有所裨益。

【原文欣赏】

学生精神，大约分之为三点：

（一）学生求学须具有科学的精神。我们不论研究什么学科，总要看一个明白，想

一个透彻，多发些疑问，切不可武断盲从。例如别人要我们信仰国家主义，我们必须明了国家主义的内容是否合于现代社会，才定信仰不信仰的方针。其他，社会主义亦然，无政府主义亦然……尤其我们研究科学之时，碰到一个问题来了，"知之则知之，不知则不知"。因为我们自己知道自己不知的地方，那还有能够知道的一日；倘若不知的而认以为知，那么，不知道的，终究没有知道的日子了；还可说是自己斩断自己求学的机能，所以我们学生求学，第一步就要有科学的精神。

（二）要改造社会必具有委婉的精神。我们在任何环境里面做事，不可过于急进。譬如园丁栽花木，倘只执一镰斧，乱砍荆棘，我相信花木亦必随之而受伤。务须从旁着想，怎样才能使荆棘去掉，那么，非用委婉的功夫不可。改造社会，也是一样，尤其是我们学生，因为是领导民众的中坚分子，倘用乱刀斩麻的手段，必引起一般民众起畏惧之心，怎样还讲得社会改造？所以我们要社会改造，也需要用委婉的精神，走到民众前头，慢慢地领他们向前走，并且还要告示他们向前走的方法。如此才有社会改造的希望。不然，任你如何轰轰烈烈倡导社会改造，社会还是不能改造的。

（三）应付环境必具有坚强人格和百折不回的精神。我们处在任何环境里面，必抱有坚强人格，不可自由摇动，尤其到了利害生死关头之时，必富有"富贵不能淫，贫贱不能移，威武不能屈"的气概。这才算得一个真正的大丈夫，真正的国民。现在中国一班学生——其实不仅是学生——在普通情形的时候，各人的性格，好像没有多大的区别。但到危急存亡利害相冲的关头，就看得清清楚楚，各人露出自己的本来面目。中国民众的不能团结，就是一个很大的原因。所以我们处在任何的环境里面，坚强不摇的人格及不屈不挠的精神，是决不能少的，尤其在我们学生时代。我现在要举一段历史例子给诸君听，就是明朝的方孝孺先生，当燕王棣篡位之时，使他草《即位诏》，他大书"燕王篡位"四字，因此被夷十族。当燕王篡位之时，势力胜过现在的任何军阀，但不能压迫方先生一笔锥。可见方先生的人格及不怕死的精神，真令人钦佩而尊敬，亦可证明读书人不可忘掉气节。

 推荐阅读

附录　你问我答

一、校园生活适应类

1.高考失利，没有考上心仪的大学，如何应对这种落差？

答：高考是每个学生人生中的一道门槛，不是所有人都能够如愿以偿地考上心仪的大学。面对高考失利带来的落差和挫败感，我们首先需要明确一点，那就是高考并不是衡量人生成功与否的唯一标准。在现实生活中，有很多成功的人并不是高考状元或者毕业于名校，他们依靠的是自己的努力和坚持，通过不断的学习和实践，在自己的领域内获得了成功。因此，我们首先需要摆脱高考成绩对自己的价值绑架，认识到自己的价值并不仅仅来自高考成绩。其次，我们需要积极面对现实，并为自己制定一个新的计划。我们可以先接受没有进入心仪大学的事实，但是不能就此放弃。我们需要认真分析自己的状况，寻找自己的优势和不足，然后为自己制定一个计划，明确自己想要的方向和目标，并努力为之奋斗。同时，我们需要寻找支持和帮助。无论是家人、朋友还是老师，他们都可以给我们提供支持和帮助，让我们更有信心和勇气去面对未来的挑战。

2.刚入大学时感到很迷茫，很孤独，该如何调节这种情绪？

答：首先我们应该意识到，这种情绪的出现是普遍存在且十分正常的。要理性地看待自己的迷茫和孤独的情绪，并在此基础上寻找解决问题的办法。出现这些情绪的原因可能有三：一是环境的切换带来的不适感。校园面积、学生人数以及地域环境，大学与高中相比都有着巨大的差异，完全适应这种变化需要一定时间。二是生活学习模式的改变带来的迷茫，从被人追着学、管着学到自己学、主动学，由严格管理到自觉自律的变化会让人短时间内无所适从。三是人际交往方式的变化带来的孤独感。到了大学，每位同学都有了自己独立的性格和思维方式，开始注重个人空间和价值，在交友上也会更多考虑兴趣、相处舒适度等，因此交到知心朋友需要更多的时间和机会。

可以从以下几个方面调节上述情绪：一是积极参加丰富多元的校园活动，在活动中加快对校园环境、校园文化的熟悉，打破陌生感。二是提前做好学业和职业生涯规划，明确自己的学习目标和未来职业的发展方向，对自己有优势或者感兴趣的内容进行深入学习，通过目标确定阶段行动计划，有了方向，自然也就不迷茫了。三是主动与人交流，放开自己的内心，在对于未来迷茫的事情上，一起探讨解决的办法。可请教学长学姐和老师,过来人能给我们带来不一样的视角。四是通过加入兴趣社团、学生部门等多种学生组织来找到志同道合的伙伴。五是可以通过培养兴趣来降低孤独感。比如养成运动习惯,运动能使人分泌多巴胺,提高幸福感。

3.大学里的寒暑假该做些什么?

答:寒假时间较短,通常为一到一个半月,大一、大二寒假,可以试着给自己列一个阅读清单,做一些知识面和情感上的积累;或者针对自己上学期薄弱的专业课程,进行查漏补缺,可以自己上网找对应的视频进行巩固学习,补齐短板;也可以提前学习一些相关专业知识,为新学期的课程学习做准备。

大一暑假,通常会有一次暑期社会实践,同学们可以提前了解,并选择自己感兴趣的项目报名。如果有考驾照的打算,大一暑假是最好的时机,一是时间充足,二是没有过多的学业和其他压力,可以争取一次性考过,为后续的备考实习腾出时间。

大二暑假,建议大家尽量去参加一次社会性的实习实践,不论是企业还是机关单位,去积累一些社会经验。

大三寒假,有考研打算的同学可以开始确定自己的考研专业和学校,确定之后便有序投入备考;没有考研打算的同学,则可以花些时间认真思考自己的职业规划,同时多学习一些求职软技能,比如简历的制作、情商的培养及基本劳动法知识的学习等。

大三暑假,可以根据个人计划有针对性地利用假期。比如,确定考研考公的同学要安心备考;确定直接就业的同学可以再利用这个假期去实习,可以换一个与专业相关的行业实习,通过比较不同岗位,最终做出最适合自己的判断,这样就可以避免毕业之后直接进入工作岗位签订劳动合同后发现岗位不对口再换工作的麻烦。

大四寒假,可以多花些时间在毕业论文上,考研成绩也会在此期间公布,直接就业的同学可以留意自己在秋招期间投出去的简历有否得到回应,再根据结果做进一步打算。

大四暑假,如果顺利考上了研究生,就可以自由决定这个假期的度过方式,可以毕业旅行,也可以做一些自己感兴趣的事情;如果是直接就业,就在这个暑假直接完成从学生向职场人的转变,也就从此和寒暑假"Say goodbye"啦。

4.上大学后爱玩游戏怎么办?

答:适当的游戏可以帮助我们缓解压力,适度放松。但如果游戏过度,甚至到了一种狂热、痴迷的状态,那就不值得提倡了。所以大家可以对自己的情况进行评估,如果对游戏出现非常狂热的状态,几乎所有时间都花在游戏上,那就要引起注意了。

可以从以下几个方面进行调整:一是多结交朋友,帮助自己合理安排课余生活。结交更多的朋友,会分散注意力,丰富自己的课余生活,有助于自己快速从游戏当中走出来。二是转移注意力,培养广泛的兴趣爱好。拥有更加广泛的兴趣爱好,会缓解沉迷游戏的状况，对掌握一项技能也是极其有效的。三是可以学一些专业以外自己又感兴趣的学科。大学里课余时间充分，在这些课余时间里，不妨去学一些对以后工作有帮助的课程，更有利于以后加入职场。

5.作为一名新生在选择喜欢的团学部门和各类兴趣社团中该如何取舍？

答：大家可以考虑自己的初衷与目的，如果单纯是想加入一个可以培养兴趣爱好、相对自由的学生组织，那么社团是比较合适的选择，因为学生社团是以兴趣为基础，招募具有相同兴趣爱好的学生组成的一个相对自由的团体，主要目的就是培养兴趣爱好，发挥个人特长。而团学部门的组织纪律性会更强，它有点像一个工作部门，需要完成一些工作任务，有时候这些工作任务可能不是自己喜欢的，但它更能锻炼工作能力。如果想锻炼更多的工作能力，那么团学部门会更适合你。

6.当课程与学生组织部门会议或社团重要活动时间冲突时，该如何合理安排？

答：我们加入了团学部门或学生社团，会有部门间的活动相互冲突，甚至活动和我们上课时间相冲突的现象。这个时候就十分考验组织协调能力。

建议具体情况具体分析，可以从事情的重要性及紧急程度等方面去考虑。可以事先与相关课程老师确定教学计划，如果涉及考核、测试等重要且很难后期调整的情况，还是要以课程为主。这时候就需要与活动负责人协商，看自己能否在空闲的时候，为活动做些自己能力范围之内的事情，减轻大家的工作压力。当然，还可以与有空闲的同学换班，让对方先代替自己去完成这次任务。如果某一项活动或者工作十分紧急需要当下去处理，可以先去完成这项任务，而委托同学帮忙记录课堂笔记，课后再把知识点补上；如果该项活动并不是特别紧急，可以在空余时间再处理，那么还是要以课业为重。

二、专业学习类

7.高考失利，没有考上心仪的大学，应该退学复读吗？

答：回答这个问题首先要明确自己复读的目的是什么，如果是为了重新考一所更好的大学，不妨先从以下几个方面去考虑：

第一，时间成本。复读最少要再花去一年的时间。一年时间，可以干什么？有的同学会从一个大学"小白"变成他人眼中优秀的学长学姐，有的同学会学好专业课拿到省、校级奖学金，也有的同学在这一年时间里做好了大学四年的生涯规划，并稳步推进。所以，如果选择复读，要先想好自己是否能接受投入的这一年的时间成本以及与他人形成的现实差距。第二，是否可以寻找代替复读的其他途径来弥补遗憾。很多同学一进大学就想复读，很大程度上是因为还不了解除了复读之外，考研也能够让我们从现在的学校进入更高层次的学校，而且这是一个非常值得鼓励的方式。第三,风险评估。既然是复读,那就是要重走一趟高考的老路,也就要再面临一次高考失利的风险。每一年的考试内容和形式都会有所变化,自己能否接受复读后高考依然失利的风险? 第四,经济成本。多一年复读,就意味着要多一年的经济投入,要考虑家庭的经济情况能否支持自己复读。第五,就是家人的意见。复读对于学生本人及其家庭来说,都是一件非常重要的事情,因此在选择复读之前一定要考虑父母的意见。

8.对自己所学专业不感兴趣怎么办?

答:很多同学在入学前,并不清楚自己喜欢的专业是什么,所以选择专业时往往由父母做主,或者随大流选热门专业。上了大学后,慢慢发现自己对所学专业不感兴趣,甚至产生厌恶情绪。

大家可以从两个方面去看待这个问题:一是主观方面。产生厌恶情绪的原因有很多,比如不适应大学的学习模式,或者对专业课的学习尚未入门,所以觉得自己学不好,慢慢失去了兴趣。如果再给自己一次机会,重新正视自己所学专业,你是否还愿意给它一次机会? 二是客观方面。包括学习该专业的时长,以及该专业的就业前景和发展空间,也就是学习该专业从现实角度能否帮助自己更好地在社会上生存。专业课的学习一定是有用的,它可以帮助大家以专业知识为切入点进而让你了解某一行业,可以帮助你培养一种思维模式,让自己形成一种独有气质。步入社会后,所学专业往往也成了你与他人交往的第一张名片,决定了你将步入哪个领域,认识哪一方面的人等。所以,如果你已经充分考虑过主客观双方面的因素,确认自己不喜欢所学专业,可以结合自己的特长和兴趣去选择一门新专业。

但如果只是因为大家都想转,自己还没想好,还没搞懂自己所学的专业到底是怎么回事,那建议大家不要冲动转专业。

9.什么时候转专业最合适?

答:如果确定了要转专业,我们认为越早越好。原因如下:一是相对于原本就学习该专业的同学而言,转专业的同学学习该专业的时间相对较少,专业课学习的基础牢固程度会有一定差距,越早转专业,就意味着相对来说被别人拉开差距的空间小一些。二是既然已经明确了自己心仪的专业,那就应该尽快行动,拖延会有更多的不确定性,比如转专业的要求调整,转入转业的人数限制等都有可能会影响你的转入。三是能够尽快融入新的环境和集体,最大限度地降低陌生感。举个例子,大二才转专业的同学和大一就已经转好专业的同学相比,在心态和对专业的学习上内心的感受差别是非常明显的,大一就完成转专业的同学因为也才刚进入大学生活,这种专业的切换造成的影响相对较小;而大二的同学学习模式和生活习惯基本上已经定型,突然切换专业需要很长一段时间去适应。

10.大学考试周，要考的科目很多，要背的内容也很多，没有充足的时间复习，"卷又卷不赢，躺又躺不平"，该怎么办？

答："卷不赢，躺不平"是当今社会非常普遍一个现象。其实"躺"和"卷"的对手并不是别人，而是我们自身，所以首先要明白的一点是，只要比昨天的自己有进步，那你就已经"卷"赢了。另外，如果只是在考试周"临时抱佛脚"，一次性背记很多东西，那么你就不容易考出理想的成绩。往往考完试，这些东西也就被你抛诸脑后，所以最好的办法应该是学习常规化，把知识点细分到每个学习周、学习月，慢慢积累，也就不会出现考试周的焦虑了。

11.无法平衡自己的学习与活动怎么办？

答：进入大学以后，大家会发现校园里会有许多有趣的活动，精彩的校园生活可能会让你应接不暇。因为大学阶段是学校与社会的衔接期，参加适合自己的校园活动是非常有必要的，如果为了学习而完全放弃校园活动，是不理智且不利于个人全面发展的。

大学的学习压力与高中相比会小一些，所以也允许我们腾出适当的时间进行个人的综合成长，而适当的活动也能够帮助我们缓解学业上带来的压力。因此大家可以尝试用"三七"或是"四六"时间分割法来对自己的学习与活动进行平衡。"三七"或是"四六"时间分割法其实就是根据自己的学习能力在学习与活动两个事情上的时间配比。当然主要部分"七"或"六"仍应留给学习，其余的时间则可以放心地去参加各种校园活动，增长自己的各项技能。

12.上大学后不知道自己适合考什么证，从什么途径能了解到这些信息？

答：大学期间考一些专业相关的证书，有助于我们更好地掌握专业技能，同时也是非常有力的能力证明，能够帮助我们在走向职场时更加具有竞争力。

获取考证信息的渠道非常多。如果你对某一证书感兴趣，你可以在网上搜索该证书考试的官网，进入官方考试页面了解具体信息；也可以向考过该证书的学长学姐进行咨询，寻求一手经验。

关于报考证书的种类，可以从两个方面去考虑。一是专业相关证书，这类证书是最建议去考的，比如会计专业的初级会计师证、CPA，英语专业的"专四"和"专八"，师范专业的教师资格证，法律专业的法律执业资格证等；二是非专业相关但考核综合能力的证书，如计算机二级证书、英语四六级等。

三、就业升学类

13.如何在考研、考公、直接就业和创业中做选择？

答：大学毕业后，考研、考公、直接就业和自主创业是毕业生们主要的去向。我们认为,这些选择没有优劣之分,关键在于哪项选择更契合个人成长规划。当然,当前形势下考研和考公依旧是大部分学生的选择,竞争自然更为激烈;而创业对启动资金和创业计划的可行性要求较高,相对难度较大,好在目前对大学生创新创业的政策支持力度较大,因此如果有好的点子和团队,创业也不失为一个好的选择;如果没有考研及考公的想法,也不喜欢冒险创业,可以选择直接就业,多留意学校招就官网的招聘信息,在春秋招聘专场带着简历去寻找自己心仪的工作岗位。

14.如果想考研,哪些渠道可以获得相关信息?

答:一是在目标院校的研招网去查询自己目标专业的相关信息,一般高校研招网都会有本校招生专业的参考资料和历年录取分数线等信息,这也是最权威、最直接的获取信息的方式。二是可以直接电话联系目标院校的研招办,向其咨询相关的招生信息。三是可以问本校已经考过研的学长学姐,尤其是考上了自己目标院校的学长学姐,征询他们的建议,这也是最方便获取考研一手信息的身边渠道。四是去听学校举办的各类考研经验分享讲座,这类讲座往往会邀请许多成功上岸且十分优秀的学长学姐来给大家进行分享,会让我们受益良多。

15.大学期间没有怎么参加竞赛,获得的奖项也不多,简历空白,我该怎么提高自己在找工作中的竞争优势?

答:简历是我们毕业后走向社会的第一张名片,因此一份漂亮的简历往往会让我们在应聘的过程中获得加分。很多同学在大学期间可能没有太过突出的成绩,因此毕业时可能会拿着一份不太漂亮的简历走入千军万马的面试场。

如何让自己的简历变得有竞争力?

对那些仍在校园内,还有时间去积累的同学,可以从专业学习成绩、学科竞赛情况、学生工作经历、社会实践经历、专业能力证书以及获奖情况等方面去下功夫。这些也是简历上最值得写且用人单位最关注的内容。

对那些马上就要毕业,没有太多时间可以通过积累经验来丰富简历的同学,上述部分的内容会相应减少,更多的可以向个人的性格特点和价值观做倾斜,突出个人的能力特点和兴趣爱好,可以把比较优异的专业科目成绩做一个简单罗列。

当然,简历虽然重要但也不是决定性因素,如果真的对自己的简历没有信心,可以在学校春秋招聘的时候直接在用人单位的招聘点上和他们来一场现场面试,这样可以避免在简历初筛时被"Pass"掉,同时也可以给用人单位最直观的印象。

16.就业时主要考虑兴趣爱好还是专业对口?

答:这是许多同学都在思考的问题。其实最优的答案往往是将兴趣爱好和自己的专业方向相结合,但现实往往残酷,很多时候鱼与熊掌不能兼得,这里给大家以下几点建议:

一是选择了专业对口的同学,如果专业前景尚可,在自己也并不是非常排斥的情况下，可以在工作的过程中发现新的兴趣，把专业做深做精，培养出新的动力；二是选择了兴趣的同学，如果兴趣尚不足以让你成为行业专家，则可以以兴趣为助推器让自己在行业中快速成长，让兴趣成为自己的导师；三是如果还在犹豫做不出选择的话，可以借助一些工具帮大家做选择，建议大家使用职业生涯决策平衡单来进行综合判断。

17.本科学校不是特别有名，必须考研才能获得较好的工作吗？

答：大家首先要明确一个观点，考上研并不代表着就能找到好工作。许多人研究生毕业后依然找不到心仪的工作，而很多"双非"院校的同学，毕业后依然进入了世界500强企业，并通过自己的努力成功担任高管职位。因此，就业关键看实力，学历虽然重要，但并非唯一决定性因素。

所以，考研不是必需的。是否考研，首先要明确为什么考研。如果真的对科研有兴趣，想提升自己，可以试着去考研。如果只是盲目跟风，随大流，那么这样的决定往往会让你更加迷茫。可能你现在还不知道自己考研的初衷是什么，不妨先花点时间做思考。人生路漫漫，我们有很多选择的机会，也会遇到很多的岔路口，在做决定之前，遵循自己的内心，做好利弊权衡，才能让未来的路不走偏。

四、自我认知与管理类

18.我们如何管理好自己的情绪？

答：首先要学会观察到自己的情绪。把引起你情绪的事情或情境像讲故事一样描绘出来或写下来，来察觉情绪。要学会辨别自己的情绪。要知道自己的情绪究竟是愤怒、悲伤、委屈，还是恐惧。其次，要探究情绪背后的原因。觉察、辨别情绪能帮助我们适度地缓解情绪，扩展自己的认知，学着从多角度去看待同一个问题，情绪会获得改善。最后，学会表达和释放情绪。情绪的表达对象可以是他人、自己。也可能是环境让你产生了某个情绪，你就要说出来。很多时候，个体需要把自己真实的感受说出来。如果不表达不沟通，压抑自己的情绪容易出现严重的心理问题。

19.我们如何消灭坏情绪呢？

答：一是注意转移法。把注意力从导致你情绪不佳的事情上移开，比如换个环境，找人聊点别的话题，做自己感兴趣的事情，让自己摆脱坏情绪的阴影。二是合理发泄法。比如向朋友倾诉，大哭一场，在空旷的场所大喊出来，去跑步，吃一顿美食等。但一定要注意时间和地点，否则会影响他人，带来不良后果。三是自我激励法。尤其是到了情绪低谷，遭遇挫折失败，感到信心不足和自卑失落的时候，我们都需要自我激励。四是自我暗示法。告诉自己"我要开心"，"我要快乐"，这是对待挫折和逆境时的一种积极乐观的态度。你的大脑其实很好"欺骗"，暗示多了，就会成为潜意识。这也是信念的力量。五是转换认知法。同一个事件,在不同的人身上会产生不同的情绪,起源于不同人的世界观和对事件的不同评价。通过转换认知,消极情绪可以变为积极情绪。六是放松训练法。可以通过学习腹式呼吸法、渐进式肌肉放松法、想象放松法等方法进行放松训练,最为方便的是直接放一段优美的音乐,静坐冥想。

20.大学时间我总觉得自己的时间不够用怎么办?

答:大学生活十分多元,除了学习之外有大量的学生活动供同学们参加。有的同学刚进入校园后既参加了学生部门,又加入了兴趣社团,还有可能在班级里担任着班干部。加入的活动越多,那么相应地自己的时间就会越少,有的时候甚至不够用,无法完成一些基本的工作任务。

对于这种情况,可以采取以下几方面的改善措施:一是设定科学有效的截止时间。对每项任务都确定好明确的截止时间,并且按照紧急程度进行排序,先完成时间最紧或者是最重要的事情,以此类推。二是要减少手机使用时间。其实很多时候我们觉得时间不够用,不仅仅是因为外界的工作分配和学习任务,也有可能是我们本身把许多时间消耗在了"刷"手机或者其他无关紧要的事情上面,所以要试着把这些时间节约下来。三是需要掌控任务量。当我们明确感受到自己有点超负荷在完成任务时,就要学会适当地减负,比如把一些任务移交给其他小伙伴,或者是在自己确实无法完成的时候及时说"不"。

21.怎么样去坚持一件很难完成的事情?

答:大学生活里,很多事情是需要长期坚持积累的,比如学习英语、比如运动,很多同学做到一半会选择放弃,因此不妨从以下几个方面来帮助自己坚持下去:一是制定一个合理的目标并正面激励。比如,许多人喜欢到朋友圈"打卡",通过"晒"到自己的朋友圈中,获得一种"坚持背单词"的成就感,这就是一种正面的激励。二是科学降低自己的目标。逐渐习惯坚持做某一件事情,并找到自己的能力极限。比如减少刚开始背单词的数量,从每天坚持背 5 个甚至 1 个单词开始;或者减少每天运动的时间,从 15~20 分钟开始。请你记住:坚持比不坚持重要,完成质量比完成数量重要。三是一定要做到学以致用,就是当你坚持做一件事,如果从外部环境你看不到坚持它的好处和作用,你就容易放弃。正确的做法一定是要从平常的练习、课本、作业中,优先去背常见的单词,也可以通过一些体育活动、体育比赛来让自己的运动技能得以发挥。

五、人际交往类

22.在大学里如何进行人际交往?

答:大学里的人际关系,可以从以下几个角度去看待。

一是人际圈不设限。有句话说，"如果你能和任何人都能轻松地交谈上10分钟，你将是一个非常了不起的人"。因为这背后需要的是阅历、学识和情商。与年长者为友，可以吸取智慧，帮助你变得睿智和成熟；与年幼者为友，可以给予分享，帮助你变得包容和有同理心；当然，也要与同辈相处，学会以人为镜，取长补短，共同成长。所以不要刻意地只让自己和某一类人交往，可以试着以开放的心态去接触不同性格与类型的朋友。

二是学会适应并享受独处。每个人都是独立且自由的个体，这也就意味着你必须学会面对一个人处理一些事情。和自己独处是成长路上的一门必修课。可能有些同学刚上大学的时候经常会觉得孤独，觉得找不到天天能"黏"在一起的朋友，觉得自己不合群。往往君子之交淡如水，真正的朋友是在有需要时能够出现，平时不挤占对方过多的时间。因此独处的时候要学会处之泰然，可以培养一些即使是一个人也觉得很开心的兴趣爱好。

三是做最真实的自己。不要为了合群而合群，短时间内改变自己去迎合部分群体可能会让你暂时得到安心，但你最终会发现强扭的瓜不甜。所以不如做一个真实、真诚且善良的人，吸引志同道合的朋友。

23.与老师沟通的实用小技巧有哪些？

答：一是做到简洁高效。大学老师除了授课，还会有很多的工作要求，如科研、社会服务等，无论是辅导员老师还是任课老师，每位老师要面对的都不是一个学生，而是一个班甚至一个年级的学生，在与老师沟通中尽量清晰明了，有疑问时尽量经自己思考凝练后再进行有效提问，这样将大大提高沟通效率。二是保持礼貌尊重。这里的礼貌尊重并不是要求大家在与老师交流时不做思考，全盘吸收，最尊重的方式应当是保持独立思考并积极给予回应。当然，适当的礼貌用语是必需的。如果你能在与老师的交流过程中进行思考和反馈，相信这样的交流一定会让老师对你印象深刻。三是积极复盘反思。在每次与老师有比较深入的交流后，要进行总结反思，上升为自己的成长经验，做到谈有所用。

24.怎样与任课老师交流？

答：与任课老师交流是一项"稳赚不赔"的生意。因为通过经常的交流可以引起任课老师的注意，会督促你认真学习，进而形成一种良性互动关系。

大家可以从如下几个方面与任课老师进行交流：一是勤"刷脸"。可以尝试在每次上课时坐到前几排，这样可以拉近与老师的物理距离，久而久之老师对你也自然就"脸熟"了。二是多提问。提问是一个非常好的互动方式，一来可以帮助自己解决困惑，二来也可以拉近你与老师的关系。无论是在课堂里还是课后，大家都可以积极向老师提问。三是利用好沟通工具。除了课堂外，我们线下与老师接触的机会相对较少，所以大家也可以通过微信、QQ以及邮件等形式与老师沟通交流，可以就一些自己的心得或者困惑向老师沟通请教。

25.有的同学感觉自己导师过于专业和严格,不敢向导师请教,如何克服这样的困境?

答:首先大家应该明确自己和导师之间的关系,导师是我们成长路上的重要角色,为我们答疑解惑,传授给我们人生之道。如果能遇到一两位良师,会是十分幸运的事情,所以遇到不敢和导师交流的情况,可以多从自己的角度进行调整。

一是调整心态。始终相信你来学校就是求学问道的,导师之所以为老师,就是在现阶段必然有超越你的学术成就,也有更为深厚的人生阅历,对导师要保持足够的尊重,但不是畏惧。二是培养主动性。你要始终相信,与导师的交流沟通越多,导师对你的了解就越多。如果你一直不与导师主动沟通,会让导师觉得你在学术上什么也没有做。只有你主动汇报、表达诉求,导师才能更准确地给予你需要的帮助和指导。三是一段好的师生关系,将会让你受益终生。大家不妨结交一位学识渊博、资历很深的老朋友,如果你都能和这一类的长辈交上朋友,你的人际交往能力也会大大提升。

26.如何与室友相处,营造良好的寝室氛围?

答:大学里的室友,往往来自五湖四海,有着不一样的性格和生活习惯,所以学会和室友和谐相处,营造融洽的寝室氛围是每个人都要拥有的能力。

很多同学进入大学后,开始了全新的生活模式,有了更多的空间,自我意识也开始加强。因为地域文化和生活习惯的差异,有些同学会产生人际退缩,不愿和室友交流,甚至产生疏远。看到其他人结伴同行,高中时的同学也很好融入了现在的集体,才发现自己不合群,对大学生活也少了许多热情。其实,世界上没有长得一模一样的叶子,人与人之间也总是存在着差异,每个人都是独一无二的,所以要在尊重且友善的方式下相处,带着包容和理解,你会发现每个人都很可爱。有位同学最初不喜欢自己的寝室长,总觉得他对人太热情,以为对方是个想法很多的人。但在相处一段时间后才发现寝室长其实是个待人和善而且非常乐于助人的人,在认识到大家的差异后,这位同学的大学生活也逐渐有了阳光,在遇见他人后,也学会了怀着一份期待去认识不一样的人。

六、兴趣爱好类

27.如何看待大学生在兴趣爱好上所花费的时间、精力和经济等成本?

答:兴趣爱好是我们生活和工作中的调味剂,某些时候还能为我们带来一些意想不到的惊喜和机会。所以对于兴趣爱好的培养不应该过于吝啬投入成本,更多地应该去考虑这个兴趣爱好是不是有益于个人发展,是不是值得去长期坚持。

以运动为例,有些同学酷爱各类体育项目,因此会在体育运动中投入大量的时间和精力，同时也会在购买运动设备上花费不少金钱。但我们不能只看到眼前的投入，也要学会去思考这项运动兴趣给我们带来的无形资产，比如更强壮的体魄，结识到志同道合的朋友，让我们在工作时精力更加充沛等，这些都是非常宝贵的财富。

但是，如果你的兴趣爱好对你而言是一种消耗，我们建议要学会"断舍离"，给自己做减法。比如有些人喜欢泡酒吧、打游戏，甚至经常通宵"战斗"，导致自己白天没有精神学习，也没有精力去做其他事情，还影响了自己的身体健康，这样的"兴趣爱好"就不值得去坚持。

28.兴趣爱好如何融洽地和学习、生活结合在一起，做到劳逸结合？

答：学业和兴趣爱好本身是不冲突的，关键就在于学会"分配"与"平衡"。它们之间有一杆秤，时间就是你所要分配的砝码。

具体可以怎么做呢？这里给大家以下几点建议：一是正确认识二者的关系。学业和兴趣爱好、课余活动的关系是互补的。大学不是高中，虽有学业压力但大部分同学是可以承受的，如果在大学里仍然把全部的时间用于学习，往往不利于个人的人际交往能力、软实力和情商的提高。大家都说"大学是一个小社会"，何为社会？意味要在其中学会必要的生存技能，而这些软实力是在课堂上很难学得到的，这就要求我们要走出课堂，去发现去挑战。兴趣爱好和课余活动可以成为我们枯燥学习生活的调味剂，没有了它们大学生活也会变得寡淡无味，所以适度、适量的兴趣爱好是非常有必要的。

二是学会放弃。大学活动丰富多彩，但不一定每一项都适合你，所以学会立足于自己的兴趣再进行选择很重要。如果你什么都想要，故事的结局往往是你什么都得不到，因为人的精力有限，而需要做的事情是数不完的，所以聪明的学生是懂得取舍和放弃的。

三是学会专一。活动不在多，在精，你参加活动的方式决定了你的收获大小。有些同学选择"广撒网"，这没有问题，但这种做法带来更多的是了解和体验，时间一久也会忘记。如何让活动变得有意义？需要大家的坚持和专一，选择自己最感兴趣且最有把握的活动去参与，把它发展成为自己的特长，变成自己的竞争优势，并去利用这种优势。大家在发展兴趣爱好中所获得的能力，应该充分运用到自己的学业成长当中去，它们不能割裂开来。

四是学会调整。学会把一些学生工作和任务前置完成，合理安排自己的时间。尽量不要让自己学业最忙的时候遇上学生工作的最后期限（deadline），可以选择提前完成部分学习计划或活动任务。

29.兴趣爱好的培养是应该全面发展还是专攻一项？

答：这个问题我们认为没有统一的答案，兴趣爱好的培养应当根据个人情况去进行权衡，但有以下几点建议可供参考。

第一，在自己时间和精力允许的范围内，可以多培养一些兴趣爱好，一来帮助自己更全面地发展，二来丰富了自己的课余生活，充实自己的校园体验。

第二，如果无法兼顾多项兴趣爱好，那么还是要进行重要性排序，选择对自己发展最有利且最感兴趣的几项进行长期坚持，并要学会平衡、取舍和持之以恒。

第三，兴趣爱好也不是一成不变的，它会因为我们所处的阶段不同而有所变化，所以如果某段时间你放弃了自己的一些兴趣爱好，在条件允许时也可以再重新捡起来。从长远角度来看，如果能全面发展，是更有利于个人成长和进步的。

30.公开演讲需要培养哪些心态？

答：大家可以把公开演讲看作是一次在很多人面前的说话，而说话其实是一件我们从小到大都在做的事情。所以当你理解了公开演讲的本质的时候，你自然也会更加坦然。

以下几点心态值得大家培养：一是充分肯定演讲内容的价值。你首先要始终坚信，自己讲的东西是有价值的，你传递给观众的信息对他们有意义。二是不要害怕自己讲不好。不要把自己当作一个"被观察者"，而要把自己当作一个知识与信息的给予者。你不是接受别人对你演讲能力的评价，而是来给他们传递信息、分享经验的。三是不要担心别人看出你的紧张。很多时候你只是放大了别人对你的关注，这叫作"焦点效应"，你要试着用平常心来看待自己的很多表现。

七、学科竞赛类

31.想参加科创比赛，却不知如何组队该怎么办？

答：首先应该明确自己的参赛项目类型，是社会调研类还是科学研究类，在明确项目类型的基础上进而明确自己所需的队员类型。比如你的项目是社会调研类的，需要以文科类的同学为主；如果你的项目是围绕某项专利技术类的，那你更多需要工科专业的同学。

在明确了自己的项目类型和成员需求后，你就可以通过以下几个方式来组建团队：一是求助老师。把你的想法或者思路与老师交流，并告知自己的团队需要哪几个方向的优秀学生，可以依托老师推荐来定出人选。若自己没有项目，可以告诉老师自己擅长的方面，如果老师知道的项目正好欠缺这方面人选，就可以推荐你。二是利用好公共信息平台。如加入学校竞赛群等，在群中寻找志同道合的伙伴。三是求助学长学姐。可以询问学长学姐是否有项目，并且毛遂自荐。四是大一即加入一些竞赛类学生社团，通过社团提高专业技能，提升专业素养，结交组队伙伴。

32.大学有哪些推荐参加的学科竞赛？有专业限制吗？有什么能力要求？

答：一般而言，大学里的学科竞赛分为两类：一类可以参考中国高等教育学会发布的全国普通高校大学生竞赛榜单，这类竞赛也称 A 类学科竞赛，是教育部官方认可的，最具含金量、最具参赛价值的赛事；另一类则是 A 类竞赛之外的 B 类学科竞赛，相较于 A 类学科竞赛而言含金量稍低，但仍然是同学们锻炼自己较好的途径。

而不同的学科竞赛对专业限制、专业要求不同，比如大学生"互联网＋"创新创业大赛、大学生"挑战杯"课外学术科技作品竞赛属于综合性极强的学科竞赛，因为参赛文本涉及的领域较广，所以需要不同专业的学生共同组成一支队伍进行参赛；而有些学科竞赛则有较强的专业限制，如全国大学生数学建模竞赛、全国大学生智能汽车竞赛等都要求对应专业的学生才能参加。

参加学科竞赛对能力的要求较高，不过同学们也不必担心，即便是缺少某种能力，也可以通过参赛来得到很好的锻炼。比如写作能力、表达能力、团队合作能力和文本设计能力等，这些能力都将为你未来的就业提供帮助。

33.一个学科竞赛的完整流程是怎样的？

答：回答这个问题需将学科竞赛区分为团队赛与个人赛。

个人赛：首先选择确定自己感兴趣的学科竞赛，如果你对某一学科竞赛感兴趣但并不了解具体的比赛内容，可以通过网络搜索该赛事官网，了解相关信息。如"互联网＋"创新创业大赛的官网为 https://cy.ncss.cn/，在该网站，我们可以搜索到历年赛事的相关信息、参赛要求及部分优秀参赛作品。其次，根据参赛要求准备参赛作品，如"职业生涯规划大赛"要求的是一份个人的职业生涯规划报告，正文内容基本包括自我认知、职业环境、职业决策评估、职业规划路径及风险应对方案五个部分，并在作品上交截止日前进行反复修改、完善。最后，上交参赛作品，等待评审结果。一般各类学科竞赛会在学校内部先开展一次校赛选拔，然后择优推荐参加省赛甚至国赛。

团队赛：最核心的环节是参赛队伍的组建，需要有一个合格的项目负责人，要挑合适的队员，要做好团队内部的分工与协作。以"互联网＋"创新创业大赛为例，可以由会计学的同学负责财务预算，市场营销专业的同学负责市场推广与营销，由法学专业的同学负责市场风险分析与合规性分析，由工科类专业的同学负责产品技术分析，由人文类专业的同学进行全文统稿，由艺术设计类专业的同学进行文本美化与 PPT 设计，再找一个口才较好的同学进行项目答辩展示。当你组建好一个优秀的团队后，你的项目也就成功了一半！

八、生涯规划类

34.学业规划是什么，为什么要做好学业规划？

学业规划是指将自己的学生生涯做合理的阶段划分，并在每个阶段确立好相应的目标,通过自己的努力逐一实现这些目标,最终获得较好的学业成绩和专业学习能力,完成自己的学业生涯。

学业规划对于我们漫长的职业生涯而言,就是一个重要的短期目标。在进入大学的第一年做好学业规划是重要的基础,它能够帮助你脚踏实地地学好每一门课,做好每一件事,把握当下,集中精力完成好学业,为我们日后实现自己的职业规划和人生规划打下基石。有了规划也就意味着有了方向,有了方向也就不容易迷茫,所以学业规划很重要,规划能力本身也很重要。

35.如何在学长学姐学业生涯感悟的基础上去做好学业规划?

答:在我们的校园中总是会有很多优秀的学长学姐,他们的学业生涯异常精彩,是大家学习和看齐的榜样。但如果我们对他们的了解只停留在崇拜和羡慕上,那可能对我们个人的成长没有太大帮助。

因此,建议大家阅读本书里收罗的许多优秀学长学姐的生涯感悟,也可以亲身去采访身边的一些榜样,在充分了解他们成长经历的基础上,给现阶段的你作一个参考。或许你想成为他们那样的人,那你可以在他们规划的基础上根据自己的情况做调整,制定和执行适合自己的职业生涯规划。

36.职业生涯规划如何避免负面因素的影响?

答:对于职业生涯规划来说,负面因素可能是一些阻碍你实现职业理想、给你带来挫败感的一些情形。比如社会大环境的变化,个人能力的下降或者是身体健康情况受损等。如何最大限度地降低这些外界不可控因素的影响呢?

可以从以下三个方面去做风险规避:首先,树立科学且积极的心态,当你对一个目标的实现足够努力时,哪怕失败了,也不留遗憾。其次,当你举棋不定的时候,可以利用一些专业工具给你建议,如职业生涯决策平衡单。最后,准备好一个备选方案,也就是我们常说的"备胎"。你可以有一个理想职业,同时也应该准备一个备选职业,这个备选职业可以与理想职业性质相近,且能利用自己的专业所长。这样,就可以在风险到来时做到处变不惊,冷静应对。

37.实现目标的过程中如何判断自己是否适合所定职业?如果在投入了很多精力后发现自己选择错误了该怎么办?

答:我们在制定职业生涯规划的时候要对自己有充分的了解,对未来想要从事的职业也要有充分的认识,然后做好人职匹配。在执行职业生涯规划的过程中发现所定目标不是自己想要的时候,我们需要分析问题的症结,假如这个问题是短暂的、能克服的,那就努力克服它,然后继续朝着目标前进;假如这是一个长期的、不可调和的问题,那么我们要及时调整自己的规划,重新认识自己,认识工作,利用霍兰德兴趣测试、职业地图、决策平衡单等工具,基于现在已有的技能、人脉资源等制定一份符合当前情况的职业生涯规划。

九、读书习惯类

38.当代社会竞争日益加剧，知识更新速度飞快，面对学业、就业等压力，阅读的目的性显著增强，学生阅读大多优先选择与考试、就业和提高专业技能相关的书籍，但是本身对其兴趣不大，且消磨了阅读的热情，反而本身喜欢的诗集、文学类书籍的阅读时间减少，这二者该如何抉择？

答：首先大家需要明确的一点是，文学类书籍和专业技能相关书籍两者本身不是绝对冲突的，也不是非此即彼的关系。这两类书都需要去阅读，只是每个人的情况不同，在这两类书籍上所投入的时间比会有差异。

在这里也给大家推荐几类值得去读的书籍。

第一类：专业相关书籍。这里指的是除了课堂上所用的专业教材之外的专业相关书籍。教材往往是某一专业课里入门且实用的类型，但仅凭教材本身很难将某一专业课的知识学深学透，因此需要通过其他延伸书籍进行补充。举个例子，对《国际贸易》一书中国际贸易术语部分内容，可以结合《国际贸易术语解释通则（2020）》进行配套学习，能够帮助你更快更好地掌握国际贸易术语的有关知识和现实案例。

第二类：人文社科类书籍。尤其是理工科专业的同学更要有针对性地阅读此类书籍，其背后的原因在于阅读它们能提高情商，进行人文情怀的积累。当我们接受过多的专业课知识后，思考问题的方式容易定式化。以法学专业为例，很多同学在学习了法律规范之后规则意识会快速提升，而对于很多"国法"与"人情"相矛盾的事物缺乏足够的温度判断。因此人文社科类的书籍在某种程度上是在给我们的灵魂注入温度，也有助于我们未来走向社会后更好地待事待物。

第三类：读闲书。闲书之所以"闲"，正是因为它的无目的性，它可以让你以最简单的状态去了解很多的可能性。它没有固定的书类，书名听起来可能很奇怪，可能你翻开它时只是一时兴起，甚至可能是一本漫画书。总之，要给闲书一些机会。

39.纸质阅读和电子书籍阅读各有优点，纸质阅读更能使人集中注意力，电子书籍阅读便捷，阅读内容和形式更丰富。但是许多场合不方便携带纸质书籍，而电子阅读易受到各种信息影响，二者之间该如何抉择？

答：无论是电子书籍还是纸质书籍，其实都是帮助我们获得更多知识和信息的工具。它们有不同的适用场景，纸质书籍更适合长时间安静阅读，而电子阅读往往更能够满足碎片化的阅读需求，随时随地，不受空间和时间的限制。所以大家可以结合自己所处的场景对两类书籍进行合理切换利用，帮助自己更舒服地阅读。

40.阅读书籍是否要定一个全盘的读书计划和目标？

答：如果你是一个读书自制力较差的人，那么一个合理的读书计划和目标能够帮助你学到更多,也能帮助你提高自己的阅读能力。

　　举个例子,有位同学她大学四年都没有去过几次图书馆,读书的数量也屈指可数,后来她发现自己的学识和知识储备与其他人相比相去甚远。于是在读研期间,她给自己定下了 3 年 100 本书的阅读计划,平均每个月 2～3 本,虽然刚开始的时候很难坚持,但毕业那年她也完成了 70 本的阅读量。

　　因此,虽然读书计划和目标不一定能够全部实现,但起码它是你的一个牵引动力和行动指南,它可以帮助你尽可能多地去阅读,去提高自己。

后　记

经过编写组近两年的努力，此书于 2022 年 8 月付梓出版，奉献给即将上大学和已经在大学学习的广大青年学生。感谢教育部高校学生司吴爱华副司长亲自为本书作序，这对我们是极大的鼓励。2022 年，本书作为教材在近十所高校试点使用，受惠了万余名学生。感谢读者对此书的认可和反馈的宝贵意见，激励我们对内容进行了较多的改动和补充，完成修订工作并再次出版。

在我们多年的教育经历中，切身体会到一部分学生从中学升入大学后，不能适应或需要花很长时间去适应与中学截然不同的大学教学模式和学习环境；一部分学生因为没有做好学业规划、职业规划，没有充分利用大学宝贵的学习时间，导致毕业后找不到心仪的工作，甚至无法毕业或成为毕业即失业的群体。

就业是民生之本，大学生就业难已成为当下一个现实问题。把我们的所思所悟写下来，编成一本能让大学生尽快适应大学生活并提升就业能力的书，一直是萦绕在我们心头的愿望，但因为工作繁忙且抱着希望积累更多实践经验与现实案例的想法，一直未能付诸实践。

我们团队从 2015 年起开设线下通识选修课，2020 年起课程改革为中国大学MOOC 平台的线上教学，课程名称从"积极心态与幸福人生""做最好的自己"到"知行合一，做最好的自己"，多次易名恰好反映了团队成员改革完善课程的努力过程，也体现了我们一直致力于提高大学生就业能力的初心。

近年来，随着大学生就业形势的日益严峻，这方面的指导书籍和教程如雨后春笋般涌现，内容之翔实、剖析之深刻令人钦佩。但遗憾的是，很少有一本书，能够从师长、同学的三维角度出发，带领大学生全面认识就业"硬实力"与"软实力"。因此，编写这样一本理论与案例并重，兼具知识性、可读性、启发性的读物的愿望愈发强烈，并最终在申报成功教育部学生司"新时代大学生就业能力提升的路径研究"课题后提上日程。

这些年，我们线下累计教授学生 500 余人次，线上累计授课学生 600 余人次，这些学生为我们提供了大量的一手案例；我们还以小组作业形式采访了很多校友，搜集了校友的经验录于书中,为本书增色不少。尤其是去年上课的部分学生试读了这本书的初稿,为各章节内容和文字提出了宝贵的修改意见。感谢各位同学和校友无私的分享以及为本书贡献的宝贵意见和建议。

由于就业形势不断变化,加之我们水平有限,书中难免出现疏漏和遗憾,欢迎广大读者批评指正。

编写组

2023 年 5 月